かんよう選

ウイルスにかかった教会

クォン・ジソン編
KWON JiSeong
香山洋人訳
KAYAMA Hiroto

KANYOU SHUPPAN

発刊の辞

クォン・ジソン（キリスト研究院ネヘミヤ、旧約学）

『ウイルスにかかった教会』（サミン、二〇二一）は、筆者が編集と執筆に関わりさまざまな研究者が参与した『性暴力、聖書、韓国の教会』（CLC、二〇一九）、『嫌悪と韓国の教会』（サミン、二〇二〇）に続く三番目の企画シリーズだ。一番目の『性暴力、聖書、韓国の教会』は女性に対する聖書解釈の問題点を指摘し宗教権力と制度の中で抑圧されてきた女性の声をいかに復興することができるかに取り組んだ。二番目の『嫌悪と韓国の教会』はキリスト教が韓国社会においてどのような方式で暴力性を含む嫌悪を養成しているかを聖書学、歴史学、哲学、社会学のレンズを通して探求した。このシリーズの三番目である『ウイルスにかかった教会』は新型コロナウイルスによる急激な Untact［訳注：非対面を意味する造語］社会にキリスト教がいかに対応し、これによる宗教社会的状況の変化と課題を照明する。

言及した書籍はシリーズ物ではあるが同じ出版社からは出しておらず、シリーズ名や番号のような基本的な様式も備えてはいない。厳しい出版条件のなかでこのような批判的な内容のシリーズを出版してくれる会社を見出すことは容易ではなかったからだ。そうした厳しい状況の中でも二番目の『嫌悪と韓国の教会』が二〇二一年世宗（セジョン）図書［訳注：韓国出版文化産業振興会が選出する「読まれるべき良書」］に選ばれる栄誉を得たことは関わったすべての者に大きな慰めとなった。特にサミン出版社のシム・ギルスン、フン・スングォンさんは二巻目の出版も引き受けてくださった。この紙面を借りて感謝の気持を表したい。また、この本の編集者としてアンタクトで会議をし交流を持ったキム・ジンホさん、チョ・マナ教授、オ・ジェフンさんの役割は決定的だった。スイス、イギリス、アメリカ、韓国の企画者四名が異なる大陸の時差にも関わらず、定期的に企画会議を持つことは簡単ではなかったが、二度とない特別な経験であり、これらお三方との共同作業はわたしには大きな楽しみだった。そしてなによりパンデミック以降のキリスト教の未来に対して熟慮し、論議に加わってくださった十二名の寄稿者の方々に感謝したい。

本書は、聖書学、宗教学、政治学、倫理学、霊性神学、公共神学など多様な分野を研究する十二名の研究者との共同作業の結果だ。もちろん、各自のキリスト教的背景が一致していない部分はあるが、前代未聞のパンデミックによる混沌と韓国キリスト教が変化する世界にいかに応答すべきかともに考えこのプロジェクトに参加した。本書の著者たちは次のような問いに答えようとした。ウイルス以降のキリスト教はいかなる姿になるだろうか？　パンデミック以降キリスト者は対面礼拝に集う教会を忌避するようになり脱教会化が加速するだろうか？　奇形で呪術的な宗教の姿はどこまで深まるだろうか？　ショッピングモール教会の終末を迎え新たなアンタクト教会の本格的出現はいかなる方向に進むだろうか？　教会が社会において人々の隣人となる方式はどのように変化するだろうか？　パンデミック収束後の教会はいかなるジェンダー言説を生み出すだろうか？　アンタクト時代の神学と礼拝の風景はいかなるものとなり教会はいかにして社会と疎外された人々を癒すことができるだろうか？　「一つの体」である教会はいかにして社会とコンタクトしキリストの愛を実践することができるだろうか？

実際、新型コロナウイルスが本格的に韓国で流行し始めた二〇二〇年二月以降、パンデミックに関する専門書籍が出されキリスト教内部でもこれに関した書籍が足早に出版された。しかし、保守的神学の観点と教会の生き残りという観点で書かれた書籍が主流だった。これに反して本書の出版はいくつかの理由により遅れること二〇二一年夏になってその光を放つこととなった。出版が遅れた一番大きな理由は、未来に対し性急な予測や予断を行うよりは研究者たちの観点を時間をかけてともに熟考し整えるためだった。そのために企画段階から編集者たちと寄稿者たちは二〇二〇年五月以降十回以上の集まりをもち、寄稿者たちの発題によってさらに数回の集まりが持たれた。したがって本書は単純な学術論文を集めた学会誌でも、ＳＮＳにあげられたもっともらしくも浅はかな考えを集めた生き残りについての議論でもない。同一の問題意識を同僚たちとかなりの期間をかけて熟考して共有し、それぞれ異なる環境の中で暮らす研究者たちがキリスト教の未来に対して悩み論議した結果物なのだ。もちろん、最近のワクチン接種が活発に進行することと変異ウイルスによって簡単に今後を見据えることができない状況に対し著者たちの分析が及んでいないという残念さは残る。それでも本書に収められたほとんどの洞察は未来のキリスト教がパンデミック以降に進むべき方向を提示しているという点において大変励みになる。

『ウイルスにかかった教会』は読者に対し大きく二つのことを語りかけている。一つ目は、パンデミック以降について専門家たちの数多くの予測があるにも関わらず、ウイルスは人類と教会に再び人間社会の不確実性と任意性を教えてくれるということだ。紀元前三世紀中葉に書かれた旧約聖書の「コヘレトの言葉」はこのことをはっきり示している。急変するプトレマイオス帝国の時代にパレスチナの共同体の富豪であったコヘレトは死を前にして智者たちの知恵を求めた。明るい未来を予測して歴史の進歩を信じる彼らはコヘレトの目には愚昧なものにしか映らなかった。この世において最も足の早いものが先に着くのではなく、勇士が戦争で勝つのでもなく、知者たちが食料を得るのでもなく、家名の優れたものが財を手に入れるのでもなく、知識人たちが恵みを受けるのでもない（コヘレトの言葉、一〇・一一）。コヘレトは言う。「人は自分の時さえ知らない。不幸にも魚が網にかかり、鳥が罠にかかるように、突然襲いかかる災いの時に、人の子らもまた捕らえられる。」(九・一二)。神に選ばれたと錯覚し自分は安全だと過信する教会も災難を避けることはできない。資本主義に溺れた教会が金科玉条の様に信じ信仰の名によって布教してきた繁栄の神学は、信者と不信者とを分け隔てることのないウイルスにあざ笑われるほかはなかった。二つ目は、連帯と回復の精神だ。既にコヘレトは、虐げられる人々の涙の前では慰めにならず、かえって慰めるべき人々が暴力を振るう世の中を告発する(四・一)。そしてコヘレトは随所で人々が連帯することで必ず困難は克服できると語る(四・九―一二)。ヤン・グォンソクが本書で指摘しているように、他者化されていた「労働者たち」と「権利を語る権利がない人々」と搾取されてきた「自然」に対する人間社会の構造的差別と環境に対する無知、そして疎外された人々の連帯と自然に対する新たな認識はウイルス禍の中で教会が進むべき道を再び示している。

本書がパンデミックによってキリスト教内部に生じた傷を明らかにして癒やすだけでなく、疎外された人々を再び支える契機となることを願う。

日本語版への序

日帝強占期以降、過去七〇年間、韓国の教会は著しい量的成長を遂げた。解放後、全人口の二%に過ぎなかったキリスト教徒は二〇〇〇年代には二〇%にまで爆発的に増加した。キリスト教の信徒が増えるにつれ、社会的影響力もともに大きくなった。以来、キリスト教の信仰は教会が建てた垣根の中にとどまらず、教育、文化、社会、政治など韓国社会の多様な領域に大きな影響を及ぼすようになった。しかし、コインの両面のような歴史の渦の前に、成長し肥大化するほどに頭を痛める部分も少なからぬものとなった。

特に、新型コロナという伏兵に出会ったことで韓国の教会の素顔が明らかとなった。ウイルスの特性は二つである。欺きそして隠れることだ。正体不明の何者かが自らを隠してあちこちに広がって病気を広げる。結局、ウイルスに勝つ方法は透明で正直である他はない。しかし、コロナ禍を迎えた韓国の教会は、ウイルスに勝つために正反対の方法を選んだ。神に礼拝をささげるという名目のもと、身を隠し欺いた。結局、全世界で唯一無二といわれる事態、すなわち宗教団体がウイルス伝播の元凶と指摘され社会的非難を避けられない事態となった。以後、教会はウイルスと同じ特性を持っていたという認識が社会に深く根付くこととなる。

『ウイルスにかかった教会』、この本は隠し通すべきとされてきた韓国の教会の姿を振り返り、率直かつ明確に診断しようという企画意図から出発した。韓国をはじめ、米国とカナダ、イギリスなど世界各地の十二人の学者が話し合い議論を重ねた結果だ。新型コロナによって世界中の画面を独占したのはネットフリックスだが、そこで放映された「D．P．」「イカゲーム」「地獄が呼んでいる」のような韓国ドラマが韓国社会の暗部を描き出して人々の共感を得たように、『ウイルスにかかった教会』も韓国の教会が直面する問題に率直に向き合い共感してもらうために作られた。この本は単に問題提起で終わるのではなく、キリスト教信仰の本質は何か、そしてキリスト教信仰を持つ人々が根本的に知るべきことは何か、また教会は市民社会のメンバーとしてどのように行動し、日々を生きるべきかについての指針を明確に提示している。

韓国の教会だけでなく、世界中のキリスト教は一五一六年のマルティン・ルターの宗教改革の影響下にある。その宗教改革の精神、つまりルターが目指した宗教改革の骨子には、特殊な階層にのみ付与された特権に対する抵抗、そして、すべてのキリスト教信仰を持つ人々は信仰的覚醒によって成長できるというメッセージが込められている。健全なキリスト教教育に基づく信仰的訓練は、透明かつ正直であることをその特徴とする。「膨張」という資本主義の基本的特性と噛み合うことで成長してきた韓国の教会が成長のための成長ではなく正しく成長するために、時代的イデオロギーを脱皮することが必要となる。そして、皮を剥ぎ血を流す苦痛を経験することで、目をそむけたい部分をも自ら明らかにすることで新たな跳躍ができるようにと願う。このために

『ウイルスにかかった教会』が重要な踏石になることを確信する。

最後に、この本を翻訳した香山博士と出版のために困難を乗り越えてくださった「かんよう出版社」松山氏に感謝の気持ちを伝え、多くの日本の読者に読まれることを願う。

二〇二二年一月

オ・ジェフン（企画会議を代表して）

目次

はじめに　新型コロナウイルスとともに過ごした一年

ヤン・グォンソク

コロナウイルスが明らかにしたわれわれの実像

これほど長くかかると誰が予想しただろうか。数週間、あるいは数ヶ月後を期待して我慢を続けたが、一年を過ぎた今も終わりの見えないトンネルの中で相変わらず身動きできない感じがする。二〇一九年一二月三一日中国湖北省武漢において原因不明の肺炎患者二七名が発生したという報告がWHO（世界保健機構）を通じて伝わったところからこの災害が始まった。二〇二〇年一月一一日には武漢で初めての死者が発生し、一月二三日には中国政府が武漢市全体を外部から遮断する封鎖令を発表した。極端な処置にも関わらず急増する感染者の統計とともに、世紀末映画でも見るような武漢の荒涼とした街の様子と巨大な規模で建てられた臨時病棟などの姿が報道され、世界は危機の深刻さをようやく理解し始めたのだった。一月二〇日には韓国でも最初の感染者が発生し、一月末にはすでに数十カ国で感染者が溢れ出した。

一月末に武漢在留韓国人輸送計画が発表されると隔離収容施設建設をめぐる問題で地域住民の抵抗が生じた。そしてその最中、コロナウイルスに感染した中国人が韓国に押し寄せ無料で医療を受けることで健康保険財政を悪化させるだろうというフェイクニュースが拡散され、一月二三日から二月二二日まで開かれた青瓦台［訳注：政府］国民請願掲示板の「中国人入国禁止要請」は七六万名を超える人々が賛同し、それまでの国民請願のなかでも三番目に多い参加者を記録した。二月にはWHOが新型コロナウイルス感染症の名称を「COVID19」（韓国での通称はコロナ19）と決定し、国内では感染症の名称に関してアメリカ大統領に倣って「武漢肺炎」と呼ぼうという人々が論争を起こした。

しかし二月の記憶を満たしているのは大邱の「新天地」教会［訳注：自らをキリストの再臨と称する李萬熙（イ・マンヒ）が一九八四年に設立した新宗教」を中心に拡散が始まった大流行の第一波だった。すべてのニュースは、新天地という宗教集団に関する話題、そして新型コロナの大流行がその新天地と何らかの関係性があることを想起させ続け、同時にわれわれに「コホート隔離」という言葉を初めて認識させた大南病院に焦点を当てていた。主流宗教と社会から反社会的との烙印を押されながらも集まった新天地の若者たち、名前は高齢者施設だが寝台もない病室に放置された収容者のような患者たち、そして彼らを通じてウイルスの感染経路が作られる様子はわれわれが直面した危機の正体と実像を再考させるものだった。

三月になっても生徒たちの登校は許可されなかった。記憶に残る三月の風景はマスクを買うために薬局の前に長く伸びる列だった。いわゆるマスク大乱の前にうろたえる政府の姿があり、WHOのパンデミック（伝染病の世界的大流行）発表もあったが今更ながらの発表はかえって混乱に火をつけた。既に災害は目前にあったが、各国政府はもちろんのことWHOもパンデミックの災いを受け止める備えはできていなかった。三月末には政府の災害支援金の発表があり、この状況は四月の第二一国会議員選挙に至るが、曺国（チョ・グク）問題で守勢に回っていた与党が「K防疫」の成功を打ち立て災害政治によって圧勝する状況を目撃した。

五月は梨泰院（イテウォン）発コロナ拡散と、アメリカで起こった白人警官による黒人ジョージ・フロイド死亡事件によって再び激発したBLM（Black Lives Matter：黒人の命も尊い）運動によって記憶される。危機に直面し信頼と連帯の精神が必要とされるこのときに、性的・文化的に疎外された集団をスケープゴートに怒りの矛先と向けようとした言論、特に宗教系言論を見ながら教会と社会の中に深く根を下ろす病巣を実感した。そして白人警官の膝に押さえつけられたまま「息ができない、頼む頼む」と呻き声をあげながら死んでいったジョージ・フロイドの姿を見ながら、性的・人種的差別と排除、嫌悪の文化と政治がウイルスそれ自体よりもさらに危険であることを深く考えざるを得なかった。ウイルスは国境を超え身分の区別も超えて誰にでもやってくるが、このウイルスによる影響と苦痛は新天地の信徒たちはもちろんのこと大南病院に収容された老人たちとともに性的・人種的少数者たちにはまったく異なる次元をもたらすということを学ばされた。

六月末から八月初旬まで、われわれは前例のない長期に渡る梅雨による最悪の豪雨を経験した。その原因は自然環境破壊にあると考えられるが、パンデミック状況下で経験したこの自然災害は、過去にわれわれが経験した梅雨や猛暑とは明らかに異なる意味をもたらした。地球温暖化と気候変動に対する警告は既にはるか以前から続いていた。特に二〇一八年仁川ソンドで開催された国連の「気候変動に関する政府間協議体（Intergovernmental Panel on Climate Change, IPCC）」総会で採択された「地球温暖化一・五℃特別報告書」[1]は、気候変動と地球的暮らしの未来に対する大変意欲的な警告を発していた。しかしこれらの警告が政治指導者や人々の心を大きく動かすことはなかった。けれども新型コロナによる災害状況において経験した記録的な豪雨は何よりも実体として気候変動の危険を感じさせたのであり、気候変動の危険を再び考えるための契機となった。

しかし「新型コロナウイルス」と直接関係した八月の事件は、全光勲（チョン・グァンフン）と極右キリスト教集団を中心として進展した光復節［訳注：日本の植民地支配からの解放を祝う祝日］集会が招いた大流行の第二波だ。まずは、極右集団と極右キリスト教が表出した反社会的憤怒と嫌悪の政治も問題だが、教会と牧会者がこうした極右運動の核心となったばかりか、少なからぬ教会とキリスト教指導者たちが心情的にこれに同調したという事実は、韓国の教会を支配する神学と信仰実践の姿に対して深い疑問をもたらした。植民地主義、分断と冷戦、そして産業化の過程を通じて韓国の教会が形成してきた「教会であること」と「信者であること」に対する理解と態度がウイルスと出会い災害を一層増幅させたように見える。一方、これとは反対側にある政府の災害政治もまた進むべき道を捉えているようには見えなかった。あまりにもたやすく集会とデモの禁止というカードを切った政府に向けて、ネット新聞は「集会が犯人ではない」[2]というコラムを通じて政府の災害政治が常に陥りがちな落とし穴について厳重な警告を与えた。五月の梨泰院発の感染拡大時においても感じたが、パンデミック状況において災害政治と嫌悪の政治は時には共謀し、また時には互いに対立しながら進んでいくように見える。そしてパンデミック状況において災害対応を最優先課題とする災害政治と、排他的に自分たちの集団の利害との結びつきを追求する嫌悪の政治が出会う場においては、われわれの社会の弱者たちと少数者たちに向けた最小限の人権意識すらも後退あるいは留保されることを知らしめた。

八月には光復節集会だけがあったのではない。医師たちのストライキが八月初頭に始まり九月初頭まで続いた。政府と医師団体の長い戦いを見ながら、それが公共医療拡大という難題に関する見解の違い程度であるとは決して思うことはできなかった。さらに、医師、検事、教会など既に特権化した利益集団が金城鉄壁のようにそそり立ち自閉的な言語を無差別に発するこの社会において、公共性という言葉がどのような意味を持つのか疑いに満ちた気持ちで見守るしかなかった。

一一月にはアメリカ大統領選挙があり、トランプの災害政治が失敗する姿を見た。これによってワクチンの大量生産が差し迫ったという知らせが聞こえると、災害の終わりも遠くないように見えた。けれどもいまだにその終わりは明らかではない。一二月に入ってアメリカとヨーロッパはもちろん、韓国国内でも第三波が本格化した。決まってといっていいほど高齢者施設、刑務所、外国人労働者施設が集団感染の中心として浮かび上がり、教会と教会関連施設も相変わらず集団感染の主要震源地の役割を果たしていた。そして全世界的な大流行の流れはワクチンに対する期待と希望も影を潜めるほど相変わらずの強さだった。変異株が各地に現れ、ワクチンの安全性に対する不信も相変わらずだ。けれどもさらに深刻なことは、ワクチンの開発と生産、分配が貧富の差をそのまま反映しているという点だ。ファイザー、モデルナなど強大国によって自分たちが使うために莫大な費用を投じられたワクチンはいち早く開発され、本格的な生産に入った後に分配され既に接種が始まったが、貧しい国々のためのワクチン開発には投資が不十分であるのはもちろん、それでも生産されたワクチンもその中で力のある数カ国が独占すると公言することで、この地球の辺境に住む人々がいつになったらワクチンの恩恵を受けることができるのか予測すら難しい状況だ。[3] 人類がこの災害から共存と連帯の価値を本当に学ぶことができるのか疑わざるを得ない。

新型コロナとともに過ごした一年を振り返る時、一見してパンデミック状況と直接関係のないようでも、決してこれと区別して考えることのできない多くの事件があった。災害状況においても証券市場はとてつもない好況を呈し、不動産投資熱はかえって強気になっている。銀行預金を含むすべての可能な財源を集め、まさに「ヨンクル」方式で［訳注：この機に乗じてすべてを現金化し借金してまで投機に走る若い世代の行動を指す流行語〝魂までかき集めて〟売るという意味］株と不動産に投資する若い世代の投資熱は今も続いている。パンデミックによって打撃を受け、さらにこの投機の嵐と不動産価格の上昇が貧しい人々の暮らしをさらに周辺へと追いやっている。

ウイルスは人間が作ったあらゆる物理的・精神的障壁を崩し誰にでも襲いかかる。鉄条網も国境も、そしていかなる人種的・性的差異や偏見もウイルスの動きに違いをもたらすことはない。けれどもウイルス拡散による影響と被害は歴然とした差異を示している。まさに鋭敏にもウイルスはわれわれの社会の最も脆弱な場所を精密に選び取り打撃を与えているかのようだ。われわれが知らないふりをし、また発展と集団の利益という美名のもとに無視してきた誰かの苦痛を、むしろウイルスが最も正確に探し出しているのみならず、教会を含むわれわれの社会の諸集団内部に深く根を下ろしている病巣をはっきりと増幅しあらわにしている。

われわれが作ったパーフェクトストーム

新型コロナによる災害状況は「パーフェクトストーム」という気象学的隠喩によって説明される場合が少なくない。気象学におけるパーフェクトストームとは、予想したり統制することのできない環境的諸要因が偶然重なることで、台風それ自体の力だけでは説明できない恐ろしい破壊力を発揮する現象を指す言葉だ。今われわれが体験している災害の規模と破壊力を考えれば、このような隠喩の使用は当然かつ自然に見える。政治的、経済的、技術的力という側面だけから見ればウイルス程度ではまったく揺るがないように見える国で、一日に数万数十万の感染者が発生し数千の死亡者が続出する状況を目撃している。これはいわゆる先進国家と呼ばれる国でも完全な無防備状態にあることを表しており、われわれは戦時にも動ずることのなかった生産活動を国家が先立って止める事態を目の当たりにしている。こうした現象はいまの災害がかつての計算や予測範囲を超えた非常な状況であることを示しているし、ゆえに例外性を含意するパーフェクトストームという隠喩がこの災害の意味を最も適切に表現していると考えられるのだろう。けれども疾病に対する隠喩がその疾病の経験を歪曲しうると指摘したスーザン・ソンタグの洞察は災害の隠喩に対しても適応すべきである。[4] 災害の隠喩としてのパーフェクトストームという言葉は事態の規模と破壊力を説明するためには大変いい表現だが、その明らかな原因と性格をごまかすか、あるいは人々が自身の災害経験を正しく理解することを妨害する可能性がある。

何よりもまず、新型コロナによるパンデミックは気象学が言うところのパーフェクトストームのように予測も統制もできない要因の偶然の結合ではない。正確な時間と場所を語る人間はいないとしても、感染症拡散によって災害が生じることは予告されていたのであり、[5] すでにＳＡＲＳやＭＥＲＳのような感染症危機を経験してもいた。そして新型コロナという新種ウイルスによる感染症拡散と結びつく災害を最悪のものとして増幅させた経済的かつ社会的要因を考えるならば、それらはすべて予測不可能で統制不可能だったということはできない。われわれの社会の中に潜伏する不平等の問題と信頼と連帯を害する不信そして排除と嫌悪の政治が、出没する病原菌と結合する可能性は決して予測不可能でも統制不可能でもなかった。ただわれわれが何者かに取り憑かれて度重なる警告に耳を傾けず無視してきたのであり、その結果感染症の危機に対する備えがほとんど無かったということなのだ。

事態をこの様に捉えるならば、予測や統制の不可能性と偶発性を強調するパーフェクトストームという隠喩を使うことには明らかに問題がある。[6] けれどもパーフェクトストームという言葉が常に例外性や偶発性だけを強調する表現だとみなす必要はない。パーフェクトストームは二十世紀の気象学だけで使われる言葉ではない。気象学以前、すでに文学的に用いられてきた表現であり、気象学の外でその表現を用いる場合には常に条件の偶発的結合だけを意味する言葉ではなかった。誰かが意図的に個人と集団の多様な感情や問題を刺激し動員することでそれらが結合し、爆発的に一つの事件として現れるように仕向ける場合や、種々の問題を放置していたところ結局はそれらが複雑に結合し最悪の状況として増幅される場合に対してもパーフェクトストームという言葉を用いた。[7] 言い換えれば、予測不可能で偶発的な場合だけでなく、意図的に作り出された人為的な事件に対してもパーフェクトストームという隠喩を使うことができるということだ。新型コロナによる現在の災害状況は後者の例だと言わねばならないだろう。これは偶発的に生じたパーフェクトストームではなく、われわれがこうなる可能性を知りながらも作られたパーフェクトストームに一層近いものだろう。

新型コロナとともに過ごした一年の経験を振り返れば、この災害は決して新型コロナウイルスだけによって引き起こされたものではない。われわれの行為や慣習と関係なくウイルス自身が自ら引き起こした災害ではないという意味だ。すでによく知られているように、ウイルスを人間の暮らしの中に呼び出すのも結局われわれ自身だ。こうしてやってきたウイルスをパーフェクトストームと言われるほどの災害として増幅させたのもやはりわれわれ自身だ。高齢者施設、刑務所、コールセンター、物流倉庫、外国人労働者宿所などの問題を放置してきたのも、ウイルスやそれ以上に危険があるとしても生存のためにそれを甘受せざるを得ない人々の存在を絶えず無視してきたのもわれわれの社会だ。引き続き集団感染の主要震源地になっているにも関わらず、いつになっても集まると言い続ける教会が持つ教会理解、そして教会としての生のスタイルに問題があることをわれわれがまったく知らなかったのでもない。他の宗教からは異端邪教と言われ社会からは反社会的集団と非難を受けながらも新天地に集まった信者たちの問題もまた、個人的選択の問題だけでは説明できない韓国社会と韓国の教会に深く内在してきた問題とつながっていることを理解しなければならないだろう。

クォン・チャンギュは感染症の危機状況において顕在化した三つの他者化された存在について説明している。[8] 第一は「距離を置くことのできない労働」に従事する人々だ。密集した環境で休憩時間も保証されず働くコールセンター労働者たち、換気の悪い冷蔵・冷凍施設で同時に数百名が作業台を使用する物流センター労働者たち、今も死の行列が生じる配達労働者たち、過労で倒れる防疫医療関係労働者たち、そして看護労働者や高齢者施設などで低賃金のケア労働にあたる女性たち、防疫網に含まれることもない移住労働者や不法在留者がそうだ。彼らはソーシャルディスタンスのせいで過労と感染の危険を甘受しなければならない人々であり、ソーシャルディスタンスが可能な人々のために自らの安全を放棄せざるを得ない人々であり、誰かの生存のために死の労働に追いやられた人々だ。そして彼らは無感覚に数字として数えられてきた、毎年数千名に及ぶ産業災害の犠牲者たちの一部だ。作家キム・フンの表現のままだとすれば、韓国社会は産業災害死の原因とその死の行列を食い止める対策を誰もが知っているしその方策を持っている。それでも相変わらず人々を働かせては死なせる社会、すなわち「日々喪服を着る」社会だ[9]。しかしこれら産業災害の犠牲者たちは対策がわからないまま死に行く人々ではなく、予防策は分かっていながら、人々が死んで行くであろうことを明らかに知りながら毎日喪服を借りては着る社会が作り出した犠牲者なのだ。

他者化された第二の分類は「権利を語る権利のない人々」だ。この人々は社会が生産人口として分類しない人々であり、ゆえに資本主義社会の無賃乗車者扱いを受ける人々であり、ゆえに災害政治とそれに含まれる死の政治の中で優先的にスケープゴートにならざるをえない人々だ。疾病、障害、貧困、高齢、劣悪な居住環境などさまざまな悪条件が重なっている脆弱階層の人々、養護施設などに放置されている貧しい老人たち、障害者たち、患者たちだ。そして野宿者、移住者、性的少数者、有色人種のような社会的弱者がここに属している。クォン・チャンギュが語る他者化された第三の分類は人間中心主義によって搾取され他者化されてきた土地、自然、地球であり人間以外の他の生命体だ。

これら三分類の他者化された存在は感染症拡散によって突然生じたのではなく、われわれの社会の中ですでに他者化されてきた存在だ。資本の利潤のために対象化され道具化され搾取されてきた人々であり、われわれの安全と利益のために問題と痛みを無視されてきた人々だ。われわれの社会が原因とそれに対する対策をすべて知りながらも絶えず苦痛の中へと追いやられてきた人々だ。そしていま、ウイスルがまっさきに災害となる場がまさにこうした人々の暮らしだ。これらの人々の生の場こそが、まさにウイルスがこの社会の長い不平等構造と差別、排除と嫌悪の文化と出会うことで災害のパーフェクトストームとなった場所だ。

災害の経験と実像をこう捉えるならば、ソーシャルディスタンス、アンタクト、ニューノーマルのような言葉に対してわれわれは再び考え直さざるを得ない。ウイルス感染を抑えるために非常手段としてソーシャルディスタンスが導入され、それに従って非対面（アンタクト）コミュニケーションが日常化され始めた。人はそうして可能な限り肯定的にこのような現象を受け止めようと考えたし、マスクの着用や距離を置くことが自分を守るためであると同時に他の人々を守り尊重する新たなライフスタイル、あるいは「行動ワクチン」[10]になるべきだと考えた。今までわれわれが定義してきた隣人や他者、そしてわれわれが反省もなく受け止めてきた隣人や他者ではなく、そのような理解を超えて新ためて異なる人々や生命を尊重し目を配る契機となることを念願した。けれどもコロナとともに過ごした一年を振り返れば、ソーシャルディスタンス、アンタクト、そしてニューノーマルの実像はこうした理想的な考えとはかけ離れている。すでに見てきたように、この一年の間にわれわれが経験してきたソーシャルディスタンスとアンタクトの社会は、この社会を支えるための必須労働者あるいは基本労働者として、そして災害状況の中でもっと深刻に生存の危険にさらされている社会経済的弱者としてソーシャルディスタンスもままならない、あるいは放棄せざるを得ない人々によって支えられている社会だった。アンタクト社会の実像と未来は在宅勤務を通じてソーシャルディスタンスを守りオンラインで商品取引する人々の姿によってではなく、過労死で死にゆく配達労働者たちの行列によって最も明らかな姿を現している。

順序を間違えたのかもしれない。ソーシャルディスタンスとアンタクトの関係形式を強制するからといって互いを尊重し保護する態度が作られるのではない。それは反対だろう。互いを尊重し互いの痛みを本当に理解することができてこそ、物理的には距離が離れていたとしても社会的にはむしろ共に感じる関係になり得るはずだろう。すでに真の意味での尊重や配慮が壊れてしまっているがゆえに災害が生じ、そうした尊重も配慮もない関係の上に加わる物理的距離は災害をさらに増幅させるだけなのだ。災害の危機状況において強制されたソーシャルディスタンスとアンタクトのニューノーマル秩序は、われわれの社会における不平等と差別を甘受し生きてきた人々に対してさらにより多くの犠牲と排除を要求するものであり、それにより彼らが誤導された嫌悪と憤怒の標的となることもあるのだ。

この災害は長く続いてきた土地と自然あるいは他の生命の痛み、不平等で危険な労働による貧しい人々の痛み、差別と排除と嫌悪の犠牲となってきた社会的少数者と弱者の苦痛が積み重なる中で生じたパーフェクト・ストームだ。したがってこの災害以降の新しい社会、すなわちニューノーマルを想像する道は、何よりもわれわれの社会とわれわれの暮らしが長年に渡って他者化してきた人々と命の痛みに共感し得る姿勢と能力にかかっていると言っていいだろう。ウイスルがわれわれを照らし暴露していること、そして弁明もできないほどに認めざるを得ないことは、誰かを犠牲にして生きていながらも自らを欺きその事実を認めず今の暮らしを正常なものとみなしてきたわれわれの姿だ。新型コロナウイルスはこれ以上弁明も回避もできない問題を警告している。共感や連帯によってではなく他者の痛みと苦痛から物理的・精神的に距離を置くことで守ってきたわれわれの生に対する根本的な問題提起がなければ、アンタクトとニューノーマルの未来はさらに残酷な災害をもたらすことだろう。資本主義の成長イデオロギーにとらわれ、発展のためにすべての他者を道具化し対象化する暮らしを続け、そして他人の痛みと自分の危機が不可分につながっている点をあえて無視し、他人の安全無くして自分の安全は無いという明白な事実を認めないために作り上げたソーシャルディスタンスとアンタクトの未来は希望ではなく絶望なのである。

危機の韓国の教会

感染症の拡散という災害の中にある韓国の教会の今の状況は内憂外患の危機と言われている。内部的には、礼拝と教育的集まりを含むこれまで教会として行ってきた一般的ライフスタイルと関係形式が同時に動きを止めた状態を経験している。それに従い、急激な信者数と献金の減少により教会の管理構造を支えてきた人的・物的土台が分解する危機に瀕している。外部からは、ふさわしい変化を先導するよりも社会の変化を押し止める時代錯誤的な権威意識にとらわれた集団、反共主義を含む支配的で抑圧的な文化を批判するよりもそれらを最も積極的に応援する集団、差別と排除と嫌悪の独断的理念を伝播する集団、極右政治と結託し人種的・性的差別を続けさせる集団という批判に直面している。特に一部の教会が感染症拡散の震源地となりながらも対面礼拝を強行し、あらゆる陰謀論とデマを拡散して危機と災害の真実を誤導する状況に対し、教会に向けられた社会の視線は冷淡この上ない。

この内憂外患の危機を、予想だにできないウイルス拡散に起因する偶発的事態と説明することは無意味であり無責任だ。いかなる状況においても礼拝は続けられねばならないと強弁しつつ過去の常態回復を主張すること、それ自体が災害だ。今世界が抱えている感染症拡散という災害がそうであるように、いま韓国の教会が直面する危機も予測不可能で統制不可能な偶発的な要因によるどうしようもない事態などではない。韓国の教会内に長く潜伏していた諸問題が新型コロナによって社会的災害と出会い、パーフェクトストームのようにさらに問題を破壊的に増幅させている状態、それがこの危機の実像だ。

多くの評論家は、教会が教会外の世界と結ぶ関係に焦点を当てて韓国の教会を批判している。けれども教会内に潜伏した諸問題に対する鋭利な批判的分析と省察は一層切実ではなかろうか。教会として生きるということについて韓国の教会が持つ自意識に対し、われわれは積極的に問題提起すべきだと思う。教会が外部の世界、人々、そして被造物を見る眼差しと彼らと出会う関係の形態は、教会と信徒が保持してきた慣れ親しんだ自己理解に基づいている。けれども今はこの自意識が社会的要求との全面衝突を辞さないところまで自らを表現しており、それによって災害を一層増幅させる一つの要因として作用している。

対面礼拝は集団感染の震源地となりうるし、誰かの健康と生命を危険にさらす行為になりうるということを教会が知らないわけではない。対面礼拝の強行が社会的批判を受けることも知っているだろう。ところで大部分の教団は構成員の同意の有無に関わらず公式的には政府のソーシャルディスタンス指針に従うことを勧告しており、多くの教会が対面礼拝と集まりを止めているのも事実だ。けれども一部の教会は対面礼拝を強行しており、去る八月に大統領とキリスト教教団指導者の会合におけるキム・テヨンイエス教長老会統合派総会長の発言、「政府は新型コロナを収束させ経済を生き返らせねばならず、教会は新型コロナに打ち勝ち礼拝を守らねばならない」[11]という言葉に明らかなように、今は対面礼拝をしていない教会も社会的圧力によって止めているのであり、対面礼拝を禁止した政府の処置や社会的圧力に対して同意するとか首を縦に振っていると考えることはできない。さらに、対面礼拝が定められた形式に従って規則的に反復されなくとも教会は教会であることができると考える教会や聖職者は多くないように思える。

では、隣人の生命と安全に危険を及ぼしかねないということを知りつつ、そして教会外の批判的視線を知りつつも対面礼拝を強行する理由は何だろう。もちろん現実的に経済的理由が大きく作用しているのは事実だ。金融機関から貸し出しを受けるなど大きな負債を抱えてまで豪華な建物と施設を維持し、その中を埋めつくすスタッフと事業を維持する教会にとって対面礼拝の中止は深刻な危機であろうということは容易に斟酌できる。けれども対面礼拝を強行する教会がすべて同じ問題を抱えているわけではない。一旦教会内部の側から見れば、対面礼拝を止めることが想像できない理由は、それが教会と信徒の自意識を構成する最も核心的な装置として働いているからだ。そして教会内部を支配する秩序と意思決定構造、構成員間の教育的・牧会的関係の形式も、さらには教会が予算や財政を運用し管理する体系もすべては対面礼拝の形式を通じて支えられているからだ。それゆえ韓国の教会の対面礼拝強行の意思とは、外部からの非難を甘んじて受けつつも現在の教会を支える教会内部の政治的、社会文化的、経済的秩序を守ろうという意志の表現なのだ。神学的に言えば、教会内部の体制と秩序維持の問題が教会の公的、社会的（宣教的）責任の問題と全面衝突する状況が発生しているということだ。教会それ自体を維持、管理、成長させようという目的が、被創世界の和解のために呼び出された共同体としての召命感を飲み込んでしまったのが今の状況なのだ。

キリスト教信仰が持つ教会に対する最も明らかな確信は、教会は教会自身を目標と定めたり、教会自身をすべての行為や実践の主体とは定めないということだ。[12] 神は、ご自身と被造物の間にそして人間を含むすべての被造物の間に和解をもたらすため、教会が立てられる以前から被造世界と共にあり、いまも教会という囲いに拘束されることなく活動しておられるという確固たる信仰がわれわれの教会理解だ。そしてキリスト教信仰が持つもう一つの確信は、教会は人々が自らの限界と枠組みを超えて神の意志と働きを求め参与する過程において作られるのであり、教会が先に作られその教会を通してのみ神の働きが生じるのでは決してないということだ。けれども歴史の中で教会はたえず教会と神との位置を逆転し、そして神と被造世界の和解ではなく、教会それ自体を目標と定めてきた。

このように被造世界の和解のための神の宣教ではなく教会それ自体の成功のためにあらゆるものを動員する教会は、集まって満たされることを目標と定める。そして、集まりいっぱいになった人々を一層徹底的にその教会発展のために奉仕させ管理する聖職者中心的な管理秩序を装着し、そのような内部の動員秩序を正当化するために礼拝と建物に代表される強力な象徴の秩序を必要とする。ところで、このような自己内部の結束と外部に向けた自己拡張を目標とする教会は、自分たちが持つ物質的で象徴的な価値と秩序を地の果てまで拡張しなければならないという過度な自己確信を打ち立て、征服的・勝利主義的・植民地主義的宣教実践を通じて自らの囲いを一層堅固に作り上げようとする。そして教会は、聖なる都市あるいは聖なる国家に向かおうとする排他主義的政治的イメージを生産し続け、このような自分たちの倒錯的理想を危険にさらすであろう内外の敵たちを異端視し排斥する排除と嫌悪の論理を絶えず作り出す。これも同様に自己中心的欲望によって駆り立てられて行われてきたものだ。

韓国の教会が直面した危機の根本原因は、神の和解の意思から顔を背けた教会の自己中心的生の形にあるといえるだろう。その中で作られてきた自己理解、そしてそれを支えるために歪曲された宣教と司牧と礼拝に対する理解、さらに教会内部を構成する不平等で権威的な関係秩序などがコロナと出会いパーフェクトストームの災害を作り出したといえる。新型コロナウイルスはこれまで教会が守ってきた物質的、象徴的秩序が結局は被造世界に向けた暴力に成り得ることを明らかに描き出した。この状況は、教会が多少公的な役割と寄与を強化するようなことで癒やされる問題では無い。徹底的かつ根本的な反省と変化が無ければ治癒が困難な病巣なのだ。再びこうした病巣の深さを無視したまま適当な神学的理論や装置によって危機の根本原因を隠蔽しようとするならば、そして時が来れば危機は過ぎ去るのであり過去の礼拝と秩序は必ずや回復するはずだと考えるならば、それはすでに不敬であり神聖冒涜なのだ。

自分の内部に閉じこもる閉鎖的な共同体は教会ではありえない。教会とその教会の聖職者と信徒は、神と世界の間で、人間実存の危険でありつつも奮い立ち命に満ち満ちた「境界地帯」の緊張の中に生きる人々でなければならない。この境界地帯は明らかに不安な冒険の地ではあるが決して不毛の地では無い。そこはすでに他の人々が暮らす場所だ。そこで人々の助けを借りながら共に生きる時、生のすべての経験は聖なる瞬間をもたらすはずだ。[13] ゆえに教会は金城鉄壁の中にとどまる集団ではなく、隙間だらけの柵を持った集団にならねばならない。他の被造物間の差異に鋭敏な感覚を持ち緊張の中にある共同体だ。[14] そしてその緊張そのものを孤立によって解決するのではなく、境界地帯の緊張と不安をより一層開放的にし、それらを今まで知ることのなかった新しい生と共同体を想像する過程のエネルギーとしてさだめる共同体でなければならないだろう。

韓国社会と教会を新たに想像するために

災害が生じる前から他の生命の苦痛と涙があった。災害が生じる可能性を知りながらも、一つの社会が支えられるためには致し方ない費用だとみなし無視してきた人間と自然の苦痛があった。そしてそのすべての問題と苦痛が臨界点に達しパーフェクトストームとしてやってきたのが今の災害の真実だ。教会の危機もこれと異ならない。信仰を口実に問うこと自体を許さなかった多くの問題が、潜伏状態からついに臨界点に達し最悪のケースとして結合し生じたのが今の危機だ。韓国社会と教会の災害をこの様に説明する理由は、この災害が生態学的であるとか生物学的であるのみならず政治的で社会的かつ経済的なものであり、宗教的で神学的な災害であると語ろうとしているからだ。そして今、災害として現れた臨界点は決して過去に経験したものと同じ意味ではないということを言いたいからなのだ。

アンタクト時代を下支えしている必須労働あるいは基本労働に対して考えてみよ。支配的文化とイデオロギーによって無意味な人間として、ゆえに罪に定められ排除と差別と嫌悪の犠牲者となってきた人々の暮らしを考えてみよ。ウイルスの威力に耐えなければならない人々も彼らであり、災害の危機を全身で引き受けている人々も彼らだ。彼らは今まで正常な体制を下支えしてきた最も必須的な人々であり、またその体制によって最も無視されてきた人々でもある。ところで彼らに対してウイルスと災害の威力が現れた今回の事態は何を意味しているだろうか。

それは長年潜伏していた問題に対する新たな覚醒を要する状況であると同時に、今の社会と教会の体制とを支えている物質的秩序と象徴的・神学的秩序の根本的限界を表すものではなかろうか。ゆえに、コロナ以前に戻ることもできず、戻ってもならないのだ。いまだに始まりは正確には見えないが、終わりはすでに見える状況にわれわれが立っているのは明らかだ。新自由主義的金融資本主義の象徴的秩序とイデオロギーの終わりを論ずる言説[15]から文明転換についてのものがたりまで、そして正義絶滅時代、第六の大絶滅前に立つ時代、あるいは地質学的時代区分を通して「人新世」と「資本新世」[16]に対する悲観的展望など、災害状況を診断し展望する無数の終末論的表現の前で語る臨界点の意味がより鋭利に作り出されている。今という時は明らかに新たな想像力を必要としている。人間と自然に対しそして社会と教会に対し、今までとはまったく異なる絵を描かねばならない時であることは明らかだ。

けれども新しい想像力は今ここで現実的に発生する問題に向けた無関心を脇に置いて、巨大な言説と思惟の世界へと入ることでようやく出会えるようなものではない。災害は、生態学的次元はもちろん、政治、経済、社会、文化、宗教的次元が重なり合って生じている。これは、われわれが知らずにいた問題ではなく、われわれが意図し作り出しそして知っている問題が結合して生じたパーフェクトストームのような災害なのだ。ゆえに新しい想像力は何よりもまず災害の苦痛を実際に受けているこの社会の弱者たちと他者たちの生の中から全体的な次元へと、生態系全体や文明の次元に至る問題の焦点を読み解くことのできる想像力でなければならないし、最も具体的で物質的な生活の変化を模索する想像力でなければならないだろう。

ホームレス活動家ヒョン・ジンがコロナ以降を語る時、常に忘れてはならない場面として語るのが、防疫を理由に最小限の居場所さえ剥奪された野宿者たちの暮らしの現実だ。彼は長年道端で暮らしてきた一人の女性野宿者が真実を込めて直接書いたコロナ災害状況の経験を伝えている。その文章の中にはヒョン・ジンの言葉の通り、活動家が到底真似することのできない鬱憤がある。その鬱憤は人格、価値、所有、生活、食べものそして家に対するこの社会が持つ基準に対するものだ。そしてこの社会を支配する価値と尺度に対する彼女の鬱憤の中に文明的、生態学的、経済的、社会的諸次元が互いにつながっている。この女性野宿者の鬱憤に耳を傾ければ、おそらくここから社会と教会を新たに想像する一つの道が見えるかもしれない。

椅子の横にある個人の持ち物。それが旅行かばんでも、布のかばんでも、ビニールかばんでも、それはそれを持っている人のものだ。わたしが受けた公務員、駅勤務員たちの意識のないすべての行為は、それを受けた人間の人格冒涜であるだけでなく国家公務員すべてに良くない結果を与え、互いにとても悪いことが起きるかもしれない。~お前は身なりの通り、お前たちの頭の中に詰まっているものさし通りに値打ちをつけてすべてのことに対応する。われらが持っているすべてのものはお前たちの家にある、生きるためになければならないそのすべてのものと同じものだ。食べるものまでもゴミだというお前たち公務員はゴミを煮て焼いて食べるのか。ゴミを捨てると言ってひとの暮らしに手を出すお前たち、まずは家の権利書からゴミ箱に捨ててみろ。[17]

注

1 全体報告書「Global Warming of 1.5℃」の概要（日本語版）は https://www.env.go.jp/earth/ipcc/6th/ar6_sr1.5_overview_presentation.pdf で見ることができる。

2 オッス「集会が犯人ではない：コロナ時代に叫ぶ集会とデモの権利」〈プレシアン〉二〇二〇年一〇月二三日付。http://m.pressian.com

3 Peter Beaumont, "Scheme to get COVID vaccine to poorer countries at high risk of failure", The Guardian, 二〇二〇年一二月一六日。

4 スーザン・ソンタグ『隠喩としての疾病』イ・ジェウォン訳（アフ、二〇〇二年）。＊邦訳：『隠喩としての病い』（冨山太佳夫訳、みすず書房、一九八二年）。

5 『感染症と社会』（イ・ミギョン他訳、文化思想、二〇二〇年）の著者で歴史学者のフランク・スノーデンはアメリカとイギリスの政府と議会で発表された最も具体的な予測と警告の事例を示している。＊原著：Frank E. Snowden, Epidemics and Society, Yale University Press, 2019.

6 Allan M. Brandt and Alyssa Botelho, "Not a Perfect Storm・Covid-19 and the Importance of Language", New England Journal of Medicine April 2020, pp.1493-1495.

7 パーフェクトストームは気象学で用いられる以前一八世紀初頭から使われ始め、一八世紀の小説には話者が意図的に聞き手の感情を過度に増幅させることも意味していた。https://wikipedia.org 参照。

8 クォン・チャンギュ「感染症危機と他者化された存在」『現代文学の研究』（二〇二〇秋号）、一六三―二〇七頁。

9 キム・フン「われわれはなぜ日々喪服を着るのか」〈ハンギョレ新聞〉二〇二〇年六月二八日付記事。

10 チェ・ジェチョン「ワクチン」〈朝鮮日報〉二〇二〇年四月一五日付記事。

11 〈ニュース&ジョイ〉二〇二〇年八月二七日付記事。

12 Wilhelm Richebacher, "Missio Dei・The Basis of Mission Theology or a Wrong Path?", International Review of Mission 92, no.367, October 2003, p.589.

13 L. William Countryman, Living On the Border of the Holy, Renewing the Priesthood of All, Hardsburg, Pa Morehouse Publishing, 1999,p.3.

14 Fred Wilson, ed., The San Antonio Report, Genova, WGC, 1990. p.33.

15 次を参照せよ。Lapavitsas, C., 2020, 'This crisis has exposed the absurdities of Neoliberalism. That doesn't mean it'll destroy it', Jacobin, 27 March, 2020. https://jacobinmag.com

16 人新世と資本新世に関しては次を参照せよ。Franciszek Chwaiczyk, "Around the Anthropocene in Eighty Names-Considering the Urbanocene Proposition", Sustainability, 2020,12（11）. https://www.mdpi.com

17 ヒョン・ジン「コロナ以降を語る時に忘れてはならない四つの場面」『パプトン』七一号。二〇二〇年七月。https://babtong.kr

第一部　脆弱な階層はさらに脆弱に

孤独への／孤独からの連帯　災害時代の霊性

チョン・ギョンイル

はじめに：災害となった教会

災害の時間は宗教の時間だ。原因も解決法もわからない災害が差し迫ると超越的存在や力を求めようとする宗教心はさらに深まる。前近代だけではなく今も同じだ。科学技術と医学が高度に発展した時代にも、新型コロナウイルスに関して知っていることよりも知らないことの方がいまだに多い。そのためだろうか、二〇二〇年三月一一日世界保健機構のパンデミック宣言直後急上昇したグーグルの検索後は「祈祷 prayer」だった。災害時に人間は慰めと救いを期待し宗教に頼るのだ。

けれども「コロナ元年」、韓国のキリスト教イメージは慰労者でも救済者でもない反社会集団だった。市民は各自の欲望を抑制し防疫に協力したが、キリスト教徒は別世界を生きているかのように自分の欲望だけを満たそうとした。あたかも教会の危機が社会の危機よりも一層重要であるかのように、「集まって行う礼拝」実施を掲げて騒々しい論争を始めた。第一波、第二波には「新天地」集団と全光勲（チョン・グァンフン）集団の直接的責任があり、散発的地域感染拡散にも教会が直接間接的に関連した場合が多かった。大多数のキリスト教徒はいわゆる異端、極右根本主義集団からは手を引きたがっていても市民の目からすべては同じ穴のムジナだ。パンデミックという例外状態においても「信教の自由」だけを主張し「愛の義務」はなおざりにした教会を社会はこれ以上信頼することはない。新型コロナ以降韓国の教会の社会的信頼度は下落という程度ではなく没落の状況だ。良識あるキリスト教徒たちが「教会のせいで本当に申し訳ありません」と謝罪したが、市民の失望と反感が和らぐことはなかった。人類史上初めての大災害の前でも韓国の教会が社会の安全と安寧にこれほどまでに無関心で無責任である理由はなんだろうか。

このような状況認識と問題意識に基づいた本稿は、まずパンデミック時代に韓国の教会が示した反社会性と根本主義の関連性を明らかにし、根本主義神学と霊性を強要する教会内の集団主義の姿に目を向けようと思う。そして災害時に根本主義と集団主義から抜け出し公共的責任を持とうとする市民―信徒の生と信仰を、孤独へと入り孤独から連帯へと進むキリスト者の社会的―霊的旅路の中に見出そうと思う。

根本主義と「破壊の霊性」

二〇二〇年韓国の第一次、第二次コロナ大流行を触発した新天地集団と全光勲集団の神学的出発地は同じ根本主義だが目的地は異なっていた。条件付き終末論に基づく新天地集団は来世の天国を目指し、極右理念を信仰化した全光勲集団は現世の「キリスト教国家」を目指している。もちろん現実政治勢力と結合しようとする点において二つの集団の欲望に大きな違いはない。新天地も政治勢力の後援者であり受恵者でありたいという思惑を見せてきた。しかし新天地が「ファン」として選手を応援しようとしていた反面、全光勲は「選手」になって競技に直接関わろうとした。実際、全光勲集団は既成の政党運動を通じて右派キリスト教の政治勢力化を試みた。議員選出には立て続けに失敗していたとはいえ、「キリストの愛実践党」、「キリスト自由民主党」、「キリスト自由統一党」などと名前を変えながら国会議員選挙に関わり、朴槿恵（パク・クネ）大統領弾劾以降青瓦台の前と光化門広場において「荒野の教会」と称する集会を続け、分裂し弱体化した極右の新たな求心点として浮上した。コロナウイルスが猛威を奮った韓国社会で極右の代表は黄教安（ファン・ギョアン、訳注：弁護士出身で検事、公安を経て朴槿恵政権の国務総理）でも、金文洙（キム・ムンス、訳注：民主化運動を経て政界に入り京畿道知事、国会議員を経験、二〇一八年ソウル市長選挙敗北以降は右派陣営に転じた）でも、趙源震（チョ・ウォンジン、訳注：ウリ共和党国会議員などを経た朴槿恵支持勢力の中心人物、大韓愛国党共同代表）でもなく、全光勲であり、最大極右団体は「ウリ共和党」ではなく荒野の教会だった。

われわれが注目すべきことは、互いに目指すところが異なり時には互いを異端、腐敗勢力といって衝突してきた新天地集団と全光勲集団が共通して新型コロナ流行の第一波、第二波の主要要因となったことだ。もちろんこれらの間には重要な差異がある。新天地は防疫指針がいまだに体系化していなかったパンデミック宣言以前の感染拡大の経路であったのに対し、全光勳集団はソーシャルディスタンスが日常化した時点で「室内外群衆集会」を強行し感染拡散の原因となったからだ。けれどもさらに重要なことは第一波、第二波の前後にこれら二つの集団が共通して見せた社会的共感能力と公共意識の欠如だ。

昨年春、新天地関連の感染急増によって社会を危険に陥れた状況において、新天地の指導部は信徒と教育生（求道者）の情報を隠すなどの防疫妨害を行った。無分別な新天地嫌悪が彼らを窮地に立たせたからだともいえるが、公式的な謝罪や協力の約束以降も隠蔽と妨害が続いたことは社会よりも自分たちの集団を保護しようとした「謀略」ではないのかと疑われることとなった。全光勳集団は疑いの余地もない。防疫当局の警告に対しても「野外での新型コロナ感染の事実はまったくない」と主張しながら光化門集会を強行し、サラン第一教会と光化門集会発の集団感染が起こると何者かによって「ウイルステロ」を受けたという陰謀論を提起した。陽性者と確定したサラン第一教会関係者が隔離中に抜け出し、さらには逃走中に聖書を掲げて防疫要員と対峙する異様な行動を示して社会を驚愕させた。

ふたつの根本主義集団の現実政治に対する立場の違いにも関わらず、彼らが共通して防疫を妨害し社会に害を及ぼしたことは、彼らが追求する「国」が天上の「新しい天と地」や地上の「キリスト教国家」であることと無関係ではないように思える。新天地の中心的教理は終末に際し「一四万四千人」が救いを受け新しい天と新しい地の千年王国において永遠の命が与えられるというものだ。彼らの優先順位が最小限教理的にはこの世ではなく彼岸にあることから現実世界で要求される責任倫理が弱まらざるを得ないのだろう。

全光勲の政治的理念は、二〇一九年一月二九日に韓国キリスト教総連合会会長に就任した際の彼の発言に凝縮されている。「大韓民国は李承晩（イ・スンマン）大統領が立てたキリスト教国家であり、『キリスト教立国論』に基づき国を再び設計しなければならない」。彼が追求するキリスト教国家の理想はキリスト教的ではない政治体制と社会文化を否定し、十字軍のようにこの世を征服しようとするものだ。戦争のように敵味方に切り分けて敵を攻撃する征服主義が普遍的隣人愛となることは不可能だ。「キリスト教国家の国民」ではない非キリスト教徒、非国民の生命と安全には関心も責任も無いということだ。

全光勲と極右プロテスタント勢力がキリスト教国家のために闘争過程として標榜してきたものは「反共」と共に「反イスラム」、「反同性愛」運動だ。同じ根本主義の根から生まれたこれら三つの運動は、これらが韓国社会と教会を汚染し危険に陥れると信じる理念的、宗教的、文化的他者に対する嫌悪と排除だ。根本主義者たちは共産主義者、ムスリム、同性愛者のいない「清浄なキリスト教国家」を目指している。プロテスタントの反同性愛集団が性的少数者を「従北ゲイ」と呼んで嫌悪するのも反共と反同性愛運動の癒着を示している。

新天地集団の来世的王国や反共、反イスラム、反同性愛集団の現世的キリスト教国家はすべて「彼らだけの天国」を目指している。この世の王国やこの世のキリスト教国家を目指す根本主義者たちに現実国家と政府の防疫施策、市民保護義務、公的責任倫理などは二次的で些細なものだ。こうした点から市民社会は新天地集団と全光勲集団を同じキリスト教集団として認識する。これら二つの集団の信仰と理念の違いは知らずとも、彼らが共に市民の健康と安全に危険をもたらすという事実に激高しているのだ。

韓国の教会の根本主義を警戒すべきもう一つの理由は、理念と宗教と文化の領域において善と悪、浄と不浄を二分法的に分け、後者に分類された人々を嫌悪する言語が実際の嫌悪行動として生じる可能性が大きいからだ。例外状態である戦争において憎悪と暴力が正当化されるように、いわゆる善と悪の戦争、虚偽と真理の戦争においても他者を嫌悪し敵対し破壊する暴力が発生することは可能だ。キム・ジンホはこれを「破壊の霊性」と呼んでいる。[1] 極右根本主義的霊性の破壊性が最も極端な形で表出したのが朝鮮半島分断と朝鮮戦争の時だった。反共理念を信仰化した極右プロテスタント集団は北朝鮮軍との戦争支持を超えて直接参戦し、麗水（ヨス）、順天（スンチョン）、済州（チェジュ）などで発生した民間人虐殺［訳注：一九四八年、親北朝鮮的行動あるいは米軍政への批判・反乱などを理由に行われた李承晩政府による無差別的掃討作戦］にも組織的に参与した。

根本主義集団の破壊的霊性を見ていると重く気まずい問いが相次いで生じてくる。来世の救いと現世の権力とを目指すことが一部根本主義集団の極端な霊性なのだろうか。霊性的党派主義、現世的征服主義、少数者嫌悪は程度の差があるだけで韓国の教会の大部分が共有してきた価値と態度ではないのか。大多数のキリスト教徒は異端、極右、嫌悪の勢力と自分たちを分離しているが、市民社会の観点からは皆同じだという。実にこれは神学的に正確な観点ではないだろうか。韓国の教会は彼らと同じ根本主義神学と霊性を、ただ過激か穏健か異なる形で表現しているだけなのではないのか。

根本主義は一部プロテスタント集団だけの風変わりな問題ではなく韓国の教会全体の普遍的問題だ。逐語霊感説、教理主義など宗教的硬直性と社会的、政治的保守性を特徴とする根本主義は少数非主流集団の神学ではなく韓国の教会の主流神学だ。これは、教会史的にはアメリカ根本主義神学の影響のもと韓国プロテスタントが形成されたということ、社会史的には朝鮮半島の分断と朝鮮戦争の過程において反共理念が信仰化されたこととに関連している。このパンデミック時代、長年続いた根本主義の問題を批判的に省察しなければならない理由は、それが韓国の教会を災害を克服する主体ではなく災害を悪化させる反社会的集団へと転落させているからだ。

集団主義訓育と信徒

韓国の教会の社会に対する迷惑は今に始まったことではない。先に「長年続いた根本主義」と表現したように、長い根本主義状況がもたらした韓国プロテスタント教会の実像は新型コロナによって一層赤裸々に現れたに過ぎない。驚くべきことがあるとすれば「オールドノーマル」が「ニューノーマル」へといち早く交代する新型コロナ状況においても、韓国の教会は変化に対する関心と変化の意思を見せてはいないという事実だ。

二〇二〇年、各教団の総会においても変化は非対面様式の部分的導入程度のみで、課題や争点はパンデミック以前と少しも変わるところがなかった。イエス教長老会合同派の総会は女性聖職者の按手を巡り「聖書に書かれていない。聖書不可謬説の放棄だ。これは同性愛許容によって生じたものだ」という理由を掲げて再び否決している。逐語霊感説、性差別、反同性愛を圧縮して表現した象徴的な現象だ。ほとんどすべての教団で教会世襲、牧会者性犯罪、極右キリスト教集団の弊害などに対する反省は存在しないか、あっても微弱なものであり、災害にとらわれた社会を慰め癒やす感動的メッセージもなかった。

プロテスタントの教団総会はなぜこれほどまでに保守的で反時代的なのか。制度的には総会参加権を持つ代議員（総代）の平均年齢と性別の偏りが原因だろう。イエス教長老会統合派の二〇二〇年総代の平均年齢は六二歳で、全総代一五〇〇名中女性は一・七％の二六名に過ぎなかった。進歩教団である韓国基督教長老会も全総代六五二名中女性は六八名で一〇・四％だった。イエス教長老会統合派の総会や、そもそも女性総代がいないイエス教長老会合同派よりは進歩的ではあるとしても、基督教長老会自体を見れば性の平等はいまだ遥かな道のりだ。二一世紀においても理念、宗教、文化に対する韓国プロテスタントの認識と立場は権威主義中毒の平均六〇代男性集団が代表し決定しているのだ。社会問題となった教会の問題も、その大部分は教会と教団を掌握する男性牧師と長老など少数教権勢力により発生している。けれども、「罪を犯した者は少数だが責任はすべての者にある」というアブラハム・ヨシュア・ヘッシェルの洞察のように、教権勢力が引き起こす問題の責任はそれを消極的に傍観するか積極的に共謀してきたキリスト教徒すべてにあり、ゆえに教会の絶対多数である信徒の責任は大きいのだ。

非キリスト教徒たちが理解できないプロテスタントの風土の一つが、教育程度も高く社会経験も豊富なプロテスタント信徒たちが、なぜ一部牧師の非常識な言行を制止することができず無批判的に追従しているのかということだ。根本主義神学の影響、反共理念の信仰化、位階的聖職主義、信徒の保守化など原因は複雑で複合的ではあるが、われわれが注目すべきはそれらすべての問題を貫くプロテスタント特有の「集団主義」だ。

韓国プロテスタントの礼拝、霊性、教育、交わり、奉仕などおよそすべての領域において根強いのが集団主義文化だ。信徒は常に集団的「教会生活」に奔走する。二〇世紀の信徒は主日礼拝に出席するのは基本であり、平日にも水曜祈祷会、金曜徹夜祈祷会、早天祈祷会、区域礼拝、聖書勉強会などの各種集会と集まりに欠かすことなく参加することを要求された。恒例の復興会（伝道集会）や全信徒修練会も欠席することのできない重要な集団行事だった。二一世紀にもそうした集会文化を残している教団が少なくない。さらに各種自己啓発プログラムなどで教会内活動が多面化し教会生活の忙しさは今も変わらない。

熱心に教会に集まること自体は問題ではない。重要なことは集まって何をするかだ。教会の各種集会とプログラムは信徒を集めて捕まえるための教会維持と成長の手段だ。彼らは「良い信徒」

になるために聖書もたくさん読み祈りや活動には熱心だが、「良い市民」になるための批判的思惟や実践についてはとてつもなく不足している。これら多くの教会内の礼拝と集まりにおいて社会的知性と霊性を育てていたならば韓国プロテスタントがこれほど没落しなかったに違いない。「問わない信仰」という表現が象徴するように、韓国プロテスタントは思惟のない信仰を強要してきた。教権勢力は信徒たちに考える暇を与えれば大変なことになるとでも言うように、ひたすら集めては軍隊式の集団的訓育を行った。実際、「霊的軍事訓練」という表現はすでに陳腐なものとなってしまうほど定着している。こうした集団主義的訓育と教会生活に縛られているがゆえに、パンデミック以降集まることのできない現実は、プロテスタントの牧師と信徒すべてに計り知れない衝撃となったのだった。

韓国の教会の反知性的、反社会的態度は少数教権勢力の一方的訓育だけによるのではなく多数信徒の自発的同意によるものでもある。キム・ジンホが「ウェルビーイング保守主義」を受容した「主権信徒」現象を批判的に分析したように、[2]今日の教会信徒は「宗教消費者」になっている。宗教の売り手である教権勢力は信徒の宗教文化的記号を創出もするが、それを反映もしている。消費者が求める商品を生産流通し販売するということだ。したがって韓国の教会が集団主義から抜け出すためには信徒の宗教的、社会的欲望を理解する必要がある。

信徒が集団主義的教会生活に自発的に参加するのは、自らの内面を振り返ることを恐れ、社会的責任を負うことは手に余ると考えているからだ。自らの内面を凝視し省察することは痛みの伴う作業であり、社会において「地の塩、世の光」として生きることはしんどいことだ。ゆえに自己省察より自己啓発に没頭し危険な社会から教会という安全な箱舟の中へと逃避する。そしてウェルビーイング保守系大型教会の箱舟は信徒の宗教的欲求のみならず事業、交わり、結婚などの社会的欲求まで充足してくれる「多機能複合クルーズ船」となった。信徒は教権勢力が提供する宗教商品とサービスを消費する対価として教権勢力の政治的、宗教的、文化的保守主義に自発的に同意し参加する。こうした同意と参加もやはり集団主義によって生じている。集団主義の力は権力においては統制の容易さであり、大衆にとっては妥協の便利さにある。宗教消費者となった信徒は自分だけでなく他の人々も皆そう考え行動していると信じ疑問と問題意識を消し去るのだ。

韓国の教会の少数教権勢力と多数信徒たちの共謀関係によって作られた集団主義が悲劇を起こしている。この悲劇を避けるためには、多数派である信徒が集団訓育構造を抜け出し自由に思惟し責任ある行動をとる市民―信徒にならねばならない。そのために必要なことの一つは本稿が強調する「孤独」だ。ノ・ミョンウは、他者と集団に縛られない「権能と個性の源泉としての一人」となる孤独が「成熟のために誰もが避けることのできない通過儀礼」[3]だという。社会学者である彼の言葉はまさに宗教的知恵のように聞こえる。

アイロニカルなことは、新型コロナ災害が信徒を集団主義訓育構造からほぼ強制的に引き抜き孤独の中へと押し出したという事実だ。ソーシャルディスタンスによって教会生活が大部分中止され、牧師の伝統的機能と役割もかなりの部分において中断され、信徒各自が自ら信仰と暮らしを営まねばならない状況となった。パンデミック初期、全世界的に隔離と封鎖が行われた時、教会暦は四旬節だったが、興味深いことに、「隔離」を意味する英単語“quarantine”には「四十日」の意味がある。隔離と封鎖の中で四旬節を過ごしたキリスト者の中には、孤独の中でイエスの生と死と復活の意味を黙想し祈っていた人々が多い。パンデミックによる突然の孤独経験がキリスト者を省察的、公共的市民―信徒へと変えることはできるだろうか。

「寂しさ」のパンデミック

孤独を語るとき気をつけるべきことがある。孤独には二重の意味があるという点だ。詩人キム・ヒョンスが「無限の涙の冬の終わり」の中で経験した「絶対孤独」のように崇高な孤独もあり、特殊清掃従事者キム・ワンが「情け容赦のない社会を恨んで死んだ人間」の匂いは「情け容赦が無い」[4]というような「孤独死」のような悲惨な孤独もある。孤独は富める者の贅沢として生じることも貧しい者の悲惨さとして生じることもある。けれども孤独はおおよそ肯定的な意味として理解されている。集団主義と競争にとらわれた人々は孤独に憧れている。失望の壁にぶつかったとき孤独の門を通って新たな生へと至る、というようにだ。こうした意味の混乱を避ける最も単純な方法は孤独と寂しさとを分けることにある。

災害時代の孤独を語る際にわれわれが忘れてならないもう一つの災害は寂しさだ。一人でいるという点においては同じだが寂しさと孤独は経験と意味とが異なっている。英語の〝loneliness〟と〝solitude〟の意味の違いは大きい。寂しさは望まない社会的孤立からくる否定的な経験であり、孤独は自発的に選択された肯定的経験だ。寂しさは不安であり孤独は平安だ。ひとは平安な孤独に憧れても不安な寂しさは避けたいものだ。

寂しさは個人にとっての辛い体験であるだけではなく医療的、社会的問題でもある。保健医療の専門家たちも寂しさを疾病の一つとして分類する。寂しさのゆえに精神的、肉体的疾病が発生し悪化する例は保健医療の現場で実際に生じている。また寂しさは社会的疾病でもある。寂しさによる自己嫌悪と他者嫌悪が自身と他者に向けられた暴力を招来することもある。アメリカで頻発する銃乱射、韓国でも絶えることのない無差別犯罪は寂しさに陥った人々が引き起こすことが多い。映画『ジョーカー』でアーサー・フレックをジョーカーにしたのは無慈悲な世界で彼が経験した寂しさという病だった。こうした寂しさの保健医療的、社会的病理ゆえに英国政府は二〇一八年に担当長官（Minister for Loneliness）を任命までしている。ＯＥＣＤの社会的連携に関する指数が加盟国中最下位の韓国においても寂しさの担当部署が至急必要なのではなかろうか。

安全安心な孤独を過ごすことのできない社会的弱者、災害弱者の経済的条件も見過ごすことはできない。かつてヴァージニア・ウルフが女性の自由のために不可欠だといった「自分だけの部屋」と「所得」を持つことのできない人々はあまりに多い。ロバート・ライシュが分類したように、パンデミック状況において安全な非対面在宅労働が不可能な「エッセンシャルワーカー」、「無賃金労働者」、「忘れられた労働者」は孤独の前に孤立に襲われ倒れている。したがって孤独が誰にとっても必要だとするならば、災害基本所得、全国民雇用・所得保険など、孤独のための社会保障がなければならない。

けれどもここで一つ注意すべきことがある。孤独を隠者や富める者の排他的特権や贅沢のように考えることも社会的不平等を既成事実化することになる、という点だ。孤独が人格の成熟に必要なものだとするならば、孤独はすべての人にとって普遍的権利でなければならないからだ。実際、孤独の病理化と特権化は人類史の中で比較的最近になって生じた現象だ。伝統社会においては孤独が誰にとっても生活の一部だった。北米先住民のヴィジョンクエスト（Vision Quest）のように人生のある段階における通過儀礼として孤独を経験する場合もあり、日常においても孤独は共同体の風景の中に自然と座を占めていた。遊牧社会はもちろん農耕社会においても孤独は労働と生活の一部だった。朝、自分の田畑に行き夕方まで一人働いた農民たちにとって孤独は同僚であり友でもあった。

現代産業社会の都市生活者もまったく例外ではない。人々は通勤、朝夕、週末と休日など、ささやかな物理的時間的孤独の機会を作り出している。問題は、一人でいる時間が孤独の機会ではなく孤立の危機と感じ不安になるということだ。現代人は一人でいるときもインターネットやSNSにつながろうとする。あたかもそのつながりが切れれば存在が消えてしまうかのように。けれども二四時間つながっていても二四時間寂しいのだ。技術的つながり（connection）がすなわち関係性（communication）ではないからだ。オンラインの表面的関係は寂しさと疲労感を積み重ねるに過ぎない。

関係が表層的であるように現代人の精神も表層的だ。人間が持つ情報量は過去と比べて飛躍的に広がったが、精神はといえばむしろ微弱化してしまった。デジタル文明の新人類である「フォノ・サピエンス」（Phono Sapiens）の知識は過去の人類が持っていた知識の数百数千倍でも、現代人が過去に比べて一層知恵深く幸せであるようには見えない。知恵のない知識と情報の過剰は不安を少なくしてくれはしない。超連結時代、情報の激流の中を生きる現代人は常に不安で不幸で寂しいのだ。

決定的に資本の時計は現代人の生において時間を失わせた。生活ではなく生存が目標となってしまった新自由主義時代の人間は孤独になる暇さえない。誰かとともにある時は競争し一人になる時は競争に備えようと奔走する。何もしなくてよい余暇は何かに備えるべき自己啓発、いや自己搾取の時間へと変わった。存在beingよりも行為doingが生の中心方式となることで、ひとは何もせずに一人でいることに耐えられなくなった。二〇一四年七月、科学専門誌『サイエンス』は興味深い心理学的実験を紹介した。自分の体に電気的刺激を与えるボタンの他には何も置かれていない部屋で一人一五分座っている時、実験参加者の中で男性の六七％と女性二五％はボタンを押した。[5] 孤独で何もすることがないよりは身体的苦痛を受けた方がいいということだ。新自由主義時代は人類史上最も憂慮すべき時代だ。

そしてパンデミックが来た。パンデミックは資本主義を一時的に停止させソーシャルディスタンスによる孤立をすべての人に強制した。災害はわれわれの意思とは関係なく生じるが、災害に対する反応はわれわれの意思と選択にかかっている。そうであれば、ソーシャルディスタンスと隔離の否定的経験を孤独の肯定的経験として変化させることはできないだろうか。個人の孤独を集団主義の解毒剤として作用させることはできないだろうか。孤独を富める者だけの特権ではなく貧しく弱い者も味わうことのできる普遍的権利とする「孤独の民主化」は可能だろうか。

孤独へ／からの：出会い、省察、治癒、連帯

「孤独へ／からの連帯」という表現には孤独と連帯を分離した静的状態としてではなく、関連した動的過程あるいは運動として捉えるべきだという意味が込められている。孤独に至り自由な省察的主体となり、孤独から抜け出して責任ある関係的主体となるということだ。こうした連続的過程において孤独と連帯、個人と共同体は相対立するものではない。孤独な人々が共同体を形成し、共同体は個人の孤独を尊重する。孤独の中で自由になる人々が教会と社会を健康で成熟なものとするということだ。孤独はそれ自体が目的ではない。孤独の目的地は共同体だ。孤独へ／からの共同体に至る道は、出会い、省察、治癒、そして連帯として生じる。

孤独は出会いの事件だ

孤独とはただ一人でいることではない。孤独の中でわれわれは「真自我（true self）」と、神とともにあるからだ。心理学的に孤独は、カール・ユングが語る表層的意識である自我（ego）を超えて意識と無意識が統合された自己（self）と出会う事件であり、霊的に孤独はわれわれの最も深い場所において「自己（自我）」より「我（われ）」により一層近い神と出会う事件だ。それはパウロが語る「キリストはわたしの内に生きておられる」（ガラ二・二〇）のような自己超越的経験だ。孤独の中で真自我と神とに出会う時にこそ、われわれは分裂することのない統合された存在として生きることのできる存在となる。

孤独の中で神と出会うことができるということは、ソーシャルディスタンスとアンタクト時代のキリスト者に特別な意味をもたらしている。神が人間の内面の最も深いところにおられるという信仰、教会に行くことができず聖地巡礼ができなくとも、いつどこにおいても神と出会うことができることを意味しているからだ。イエスがサマリア女性に、サマリアの山でもエルサレムでもないところで「霊と真実をもって礼拝する」（ヨハ四・二一〜二四）と語った言葉は、パンデミック時代にもより実際的な教えとなった。特定の場所に集まらなくとも、いつどこにおいても礼拝することができるという意味だからだ。われわれの最も深いところに神がおられるのだから、われわれがいるすべての場所が聖所でありわれわれが行うすべてがサクラメントであり礼拝となる。

孤独は省察の時間だ

災害の前に災害があった。二〇一四年のセウォル号惨事の前に一九九三年の西海フェリー惨事、一九七〇年の済州南営（ナミョン）号沈没惨事があった。一九九五年の三豊（サンプン）百貨店崩壊惨事の前に一九九四年の聖水（ソンス）大橋崩壊惨事、一九七〇年の臥牛（ワウ）アパート崩壊惨事があった。新型コロナ以前にはMERSがあり、MERSの前にはSARSがあった。こうして歴史上同じ惨事が反復するのはそこに根源的省察と転換が無いからだ。省察のために必要なことの一つは孤独だ。ハンナ・アレントが語ったように、批判的に読み、書き、考える行為は孤独の中から生じるからだ。恐怖と不安をかきたてて陰謀論を撒き散らし弱者嫌悪を扇動する無知性的インフォデミック（infodemic）が事態をさらに悪化させるパンデミック時代において、孤独の中の省察は一層切実となる。

教会の信徒にも孤独を通じた省察の時間は必要だ。社会生活では合理的で知性的な市民が教会生活では非合理的で反知性的な信徒になり教会の没落が加速しているからだ。こうした現象が生じた原因の一つは、牧会者の根本主義神学を無批判的に信じて従う信徒の習性にある。社会の事柄については専門家である信徒が非専門家である牧師の世界観に絶対的真理であるかのように従うことで、教会の集団的意識が市民社会の意識と常識とに合わなくなったのだ。こうした事態を固定化し悪化させたのは集団主義だった。したがって信徒自ら世界の実情を批判的に捉え主体的に考え行動するためには孤独が必要だ。孤独の時間はキリスト者が、自由な信徒であり責任ある市民になるための省察の時間だ。

孤独は治癒の場だ

孤独を含む霊性修行は今のような災害事態を生きる人々に実際的な助けとなるものでもある。パンデミックの長期化に従って「コロナブルー（うつ）」、「コロナレッド（憤怒）」、「コロナブラック（絶望）」がウイルスのように広がっているからだ。二〇二〇年七月、成人男女千名を対象に実施された世論調査によると、回答者の三五・二％がコロナブルーを経験していた。女性と青年層の比率はさらに高い。個人的うつ状態が防止されると次は無気力、憤怒、嫌悪へと発展し社会を危険に陥れる可能性がある。政府が「心理防疫」にも力を注がなければならない理由がここにある。パンデミック時代に宗教が担うことのできることの一つがまさにこの心理防疫に寄与することだ。数千年に渡って人間の心を探求し治癒してきた宗教は、安全の問題は知らずとも安心の問題には責任を持つことができる。宗教の多様な霊性修行の方法を活用して心の免疫力を強化することができるだろう。われわれの身体、思考、感性、現象を心に留め理解すること、不安と怖れを生じさせる思考と感情が「私」ではないと悟ること、遠くまた近いところで苦痛を受ける人々のために祈ることなどは、孤独の中でわれわれができる霊的―心理的防疫であり修行でもある。

孤独は誰にも必要だが、特に隣人への奉仕をする人々、社会変化のために働く人々にはより一層必要となる。苦痛の現場にいることで苦痛に圧倒されることもあれば、過労やストレスによって傷心することもあるし、関係の葛藤によって傷つけられ、悪と戦い悪に染まってしまうこともあるからだ。平和を創る人々の心が戦場のようであるかもしれず、正義の為に働く人々が独善に陥ることもある。そのような時孤独は、奉仕者や社会運動家が自我に没頭することなく、高慢と独善に陥らず、目に見える成果に執着することなく、自らの社会的召命の実現へと導いてくれる。孤独を通して自らを省み内的力を育てる人々は隣人により良く仕えることができ、自らを変化させ平安へと導く人々はこの世を平和にすることができる。孤独は社会的奉仕と平和の出来事が始まる治癒の場でもあるのだ。

孤独は連帯へと至る出発点だ

孤独の中で自分と出会う人々は他者との連帯を作り上げる。連帯へと至らない孤独はそれがいかに敬虔であっても結局孤立のままだ。宗教伝統では孤独へと至り孤独から立ち戻る霊性のモデルが豊かにある。孤独の最も深い部分に到達した聖人は孤独に安住せずこの世に立ち戻り智慧と慈悲の生を生きる。悟りを開いたブッダは一人涅槃に至ったのかといえば、マーラの誘惑を退けバラナシへと歩み修行共同体（sangha）を作ったのであり、荒野でサタンの誘惑に打ち勝ったイエスも天使が仕える神秘的な天上世界にではなく苦しみの地ガリラヤへと歩み出し神の国共同体を立ち上げた。特に、イエスが向かったガリラヤは当時の社会の最周辺部であり彼が連帯した人々は社会の最底辺の人々だった。この社会的「周辺」と「底辺」の人々に対する優先的選択と愛がキリスト教の霊性の最も重要な特性だ。

孤独へと向かった人間が孤独にとどまることなくこの世と隣人に向かって進みゆくことは孤独を放棄し連帯を選択したことではなく、孤独を連帯へと拡張したことだ。逆説的に、孤独へと深く至るほどこの世と一層深く連帯することとなる。孤独の中でわれわれは自分が一人ではなく関係的存在であることを悟るようになるからだ。トマス・マートンが「人々を避けるためではなく神の中で彼らと出会うために砂漠に向かいなさい」[6]と語ったのは、孤独の目的が一人でいることではなく共にあることだということを教えている。われわれに必要な孤独は、この世の苦痛を無視した小乗的孤独ではなく、この世の苦痛を我が身に担う大乗的孤独だ。悟りを開いたブッダやイエスが苦しみの地へと立ち戻ったように、われわれが孤独から戻って向かう霊性の目的地であり実践の地は、この世において苦痛を受ける人々の生だ。災害時代の霊性の場は災害によって苦痛を受ける人々の生だ。災害以前から災害の渦中にあった人々の傍らに寄り添い共に苦痛を受けること、これがパンデミック時代のキリスト教の霊性だ。

終わりに：災害は過ぎ、愛は永遠

パンデミックがわれわれに投げかけた問いは、「災害以降をいかに生きるか」ではなく、「災害の中をいかに生きるか」だ。コロナ時代をわれわれがいかに生きるかに従ってコロナ以降の世界が変わることだろう。明日、より良い世界を作りたいのであれば、今の災害の中でわれわれの最悪ではなく最善を発揮しなければならない。問題は最悪と最善が毒麦と純粋な麦のように教会の中に、われわれの中に共に育っているという事実だ。先に述べたように、他者の安全と安寧に対する無関心と無責任を見せる根本主義にも「霊性」がある。それが毒麦なのかそうでないのか、霊の識別が必要となる。識別の基準は複雑ではない。「霊の結ぶ実は、愛、喜び、平和、寛容、親切、善意、誠実、柔和、節制」（ガラ五・二二〜二三）だ。パウロが語る霊が結ぶ実はすべて天上の神秘的な理想ではなく地上の社会的、関係的徳目だ。聖書的霊性は「社会的霊性」なのだ。

われわれは災害時代の根本主義の反社会的霊性に立ち向かう社会的霊性の道を孤独への／からの連帯に見出そうとしてきた。けれども孤独の中でいかに祈り瞑想するかについては特に強調して論じることはしなかった。いつもであれば新しい瞑想修行の方法を求め学ぶこともいいことだが、この災害時に各自が慣れ親しんだ祈りと瞑想法に忠実に行うことの方がふさわしいと考えたからだ。方法は道に過ぎない。どの道を通っても目的地に到達すればいい。沈黙祈祷、観想祈祷、とりなしの祈り、聖なる読書、心を空にすることなど、自分がやりやすく慣れた方法を取ればそれでいい。重要なことは霊的修業の真正性と目的だ。孤独の中へと至り利己的自我を捨て関係的自我を求めること、孤独から戻り苦痛を受ける隣人と連帯すること、それが社会的霊性の目的だ。

祈りと瞑想だけでなく災害弱者と共に不義に立ち向かって闘う行動も社会的霊性の実行といえる。利己的自我を超越して隣人と一つとなり隣人を自分の体のように愛する共感と連帯の生こそが霊性の理想であり目的だからだ。ある意味では、社会的霊性は教会が社会に教えることではなく教会が社会から学ぶべきものかもしれない。危険を顧みず災害現場を守る保健医療従事者と各種ケア労働者、隔離と封鎖の中で市民の生存と生活とを機能させようと働く基層労働者、公共の安全と安寧のために個人の不便を自発的に甘受する市民、彼らは教会の安全だけを案じているキリスト教徒よりも一層霊的であり社会的だからだ。

災害はわれわれの予想と願いよりも長く続いているが、永遠ではないだろう。すべては無常だからだ。永遠なものは愛だ。「愛は決して滅びません。しかし、預言は廃れ、異言はやみ、知識も廃れます」（コリ前一三・八）。災害の中で苦痛を受ける人々が互いに仕え、われわれの中の弱者に優先的に仕え愛することができれば、レベッカ・ソルニットが語る地獄の中の「潜在的楽園の門」を見出すことができるなら、[7] 新型コロナ以降の世界は今よりも一層慈悲深く一層正義に満ちた世界となることだろう。災害時にも変わることなく慈悲の活動を行う台湾の国際奉仕団体慈済功徳会の仏教徒たちは言う。「感染症は過ぎ去るでしょう。愛は永遠に絶えることはないと願います。」災害は過ぎ、愛は永遠に。災害時代の福音だ。

注

1 キム・ジンホ「極右的熱狂主義とその大衆：全光勲現象と破壊の霊性」NCCK『事件と神学』二〇二〇年九月三日。

2 キム・ジンホ『大型教会とウェルビーイング保守主義』（五月の春、二〇二〇年）、三、四章参照。

3 ノ・ミョンウ『一人で生きることについて』（四月の本、二〇一三年）、一六〇頁。

4 キム・ワン『死んだ人の家を掃除する』（キムヨン社、二〇二〇年）、二三頁。

5 Nadia Whitehead, "people would rather be electrically shocked than left alone with their thoughts", Science Jul.3, 2014.

6 トマス・マートン『新・観想の種』（オ・ジョン訳、カトリック出版社、二〇〇五年）六九～七七頁。＊原著：New Seeds of Contemplation, London, Burns & Oates. 1962.

7 レベッカ・ソルニット『この廃墟を見つめよ』（チョン・ヘヨン訳、ペンダゴレム、二〇一二年）二二頁。＊邦訳：『暗闇のなかの希望』（井上利男訳、七つ森書館、二〇〇五年）。

新型コロナ戦争（?）時代に女性を語る　世話、休息、治癒の教会共同体

ペ・グンジュ

＊原語돌봄は「世話、手伝い、助け」などを意味する日常語だが文脈により「ケア」と訳した。

二〇二〇年四月五日、英国のエリザベス女王は「また会いましょう（We shall meet again）」という言葉で対国民談話を閉じた。女王の談話は、一九三九年、英国が第二次世界大戦参戦当時に歌手ヴェラ・リン（Vera Lynn）が歌った国民的バラード「また会いましょう（We'll Meet Again）」を連想させた。[1] それに先立つ三月、新型コロナでアメリカの大部分の州知事たちが強力なソーシャルディスタンスと自宅居住命令を出していた時、トランプ大統領は自らを「戦時大統領（war president）」と呼んだ。トランプ大統領だけでなく多くの国家指導者たちが戦争の隠喩を通して、国民に新型コロナに対する警戒心を引き起こし、国家非常事態宣言を正当化した。韓国も例外ではなくコロナ発症初期、ウイルスに対する戦争を宣言し、まず軍医官と軍看護師を結集し彼らを初期対応応急医療陣として配置し、軍医たちを隔離施設などに送り管理などを命じ

た。[2] 疾病管理庁が一日に二回新型コロナに関する報告をするときには、コロナと「死闘」する医療陣たちを戦場の英雄のように描き出す場合が多かった。

新型コロナ時代と呼ばれて一年が過ぎようとした二〇二〇年一一月、米国のジョンズ・ホプキンス大学によれば全世界一八九カ国において五二〇〇万人がウイルスに感染し、一三〇万人近い命が失われたという。[3] ネイバーやダウムのようなポータルサイトのトップページにもまた陽性者、隔離解除、死亡者などを表す数字、スクリーン上の赤字、青字で表される死者数を示しており、あたかも自分が戦場にいるかのような錯覚を与えていた。アメリカでアウトサイダーとして暮らすわたしは、「もしコロナに感染したら、子どもたちはどうなるのだろう」、「自分のような移民にも病院は人工呼吸器を提供してくれるだろうか」という不安な感情と同居していた。こうした感情は、カメルーン出身の脱植民地主義研究者アキレ・ムベンベ（Achille Mbembe）の理論、「ネクロポリティクス（necropolitics）」あるいは「死の政治学」を思い出させる。ムベンベが戦争を「誰かを殺すことのできる権利を通じて国家がその力を証明」する政治学と言ったように、新型コロナ時代は死の時代、すなわち国家が保護しない人々が一層苦痛を受け、痛み、死に隣り合わせながら生き、あるいは死に行く時代だ。[4]

けれども新型コロナが示す死の政治学は、「国家が誰が生きていいか許可する権利を通じてその力を示す」生命政治（biopolitics）と複雑に絡み合っている。あたかも戦争が敵を「殺す」ことでわれわれが生きることができるという論理で正当化されているようにだ。貧しい人々、特に都市貧民たちと老人たち、有色人種と難民が新型コロナと封鎖政策によって死にゆく姿を通じて死の政治を現象化しているとすれば、世界各地の政治権力が強調する生存と自国民保護、公共医療の必要性などは生命政治の姿をした修辞学だといえるだろう。生と死の区別が無意味な時代、ウイルスによって死ぬか社会的不平等によって死ぬか分からない時代、国家主義と集団利己主義、富の両極化を強化させ、新型コロナ戦争時代に女性、ジェンダー、フェミニズムを語ることはいかなる神学的意味を持つのか。世話の母性愛が英雄視される危機の時代に、女性とジェンダー不平等を切り口にして何を論じることができるだろうか。

本稿は、フェミニスト神学と平和倫理の観点から新型コロナを戦争の隠喩で語る行為を批判的に捉え、ポストコロナ時代のために作られねばならない新しいケアの倫理、ケアの共同体を考えたいと思う。新型コロナ時代を戦時になぞらえて進もうとする時に無視される諸問題、特に家父長制に基づく性役割の固定化により、ある人々には暴力となりうる「世話」の概念に対し分析する。世話の暴力化は単に女性に限られた問題ではなく、社会構造的に世話役割を担わざるを得ないすべての人々の問題だ。自らの命と健康が危険にさらされることを知りながらも、ケア労働を担わねばならない人々のことだ。肉体的傷害、ときには「道徳的傷害」はこうした労働を担う人々が経験する問題だ。もし教会が女性のケア共同体となることを望むなら、ケアに対する新しい神学的言説を作らなければならないだろう。本稿の後半は、われわれが生きるコロナ時代とその後の時代のための、ケアに対する新たな記憶とものがたりのための作業となる。道徳的傷害を癒やす教会共同体の重要性を強調する神学的考察を中心に、ジェンダーの観点から新たなケア共同体としての教会空間について考えてみようと思う。

新型コロナとジェンダー：世話と暴力の間

二〇二〇年九月、国連ではジェンダー暴力を異なる形態の「伝染病」と呼び、コロナの期間に増加するジェンダー暴力を糾弾し、この暴力阻止のために全世界が加わるようにと要請した。ジェンダー暴力は女性と性的少数者、伝統的男性性と女性性に当てはまらない人々を対象に生じる精神的、肉体的、言語的、社会構造的暴力を含んでいる。性暴力、家庭内暴力、デートDVなどがジェンダー暴力の代表的例としてしばしば言及される。新型コロナにより全世界で自己隔離期間が長くなり、家庭内暴力も二倍以上増加したという報告がある。家庭内暴力被害者の大多数は女性と子どもであり、米国の場合には約一〇％程度の被害者が男性だという統計がある。皮肉なことに、韓国の場合は今年三〜四月に警察や女性団体に通報された家庭内暴力件数は減少したという。コロナで通報が減ったことで実際の家庭内暴力が減ったと結論を下すことには慎重でありたい。米国の『ニューイングランド医学ジャーナル（The New England Journal of Medicine）』によれば、米国において自己隔離政策が全国的に行われた四月、DVシェルターに関する被害者女性の問い合わせが減少したという。その理由はソーシャルディスタンスと自己隔離が行われた期間にシェルターはその役割を担うことができなかったし、多くの被害女性もまた行き場を失い家庭内暴力の通報をしなかったからだ。[5]

厳密には新型コロナは戦時状態ではないために、戦争とジェンダー暴力の相関関係を通じてコロナとジェンダー暴力を説明することには難しさがあるが、反戦フェミニストたちの研究によってその相関関係を予測することはできる。戦争のような危機状況においては家父長制的秩序による性役割論理が強化される。男性は危機において女性と子どもを保護して国家を助ける役割を担う人々であり、女性はこのような男性を補助し子どもの世話をして国家を助ける人々としての役割が再活性化される。前衛は男性が、後衛は女性が担当するものとして性役割と領域が区分され、感情労働と生活労働、ケア労働が女性に以前よりもさらに集中する現象が現れるということだ。伝統的家父長制が作る性役割に基づくケア労働は家庭と教会を含む社会全般に及んでいる。新型コロナの期間、女性が担う家庭におけるケア労働は多様だ。家庭内で過ごす時間が増えた家族の食事の世話に始まり、オンライン授業に参加する子どもたちの世話まで、女性が担う家事労働の強度と時間はコロナの期間とともに長くなった。平常時においても女性の家事労働は社会において重要なものとみなされてこなかったが、今や誰もがウイルスと戦うコロナ「戦争」時の家事労働は、女性そして母親が不平不満なく担うべき当然の役割となった。あたかも、戦争中の女性少女が軍部隊で食事と洗濯を担い、男性不在の家庭で銃後の守りに着いていた姿のようではないか。戦争のような危機状況においては個人としての女性ではなく集団の生存のため強靭な母そして妻の姿が強調される。こうした女性像に合わないとか「K防疫」の助けにならない人々は公共の敵とみなされかねない。

公的領域でケア労働を担当する労働者の大部分は女性だ。コロナウイルス感染に脆弱な階層もケア労働者であり、ウイルスによるソーシャルディスタンスで経済的打撃を最も多く受けた階層もケア労働者たちだった。韓国女性政策研究所が二〇二〇年七月に発表した報告書によれば、家事労働従事者、育児労働従事者、学童保育講師など一〇〇〇余名の女性ケア労働者にインタビューした結果、コロナによるソーシャルディスタンス政策と景気沈滞がこれら労働者の労働時間減少と所得減少をもたらした。家事労働従事者と学童保育講師は非給与労働者のため雇用保険加入率が低く、育児労働従事者は相対的に雇用保険加入率が高いが、雇用主が感染をおそれたため仕事が減少した。[6] 問題は彼女らの大部分が生計型労働者であり、所得と仕事の減少が彼女らの生存と生の質を直接的に危険にさらすという点だ。コロナによって厳しくなった女性の経済的不平等は韓国だけで生じたものではない。米国の〈ワシントン・ポスト〉は二〇二〇年九月、新型コロナによって離職した人々の中で、小学生年代の子どもを持つ女性の職場復帰率は四五％であり、特に黒人女性の復帰率は三四％に過ぎないと報告した。[7]

すでに全世界の研究者がジェンダーの観点から有色人種、老人、貧困層、戦争避難民など多様な社会的脆弱階層の女性と性的少数者が新型コロナに対しても脆弱であるという調査結果を発表した。この脆弱性は彼女らがウイルスに露出されやすく、ソーシャルディスタンスの実践が困難な環境で暮らしており、医療への接近が容易ではないことから生じている。同時に新型コロナによって社会全般に広がる不平等が加速し、性、人種、宗教、障害、経済的階層を通じて形成された社会的弱者の苦痛がさらに深まっている。またケア労働の領域のみならず、女性労働力が集中する経済領域はコロナウイルスによって最も大きな打撃を受けている。ベルリンに本部を置く非営利研究団体ハインリッヒ・ベル財団（Heinrich Böll Stiftung）のワシントンD.C.研究所は、ジェンダーの観点から新型コロナ時代にわれわれがいまだ明らかにでてきいない性的不平等の姿を報告書として示している。労働者の七一％が女性であるホテル、食堂、スーパー、衣料産業、女性移住労働者と不法移民者の生活、女性人口が集中する社会福祉産業、妊産婦と性的少数者が抱える社会的隔離と医療サービスへの接近などを見るならば、ジェンダー化した社会不平等のパターンを知ることができる。[8] 戦争の隠喩で語られる新型コロナの問題において、すべての社会資源がウイルスの戦いに集中しているため、他の社会的不平等の問題は無視されやすくなる。フェミニスト平和研究者が長年主張してきたように、ジェンダー化した不平等を克服し人間安保に基づく正義ある社会にするためには、危機状況の分析と回復段階すべてにおいてジェンダーの観点が要求される。

ケア労働と道徳的傷害

ケア労働は難しい労働だが、多くのケア労働者が自身の仕事に誇りを持ち低賃金にも関わらず最善を尽くして働いている。ケア労働が他の労働と区分される最も大きな特性は、人間と人間が直接接触することを通じて憐憫、共感、憎悪、愛情などの複雑な感情を伴う関係が形成されることにある。メディアはしばしば子どもを虐待するシッターの報道に多くのエネルギーを費やしているが、在米神学者チョ・ウォンヒがシッターたちの内面を神学的意味において解釈した様に、多くのシッターは情を、あるいは傷だらけのイエスの心にも似た深い共感と愛情を、自分が世話をする対象に感じている。[9] このような複雑な状況の中いわゆる「前線」でコロナウイルスと戦う医療ケア労働者が被る困難を一般人が想像することは困難だろう。彼らにも家に残した家族がおり、彼らの子どもの世話をする人がいることだろう。病院におけるケア労働は新型コロナ感染の危険と共に、憐憫と共感の感情、倫理的選択の問題によって「道徳的傷害」の危険を伴っている。「道徳的傷害（molar injury）」はベトナム戦争従軍兵のＰＴＳＤを治療し研究した精神医学者ジョナサン・シャイが初めて使った言葉だ。戦争状況において軍人たちは、自らの道徳的信念に反する行為に加わり、あるいはその行為が生じる状況をただ無気力に見つめる他はないような場合に発生する深い罪責感によって道徳的傷害を受けることがある。例えば、一般市民を（意図せず）殺すことになった時、組織的殺傷や性暴力を目撃するか自らの意思に反してそれらに加わった時、戦闘において同僚を守ることができなかった、あるいは戦闘で自分一人生き残った時、軍人たちは著しい罪責感を感じ自らの道徳的判断能力と人間性に対し疑いを持つようになる。自らが信頼する国家や軍隊組織が非道徳的なことを行う様子を見たときも道徳的傷害を受けることになる。

自分の道徳性をこれ以上信頼することができない帰還兵たちは、精神的苦痛に耐えるため薬物中毒に陥るか自傷行為に走り、家族に暴力をふるい、さらには罪責感に打ちのめされて自ら命を断つ。道徳的傷害は戦争のような人間の苦痛が凝縮された状況を経験した人々に発生しやすい。[10]

米国退役軍人省傘下のPTSDセンターは、新型コロナ事態によって医療関係者が受ける道徳的傷害に対して警告し、その原因として「患者の生と死に対する決定に際し、限定的な資源を分配しなければならないトリアージプロトコール[11]により緊急度の高い患者に関わらなければならない場合、あるいはコロナでなければ助けることができた患者が死んだ場合、または医療政策が非倫理的であるか不合理的と思える状況で沈黙せざるを得ない場合」をあげている。[12] その他にも自分のせいで家族が感染の危険にさらされるという罪責感、患者が死にゆく状況の中で自分はコロナウイルスに感染しても生き残った場合、親しい同僚や自分の家族、親しい友人がコロナで苦しむとか死亡する場合にも、医療関係者たちは道徳的傷害を受けることがある。特にこうした状況に長期的に露出される時、道徳的傷害の危険要素が増加する。米国精神医学協会は新型コロナ時代に医療関係者が受ける道徳的傷害が、戦争帰還兵が受けるそれとは異なるとはいえ、これが長期化すれば医療体系全般に渡って多様な労働者たちに生じるであろうと警告する。[13]

道徳的傷害は社会が保護すべき老人や女性、子どもを助けることができない場合に一層強くなる傾向がある。去る三月、コロナ患者で溢れた北部イタリアの病院労働者が、老人患者にまともな治療をできずに彼らが死にゆく姿を見ながら極度の罪責感と精神的苦痛を受けていると訴えた。米国でも去る四月、コロナウイルスに感染した患者をケアしながら自らもウイルス感染した医師ロルナ・ブリーン（Lorna Breen）の自殺の知らせが届いた。〈ニューヨーク・タイムズ〉とのインタビューで彼女の父親は、ドクターブリーンがニューヨーク・マンハッタンのニューヨーク長老教会病院の救急科ディレクターとして働きながら、コロナウイルスで多くの患者が死にゆくことに深い罪責感を感じていたが、自らがコロナ感染後に完治したその時、罪責感は極限に達したと語っている[14]。

戦争の隠喩は、医療資源を新型コロナ関連イシューにのみ集中させることで医療労働者たちの労働力を搾取する憂慮がある。戦時においては、軍人や戦争に巻き込まれる市民の肉体的、精神的苦痛が無視されるように、新型コロナ戦争時代には軍人とみなされる医療労働者たちが被る苦痛、膨大な業務量を議論することは難しい。医療労働もまた女性が担当するケアの領域が大きい。患者を直接世話する時間が多い看護師の大多数が女性である点を考えれば、道徳的傷害もまたジェンダーの観点から考察しなければならない。

ポストコロナ時代の教会共同体：新たな世話と休息の共同体

戦争帰還兵たちの道徳的傷害に神学的観点から接近したフェミニスト神学者リタ・ナカシマ・ブロックは、彼らのための教会の治癒役割を強調する。教会が共同体として道徳的傷害に対して学んだ後、帰還兵たちをあるがままの姿として受け止め彼らの痛みに共感し傾聴する共同体として黙々と傍らで見守る時、帰還兵たちは道徳的傷害を持ちながらも生きる力を得る。道徳的傷害は完全に無くなったり癒やされたりはしない。大きな事故を経験した人々が体に残った傷跡を見つめながら残された人生を生きるように、道徳的傷害によって魂に傷を負った人々は共同体の世話を受けながら、その傷を見つめながら生きる力を得る。この力は自分がしたことを否定するか過去の状況に逃げることではなく、深い懺悔と自己赦罪の過程を経ることで得られる。人間の生と神の赦しに対する新たな神学的理解、戦争の残酷さに対する真実、そしてこれ以上無意味な死と人間の苦痛に対し沈黙しないという勇気、共同体の相互作用を通して倫理的決定を下すことのできる自分の能力に対する信頼を回復した多くの軍人たちが道徳的傷害を抱えながら生きている。[15]

先述したように、新型コロナ状況は爆弾が落ち、避難し、目の前で人間の足がちぎれて死んでいく戦時状況ではないので、戦争帰還兵たちの経験に基づく道徳的傷害に対する神学論議をそのまま利用するには無理がある。けれども、共同体の必要性を強調する点、特に教会の共同体性を強調する点において、ポストコロナ時代に備えて目指すべき教会の姿についてジェンダーの視点から以下の点をあげて考えることができるだろう。

第一に、教会がケアの空間、特に女性のための休息の共同体になり得るかという問題だ。新型コロナは、教会とは何か、社会における教会の役割とは何かという重苦しいテーマを投げかけている。コロナ時代に多くの福音主義教会は礼拝を強調し祭儀の場としての役割を打ち立ててソーシャルディスタンスに反旗を翻したが、それ以前、大多数の教会は「魂の憩いの場」を自認していた。新自由主義的資本主義社会において教会のみならず多くの宗教団体が日常にとらわれた人々に自分を振り返り心と魂を休ませることのできる空間であることを表明していた。皮肉なことに、休息の空間として存在するために、教会は家庭の延長線のように女性たちのケア労働に依存してきた。神の家族の面倒を見るべき教会で、女性たちは伝道師として、副牧師として、教会学校教師として、食堂奉仕要員として「奉仕」の働きを果たしてきた。わたしは、女性たちがこれらの働きをすべきでないとか奉仕の仕事はやめるべきだと主張しているのではない。教会共同体が女性のリーダーシップを認め、支え、奉仕と世話の仕事が女性にのみ集中するのではなく教会共同体の中で均等に分担されるべきだと考えている。そのために教会の中で生じるすべての決定段階にジェンダーの視点が積極的に反映されなければならない。例えば、ある決定が女性と男性信徒、子どもを連れた女性信徒にどんな影響を与えるかを意思決定以前に真摯に考えなければならない。また教会が産業化されたウェルビーイングによって飾られた空間ではなく、真の意味における世話と休息に対して神学的に深く考える場であればと思う。多くのプログラムと巨大な建築によって女性たちの「奉仕」労働に依存しながら信徒たちを忙しくするのではなく、誰かの世話をすることで自分を見失っていると感じる多くの人々が人生に対して深く黙想し、命を活かす奉仕の働きの意味と批判的視点によって自分の働きを見直すことが可能な教会共同体、それがコロナ時代に一層必要ではないかと思う。

第二に、教会は戦争の隠喩を超えて新型コロナに新しい神学的ものがたりと記憶を作らなければならない。有名な『同調者』の著者でベトナム系アメリカ人ヴィエット・タン・グエンは、「すべての戦争は二度経験される。一度は戦場で、二度目は人々の記憶の中で」と語っている。[16] 戦争に対する記憶は何世代にも渡って再生産されるので、グエンはわれわれがどんな記憶をどの様に作り忘れていくのかに対し注目すべきだと主張する。すなわち「正しい記憶」が何かについて絶えず問うては答える「倫理的記憶」が必要となる。道徳的傷害は戦争において失われた記憶が、あるいは忘れようとした記憶が戦争帰還兵たちの体と魂に迫り絶えず罪責感を呼び起こすことで生じる。戦争で消耗品のようにされ忘れ去られた軍人たちのような数多くの人々が死の政治とは何かを体で表現している。

新型コロナはこのような戦争の隠喩で語ることが可能だろうか。戦争の隠喩を使わなければ新型コロナの深刻さと破壊性を理解することはできないのだろうか。戦争の隠喩によってわれわれは戦争に関するどんな記憶を作り上げどんな記憶を消そうとしているのだろうか。政治家と教会が習慣的に戦争の隠喩を用いる裏には何があるのだろうか。戦争の隠喩を通して作られた新型コロナは未来にいかなる記憶を残すのだろうか。ポストコロナ時代に備え教会はこれらの問いに対して神学的に取り組まなければならない。

キリスト教徒を神の兵士と、人間の生活を霊的戦いの場とたとえる軍事化されたキリスト教は、戦争によって表される新型コロナと理念的に通じ合うところがある。けれども戦争ではないものを、戦争を引き合いに出して語ることは危険であり間違った行動を招きかねない。戦争用語はわれわれに理解し難い敵愾心を呼び覚まし、誰が敵なのか絶えず探そうとさせる。見えない敵、コロナウイルスを撒き散らしたと思われている中国人、集団防疫指針に従わない人々、ケア労働に疲労と不満を訴える人々、やっと作り上げた「K防疫体制」と医療システムに無賃乗車する外国人たち、教会の集まりを止めさせる政府、集まりを強行する教会。新型コロナを戦争として受け止める限りこの社会は持続的に敵を作り上げる。絶えることのない分裂と敵対感を作り上げる戦争隠喩ではなく、生の深い意味を振り返り、共に生きる共同体の姿を作ることのできるような新型コロナに対する新しい神学的ものがたりが必要だ。

最後に、教会が導こうとする新しいジェンダー言説が必要だ。リタ・ナカシマ・ブロックは、イエスの暴力的死を強調するキリスト教の救済思想が人間世界の暴力、特に家父長制による暴力を正当化すると批判した。[17] いまだに多くのキリスト教徒の女性と子どもたちは家庭内暴力と社会的差別を受けても、教会で慰めを受けるよりはイエスが十字架を背負って黙々と苦痛に耐え忍んだように、あなたも自分の十字架を負って耐えろと忍耐（?）のすすめを聞かされている。性の位階的秩序が当然視され、苦痛が救いを受けるための前提条件として美化され、犠牲になるマリアの母性が代表的なキリスト者女性像になる以上、教会は女性と弱者に向けた社会的暴力の加担者の範疇から抜け出すことはできない。新型コロナの破壊力はこのウイルス自体にとどまらず、社会的暴力を引き出し、資本主義社会が「余剰人間」に分類した人々を死の空間へと追い出す点にある。資本主義の社会的暴力は家父長制が下支えしない限り持続することはない。こうした意味において、女性旧約聖書学者たちの手による『このような悪事を私にしてはならない：旧約聖書と性暴力、そして権力[18]』は旧約聖書に深く根を下ろしている家父長制性暴力を暴露した大変貴重な作品だ。新型コロナが新しい言説と社会構造を必要としているように、この本のような著作が登場することを願っている。

ポストコロナを生きて

少し前、ポストコロナ時代の世界に備える自己啓発書の広告を見た。資本主義社会で莫大な富と知識、力を得たヨーロッパと米国の白人男性だけを選んで書かれた本の広告を見て怒りが湧いた。新型コロナ事態に責任を負うべき競争と破壊に貫かれた新自由主義的後期資本主義が新たな形で進化していることを感じたからだ。そうであれば教会も進化しなければならない。利己的な市場資本主義がわれわれの暮らしを支配するのを見過ごすことはできない。コロナ時代を生き抜き、いかなるポストコロナ時代を準備するのか、あるいはしないのか。そしていかに社会を癒やすのか、教会は真剣に取り組まねばならず、生に対する不確実性に恐怖を感じる人々に、不確実性こそが生きることだと理解する手助けをしなければならない。真の共同体を回復した教会の姿が広がりゆくことを願って本稿を閉じたいと思う。

注

1 エリザベス女王とトランプ大統領の話は次の資料を参照した。Costanza Musu, “War Metaphors for Covid-19 Are Compelling but Also Dangerous”, The Conversation April 4, 2020.

2 Saeron Kim, Jin-Hwan Kim, Yukyung Park, Sun Kim, and Chang-yup Kim, “Gender Analysis of Covid-19 Outbreak in South Korea・A Common Challenge and Call for Action”, Health Eudcation and Behavior47, no.4, 2020, p.527.

3 Johns Hopkins Coronavirus Resource Center, 二〇二〇年一一月一三日統計。

4 Achille Mbembe, Necropolitics（translated by Steven Corcoran）, Durham, NC, University of North Carolina, 2019, p.66.

5 Megan Evans, Margo Lindauer, and Maureen Farrell, “A Pandemic within A Pandemic-Intimate Partner Violence during Covid-19”, The New England Journal of Medicine, 2020.

6 チョン・キテク、ペ・ジンギョン「コロナ19の女性労働危機状況と政策課題」『KWDI Brief』58、二〇二〇年。

7 Heather Long, Andrew Van Dam, Alyssa Fowers, and Leslie Shapiro, “The Covid-19 Recession is the Most Unequal in Modern U.S. History”, The Washington Post September 30, 2020.

8 Liane Schalatek, “The Invisible Coronavirus makes Systemic Gender Inequalities and Injustice Visible”, Heinrich Böll Stiftung, Washington D.C., 2020.

9 Wonhee Anne Joh, “Relating Household Labor Justly2, Justice in a Global Economy, Strategic for Home,

Community, and World, edited by Pamela Brubaker, Rebecca Todd Peters, and Laura Stivers, Lousiville, KY, Westminster John Knox Press, 2006, pp.31-33.

10 Jonathan Shay, "Moral Injury", Psychoanalytic Psychology 31 no. 2, 2014, pp.182-191.

11 トリアージは大規模の緊急患者が発生した時、制限のある医療資源を効率的に使用するために、患者の状態を生存可能性に基づきいち早く分類した後、効果的治療を通じてより多くの患者を活かすことを目的としている。韓国ではかつて応急、非応急患者という区別を五段階に細分化した。新型コロナトリアージプロトコルも準備され、重症、軽症患者に区別して差別化された医療サービスを提供する。

12 National Center of PTSD, U.S. Department of Veterans Affairs, "Moral Injury on Healthcare Workers on the Frontlines of the Coronavirus（COVOD-19）Outbreak".

13 American Psychiatric Association, The APA Committee on the Psychiatric Dimensions of Disaster and Covid-19, "Covid-19 Pandemic Guidance Document, Moral Injury During the Covid-19 Pandemic".

14 Ali Watkins, Micahel Rothfeld, William K. Rashbaum, and Brian Rosenthal, "Top E.R. Doctor WHO Treated Virus Patient Dies by Suicide", New York Times 27, 2020.

15 Rita Nakashima Brock and Gabrielle Lettini, Soul Repair・Recovering from Moral Injury after War, Boston MA, Beacon Press, 2012.

16 Viet Thanh Nguyen, Nothing Ever Dies, Vietnam and the Memory of War, Cambridge, MA, Harvard Press,b 2016, p.4.

17 Rita Nakashima Brock and Rebecca Parker, Proverbs of Ashes, Violence, Redemptive Suffering, and the Search for What Saves Us, Boston, MA, Beacon Press, 2002, p. 248.

18 ユ・ヨンヒ他、ドンヨン、二〇二〇年。

我らの不安と彼らの脆弱さが唇を重ねる時　二〇二〇年梨泰院集団感染事件を巡って[1]

シウ

医学研究者チェ・ウンギョンがいうように、感染症とは疾病にかかるという生物学的事件に加え感染症の発生と伝播という社会的事件でもある。[2]これは感染症による危機において何が問題として認識されるか、感染症が拡散する状況に対していかに対応するか、感染症にいかなる意味が付与されるかといった問いが、一つの社会が持っている政治的制度、経済的条件、歴史的経験、文化的理解と密接に関係しているということを意味している。新型コロナは韓国社会がいかなる政治、経済、歴史、文化によって成り立っているかをあらわにし、われわれすべてを新たな世界へと導いている。韓国は全世界的危機においても感染状況に対する統制力を比較的高水準で維持しながら「K防疫」を広く知らしめた一方、施設化した社会において避けることのできない脆弱性の問題、[3]社会的少数者に対する差別と暴力の問題、限定された資源の効率的な分配をめぐる意思決定の問題などを経験してきた。

本稿は、二〇二〇年五月を前後して発生したソウル市梨泰院（イテウォン）地域集団感染事件を踏まえ、社会的少数者が危機状況においてどこに配置され、いかに解釈され、何に突き当たるのかを分析する。新種の感染症は今後周期的に流行するだろうという専門家の厳しい警告を考えるなら、梨泰院集団感染事件を検討することは韓国社会の現在と未来を読み解く試みとなるだろう。まず、梨泰院集団感染事件においてクイア集団が反社会的な存在として浮き彫りになった現象を照らし出しながら、保守プロテスタント教会の反クイア運動を批判的に追跡する。さらに「コロナ19性的少数者緊急対策本部」の活動に注目することでケアと情動（affects）の観点から少数者政治を模索する。最後に、虚偽、連絡途絶、追跡不可能などと表現される信頼の問題をクイア経験を中心に再検討する。これらを通じて前例のない危機を生きるわれわれの不安と脆弱性が互いに親密に出会う地点を読み解いてみたい。

汚れたタンスと実を結ばないいちじくの木

ちょうどその時、ピラトがガリラヤ人の血を彼らのいけにえに混ぜたことを、イエスに告げる者たちがあった。イエスはお答えになった。「そのガリラヤ人たちがそのような災難に遭ったのは、ほかのすべてのガリラヤ人とは違って、罪人だったからだと思うのか。決してそうではない。言っておくが、あなたがたも悔い改めなければ、皆同じように滅びる。また、シロアムの塔が倒れて死んだあの十八人は、エルサレムに住んでいるほかのすべての人々とは違って、負い目のある者だったと思うのか。決してそうではない。あなたがたに言う。

あなたがたも悔い改めなければ、皆同じように滅びる。」（ルカ一三・一―五）

二〇二〇年五月六日、梨泰院に位置するA事業所は、数日前に来店した客の中に新型コロナ陽性診断を受けた人物がいたことをSNSを通じて明らかにした。事業所の責任者は営業するたびに防疫を行い、訪問者に対する発熱の状態確認と名簿作成を遵守、手指消毒とマスク着用の点検も行っていた。責任者は訪問者が陽性だったことを知り、必要な防疫処置を行った後に他の人々の安全のために一定の被害を甘受しながら関連情報を公開した。このような迅速かつ責任ある対応は評価されるべきだが、問題は予想外のところで発生した。A事業所が情報を公開した翌日、保守プロテスタント教会を背景とするマスコミ〈国民日報〉に、「梨泰院ゲイクラブにコロナ陽性患者が通っていた」（ユ・ヨンデ記者）というタイトルの記事が掲載された。[4] 記事は「ゲイクラブ」を新型コロナ拡散の原因と名指し、さらには陽性者の居住地、年齢、性別、職場の位置、職種などすべてを暴露した。

梨泰院集団感染事件は、四月三〇日の「灌仏会（釈迦の誕生を祝う祝日）」から五月一日の「メーデー」、五月二～三日の週末、五月五日の「こどもの日」までの連休期間に発生した。新規陽性者が一桁台にとどまる日が二週間ほど続き、地域感染の統制が高い水準で行われていると判断した政府が、ソーシャルディスタンス指標の最も低い段階である「生活内の間隔保持」に転換すると発表した時点のことだった。その後の疫学調査によれば、集団感染は四月末から五月初頭に始まりクラブ、飲食店、コンビニなど多様な場所でウイルスが拡散されたことがわかった。しかし、A事業所が性的少数者が多く訪れる場所であるという点はこれらの脈絡を圧倒した。テレビでは、一般市民が利己的な性的少数者によっていわれのない被害を受けたというような演出の再現映像が繰り返され、性的少数者が存在していなければ「われわれ」はみな幸福で安全な社会で暮らせていただろうというメッセージが伝えられた。〈国民日報〉の報道以降、同じ内容の扇動的な記事が書かれ、「梨泰院に集まる記者たちのせいで新型コロナ拡散が加速するかもしれないとの憂慮」[5]が出るほど、閉門されたA事業所前での取材競争が繰り広げられた。

冒頭で紹介したチェ・ウンギョンの言葉を繰り返せば、新型コロナに感染することは生物学的事件だが、感染症発生とその伝播にどのような意味が付与されるかは社会的事件だ。梨泰院集団感染事件をめぐる刺激的マスコミ報道は、韓国において社会的少数者に対する差別と烙印がいかに簡単に容認されるかを悟らせた。マスコミの中には、性的少数者は新型コロナ拡散を触発したという点で反社会的であり、コロナ危機にも関わらずクラブに集まったという点で無責任だという論調の記事を生産した。しかしマスコミこそ、一市民である陽性患者の権利を保護するどころか彼らに対する攻撃の先頭に立ったという点で反社会的であり、陽性者の感染事実より他の人々の被害を案じさせようとする点で無責任だ。[6] さらには、中央防疫対策本部が「感染者に対する取材報道に際しては感染者とその家族の個人情報を保護し私生活を尊重する感染症報道準則の遵守をお願いする」と要請するほどだった。[7]

問題となった記事は一見防疫を心配するかのような態度ではあるが、彼らの報道は実際の防疫の助けにならないばかりかかえって妨害要因として働いた。梨泰院地域全体が性的少数者によって「汚れたタンス」として描き出されることで、性的少数者はもちろん集団感染が発生した時間に梨泰院に集まっていたすべての人が羞恥心を感じるべき不道徳な存在と表現された。[8] このとき記事の中で表現された「ゲイクラブ」は特定の物理的空間を指す言葉ではなく、公共の安全を破壊し衛生と保険に危害を加え感染拡大を招く人々がたむろする場、を指す蔑称として使われた。梨泰院地域にいた人々は同じ市民ではなく一種の反社会的犯罪者へと転落させられることで、彼らが社会的信頼に従って防疫に参与することが難しくなってしまった。結果的にこうしたマスコミは性的少数者に対する敵対感と偏見を強化すること以外の何も行ってはいない。

梨泰院集団感染事件に対する歪曲された報道は、基本的に社会的少数者に向けられた反感と敵意を原材料に記事の閲覧数を伸ばそうという一種の嫌悪マーケティングだが、同時代的に保守プロテスタント教会が展開した反クイア運動とも関連がある。特に「ゲイクラブ」という表現を選び梨泰院集団感染事件と性的少数者間の否定的連想体系を作り上げた〈国民日報〉は、以前から反クイア運動に積極的に同調していた。クイア集団は社会を汚染し疾病を撒き散らす存在だと烙印を押す〈国民日報〉の報道姿勢に対しては、「社会的混乱の原因を提供しジャーナリズムの原則を毀損した」という批判がマスコミ内部からも提起された。このような指摘に対しチョン・ジンヨン宗教部長は「同性愛自体には反対するが性的少数者の人権を尊重しないわけではない」という矛盾した主張を示しながら、報道の過程で「性的少数者を蔑視したり罵倒する意図はまったく無かった」と弁解した。[9]

コロナ拡散の勢いがしばし鈍化し無分別な報道に対する非難が多少出始めた頃、〈国民日報〉のユン・ジュンシク宗教企画部長は「梨泰院クラブの事実と真実」というコラムを書いた。[10]ユン・ジュンシク部長は、「意味すら明らかでない同性愛嫌悪を盾に事実をまったく否定することが言論の真正な使命だと言えるだろうか」と問いながら、性的少数者嫌悪という批判に対し「言論の自由を侵害するものであり過剰統制」だと反駁した。また「多数の国民の考えと常識と合意からかけ離れた〝同性愛擁護〟が本当の人権」だろうかと問い、「家庭の尊さと夫婦愛の価値観を尊ぶ国民には疑問なだけ」と述べた。このコラムは〈国民日報〉の報道が公益を侵害したという単純な事実を曲げ、市民の権利を侵害した事件を言論の自由が侵害された事件へとすり替えた。さらに、市民の大切な暮らしを危険にさらしているにもかかわらず、反クイアキリスト教徒は「同性愛嫌悪」の烙印によって迫害を受ける殉教者、「事実と真実」を叫ぶ預言者、そして「真の使命」を追求する礼拝者とされた。彼らは教会に通う宗教者という意味を超えて「多数国民の考えと情緒」を代表する公的主体として自らを位置付けている。

しかし現実を冷静に見る必要がある。なぜなら危機が発生した場所は梨泰院ではなく実は保守プロテスタント教会だったからだ。クイア集団の可視化を霊的危機と解釈した保守プロテスタント教会は国家と社会を守護し世を救わんとして立ち上がるが、教会自身の構造的危機は解決することができずにいる。保守プロテスタント教会の危機は、いわゆる性的少数者が特権を持つ世の中において「事実と真実」を述べ伝えることができない点にあるのではなく、教会が既得権を擁護し差別と暴力を正当化してきたという「事実と真実」を無視している点にあるからだ。「神様、私はほかの人たちのように、奪い取る者、不正な者、姦淫する者でなく、また、この性的少数者のような者でないことを感謝します」(ルカ一八・一一、「徴税人」を「性的少数者」に変えた)と自慢気に祈っている間、保守プロテスタント教会は霊的意味と現実的意味のすべてにおいて破産状態に置かれてしまった。

梨泰院集団感染事件を少数者に対する攻撃の契機と捉えた教会の姿は、聖書に記録されたたとえ話を思いださせる(ルカ一三・一〜九)。イエスが活動していた時期にも社会的危機を神の懲罰だと説明し苦痛を受ける被害者を追求することに熱心だった人々がいた。しかしイエスは不当な死が発生した事件を被害者の罪に起因する正当な事件と規定しようとする試みに対し、二度に渡って「そうではない」と明確に手を上げることで支配的解釈に立ち向かった(三〜五節)。この例話は新型コロナの時期に次のように読み替える必要がある。新型コロナによる社会的苦痛を慰めるより隣人の苦境を喜び悲しみを祝う人々、新型コロナ感染が罪による当然の懲罰だと叫ぶ人々、新型コロナ危機を自らの清らかさと正しさを証明する機会にしようとする人々は「皆同じように滅びる」(二・五)。社会的少数者に対する差別と暴力を助長する誤りに対し悔い改めの実を結ばない人々はすべて「切り倒される」(六〜九節)。聖書は、実を結ばないいちじくの木に与えられた時間は今年一年だと警告している。その時間をすっかり過ぎてしまった結果、永遠に実を結ぶことのない状態（マルコ一一・一四）にならないことを願うばかりだ。

孤立を打ち破り寂しさを分かち合い

コロナの検査を受ける勇気が出るまで一週間かかりました。検査を受けに行って何と言えばいいのか練習もしました。「当たり前ですけど、わたしゲイじゃありません」、この言葉が自然に出るまで何度か録音までしました。もしかしたらと心配になって、自分のＳＮＳにサッカー選手の写真やヒップポップ歌手の写真を上げておきました。異性愛者みたいに見えるかと思ったので。それから、新しい職場を探す準備もしておきました。でも検査を受けに行ったら機械の音声なんですよね。検査結果が出たときは涙が出ました。感染してなくて嬉しかったからではなく、この国でゲイとして生きることがあまりにも残酷なことだと感じたからです。[11]

梨泰院集団感染事件によって最も多く影響を受けた人々の中にクイアコミュニティがあった。どこに存在するかはわからないが少なくとも〝私〟の周辺にはいないと思われていた性的少数者が公的に注目され、さらに深刻な問題を引き起こした主犯として指弾される状況の中、クイアコミュニティは当惑、不安、怒り、危機感、失望のような暗い感情に向き合わねばならなかった。

クイア運動は、社会的苦痛が発生するとき、被害者とともに生きることよりも被害者に道徳的非難を加えることのほうが遥かにたやすく生じるという事実をHIV／AIDS運動の歴史を通して経験的に知っている。しかしクイア運動には、制度化された差別と暴力に立ち向かって少数者の権利を守るコミュニティを堂々と作るために闘ってきた運動があり、それは確実に強くなっている。クイア運動は安全で健康な社会を作るという口実で少数者を追放しようとする構造的力に対抗し、存在の脆弱性を媒介とする新たな生の様式を提示してきた。

梨泰院集団感染事件とそれに続いて押し寄せた波の数々は、クイア運動とクイアコミュニティに予測できない挑戦として押し寄せた。無責任なマスコミの扇情的な報道に対応すること、危機状況において人権原則を再び強調すること、適切な支援とケアが可能となるように気配りすること、クイアコミュニティ内外の憂慮と不信を解消することなど、多くの課題が迅速な応答を要請していた。二〇二〇年五月一二日に出帆した「コロナ19性的少数者緊急対策本部」（以下「対策本部」）はこれらすべての役割を担った。対策本部は新型コロナ検査の受診を広く推奨するとともに、防疫当局と積極的に連絡を取り合いながら差別と嫌悪を再生産するマスコミ報道を糾弾し、人権侵害事例を監視する働きに立ち上がった。対策本部の努力によって匿名検査が全国に導入され検査数は以前より増加した。[12] 陽性者の移動経路公開もまた防疫に必要な最小限の個人情報だけを掲載する方向へと再調整した。対策本部が要請した処置は効果的な対応方式として認められ、梨泰院集団感染事件以降は標準的な指針として広く定着した。

対策本部は相反するように見える二つの目標、つまり性的少数者の権利保護と防疫への参与とを同時に成し遂げることは可能であることを証明した。これは刺激的な報道一色だったマスコミには決して成し遂げられなかったことだ。対策本部は人権侵害事例に対応する相談窓口を開き、これによって七〇余件の事例が集められた。[13] その中には、新型コロナ検査を受けたという事実が職場に知られた事例、検査過程で不必要な質問を受けた事例（〝クラブに出入りしてましたか？〟）、否定的な含意を帯びたメッセージを投げかけられた事例（梨泰院集団感染に関連して検査を受けに来たというと〝いいところに行ってたんですね〟）などがある。ある陽性者の場合、入院期間に医療者から「性的少数者ですか？」という質問を受けている。新型コロナ検査過程では種々の基礎疾患の中でＨＩＶ感染を特定され尋ねられた事例もある。すべては治療とは無関係の不適切な質問だった。

対策本部は少数者が経験する苦痛と不安、烙印と排除の問題を解消することが社会的危機状況において必ずや付随して取り組まれるべきことを明らかにした。ただし、この過程が制度の死角を明らかにし体制の間隙を埋めることにとどまらないようにと、少数者集団が発展させてきた自己ケアの美学にも注目した。それは、「孤立を打ち破り寂しさを分かち合う」ために、「多様な出会いのモデルと場の秩序」を構築してきたクイアコミュニティの歴史を記憶すべきだ、ということだった。[14] 対策本部のものがたりは、フェミニストオードリー・ロードがケアについて語った内容と共鳴する。ロードは「自分をケアすることは自分を守ることであり政治的闘争」であると説明した。[15] ここで自分のケアとは個人の利益に没頭することとは質的に区分される。自分をケアすることは「自分を取り巻くわれわれ」を二の次にする世界において互いの生に近づくことを意味している。危うく不確実な世界において尊厳ある存在として生き残るために自分の世話をしコミュニティをいたわることは不正義に立ち向かう「ラディカルケア」となる。[16]

対策本部は「災害のトンネル」を過ぎた時期に「自分を守り互いの隣人を守り、もっと騒ぎもっとつながろう」を提案した。[17] 対策本部が指摘したように、新型コロナ危機を経てクイア運動とクイアコミュニティが経験したつらさは、「穏やかになることを強要する規範と秩序」が残した傷を徐々に包み込むものではあるが、同時に互いが「互いにとって大切な支えとなっている」ことを実感させ「われわれをつないできた共同体の重さを感じさせる」契機ともなった。対策本部は、勇気を出そうという語りが再び「社会的少数者の仕事」として残される矛盾を直視し、「誰の手にも余る勇気の重み」を共に分かち合い互いに肩を貸し合うつながりの感覚を生成していった。この様に、新しい世界を作り出す社会的少数者の動きをラディカルケアの観点から照らし出すならば、制度化されず名付けられてもいない親密な労働が存在自体を可能にする事実が明らかとなる。[18]

梨泰院集団感染事件において性的少数者は奇異で怪しく間違った人々、すなわちクイアな存在と呼ばれた。クイアな存在が感じた暗い感情と否定的な情動は、社会的少数者が安全かつ自由に生きるにはあまりに不安で脆弱な現実だった。しかしこの観点と情動の言語は平凡な世界においても自負心の世界においても「常に忘れられてきたものがたり」だったという点で、逆説的に「われわれを支える感情」になりもする。ラッカーで真っ黒に塗られ、投げつけられた卵にまみれ固められたグループの姿が暗示するように、クイアな存在はまさに「深い沈黙」に陥ったかのように見える。けれどもこの「憎悪の染み」は彼らを汚すことはできないだろう。本当に人間を汚すことができるのは「守るべき慣習」と「人間の伝統」に反することではなく、隣人を苦痛の場へと追いやる「為政者の悪意」だからだ（マルコ七・一～一三）。

互いにつながっているという希望と絶望

二〇二〇年五月、あるオンラインコミュニティのクイア掲示板に「梨泰院とかブラックいってきた子、絶対検査受けに行くな」というタイトルの文章が上がった。[19] その書き込みは、移動経路が公開される危険があるという理由で「勤め人ならひたすら耐える」べきだと主張した。個人が特定されないようにとにかく「最大限たくさんの人間」が新型コロナに「かかるように祈ろう」という内容は、該当掲示板で多くの非難を受け削除されたが、すでに主要内容はキャプチャーされ他のオンラインコミュニティに伝えられた後だった。「集団感染事件を引き起こした彼らが防疫に協力するどころか自分の生活だけを考えることに忙しい」という道徳的公憤が生じ、書き込みをした人物を推測して処罰すべきだという書き込みが相次いだ。混乱が生じると掲示板の運営者たちは、この書き込みが当コミュニティの公式的な意見ではなく「フェイクニュース」であり自分たちは「道徳的社会規範を遵守する」と釈明した。

新型コロナはいまだに明らかになっていない点も多い新種の感染症だが、感染による被害や危険を考えるなら徹底した防疫努力が必須となる。そう考えれば、検査を受けるより最大限隠れるべきだという考えは思慮深い主張ではない。しかしこの文章で注目すべき部分は作成者が書き込みの最後に加えた一つの文章だ。「お前の考えは悪いことだという事実を忘れるな…」。いくらかの切実さを感じるこの言葉は、クイア集団が社会でいかなる位置に置かれているかを示唆している。この間、性的少数者は同時代を生きる同じ市民として尊重されることなく事実上存在しない人間とみなされてきた。しばしば性的少数者は、一般人とは異なるジェンダー・セクシャリティー的アイデンティティを帯びた人間として説明される。けれどもより正確に言うならば、重要な存在として考慮する必要のない人々、知らなくても関係のない人々、書き込みの表現によれば「ひたすら耐える」生を生きる人々を意味していると言えるだろう。

クイアコミュニティの社会的認識に関する研究によれば、「性的少数者として生きる上で韓国社会は良くない」という項目に同意する人々が九三％に達するという現実がある。[20] さらには差別と暴力を経験した時も、「性的指向や性的アイデンティティを知られたくない」、「訴えても何も変わらないだろう」などの理由で公共機関の助けを借りない人々が九五％に達している。こうした状況でクイア集団は、相対的に安全で自律的な空間を創造し規範的な相愛の道を貫くための新たな時間を作り上げながら歓迎されない生を生きている。多くの人々が指摘しているように、梨泰院集団感染事件が全国に影響を与えた主要原因の一つは、日常においてクイア集団が心穏やかに過ごすことができる社会的場がなかったことによる。いくつかの悪意ある記事においてクイア集団は社会を危機に陥れる加害者であり防疫に協力しない悪の集団と呼ばれたが、実際には、意味あるものとみなされることのない生を耐え抜こうとする人々という表現の方が近いだろう。

韓国に暮らす性的少数者の大部分は新型コロナの深刻さと防疫の重要性を知る人々だ。彼らは二〇二〇年三月に大邱・慶北地域で発生した集団感染事件を共に経験した人々であり、全世界的に新型コロナがもたらすとてつもない影響に接した人々だ。であれば、梨泰院集団感染事件を前に問うべきは「クイア集団は防疫に協力しないのか」という事実関係に基づかない問いではなく、「社会から排除された人々に、社会が追放した人々に、社会はいかにして信頼を得ることができるか」という問いであるべきだ。反社会的性的少数者によって被害を受けた無垢の平凡な市民、というイメージは大衆に訴える力を持っているのかもしれない。しかしこれは保護される資格のない存在とみなされた性的少数者を公的ネットワークの外へと追い出すことで二つの致命的な結果をもたらすことになる。一つは、平等な関係と尊厳ある生という本質的価値を危険に陥れるという点であり、もう一つは集合的な協力を通じてのみ構築される社会的防疫体制を壊してしまうという点だ。

社会的信頼は長い時間とかなりのエネルギーを要求する大切な資源だ。とくに構造的に締め出され周辺化された人々が社会に対する信頼を見出すことは長期的な準備と具体的な努力に基づいてこそ初めて可能となる。教会がいかに「あなたは愛されるために生まれた人」と祝福のメッセージを伝えようとも、教会が既得権の維持に没頭し少数者集団の深い溜め息を無視する限り、彼らが教会の招きに応じないのは合理的反応と言えるだろう。同じ様に、社会においていかに「防疫のためにコロナ検査を受けなければならない」と叫んでも、検査と治療の過程で不必要で悪意ある質問を受けないという基本的な権利が保証されなければ、自らのアイデンティティと経験を理由に職場から解雇されない最小限の安全装置が無ければ、「ひたすら耐える」こと以上の選択肢を見出すことは容易ではないのだ。

そうであれば、社会に対する信頼をすでに撤回した人々が再び公的なネットワークに参与するためにはどうすればいいのだろう。フェミニストニコール・チャールズは一つの手がかりを提案している。チャールズは非白人集団、特に黒人集団がワクチン接種を拒否する脈絡を分析する。チャールズによれば、ワクチン接種をためらい、躊躇し、忌避するような姿（hesitancy）は、ある面で構造的な不正義を感知し、信じようとせず、疑う実践（suspicion）に該当する。[21] ワクチン接種拒否を指す一般的な表現である「ためらい、躊躇、忌避」は接種を拒否する人々が防御的で非論理的だという含意を帯びている。これに対し、ワクチンの効果を主張し安全性に対する科学的証拠を提示しつつ人々を教育する方式が一つの答えとして生じる。しかしここに「疑い、不信」などの概念を導入することでワクチン接種拒否は「推論、過誤への疑いと責任についての判断、注意を傾けた上で確信を持てなければ信頼しない姿勢」などと解釈される。[22] 啓蒙の対象とみなされる人々が人種差別的な医療化という不平等を識別する主体、また差別と暴力から自らを守る存在として意味化されることだろう。

チャールズの研究は、少数者が社会を信頼することができないなら問題は社会を疑う少数者にではなく少数者に敵対的な社会にあることを示唆している。新型コロナ拡散防止のためにソーシャルディスタンスを強調する政府は、体は遠く離れても心は近くなければならないと言うが、性的少数者は体は近くても心は遠く離された生を生きてきた。性的少数者が断絶と排除の状態に置かれていた間、社会的信頼という資源は地に落ちてしまった。透明で迅速な情報公開を新型コロナ対応の原則と定めた政府と地方自治体は、防疫の強化よりも世論の処理に重きをおくような行動をしてきたし、個人の私的な情報を過度に露出させ流通させることで安全が約束されるかのように言いふらしてきた。しかし梨泰院集団感染事件において明らかとなったのは、少数者の生に対する考慮の無い政策がすべての人々にとって危険であり有害な結果を招くことは明らかだという事実だった。

ウイルスは性的指向や性自認を問うことをしないが、社会はあたかもそれが感染予防に重要な情報であるかのように執拗な詮索を続けた。クイア集団に加えられた非難と烙印の不当性を語り、危機状況において性的少数者が置かれた脆弱な位置を照らし出す試みに対しても、「本当にアウティングのせいで検査を受けないの?」、「アウティングって死ぬほど嫌なことなの?」と反論されることで、「われわれ」が理解できない「彼ら」、われわれが決してなることのない彼らを追求し尋問し、ついには同情した。けれども今必要なことは、「われわれ」が経験した不安と「彼ら」が感じた脆弱さが互いに触れ合っていることを明らかにする文化的力量だ。これによって信頼と歓迎によって社会を再構成する政治的実践が可能となるからだ。不確実な日々の中で個人の生に隠された恐怖は、「となりにいる意味ある他者」がそれを明らかにしてくれてこそ認識されるのだ[23]。

新型コロナ危機を通して新たに出会った倫理的想像力があるとすれば、われわれは互いにつながっているという希望的で絶望的な事実を文字通り体感したということだろう。自分の行動が他者の日常にいかに影響を与えるのか、他者の選択が自分の暮らしにいかに致命的な痕跡を記すのかを知ることは、これまで性別、年齢、階級、疾病、障害、性的指向、性自認など権力の地層が人々をいかに分割して統治しているかという事実にあらためて直面させ、そして再び顔を背けさせようと導いている。社会的少数者を犯罪化することで危機から逃れようとする試みは常に失敗する他はない。危機の根本原因を提供する現体制はそのまま変わることがないからだ。人類学者ソ・ボギョンが言うように、われわれは公衆衛生を治安の問題にしようとする動きに抵抗し、個人のアイデンティティに対する問いを構造的不平等に対する分析へと変換する作業に立ち上がるべきなのだ[24]。われわれには、「絶対検査受けに行くな」「お前の考えは悪いことだ」という言葉よりも正しいものがたりを生み出す責任がある。

新しいぶどう酒は新しい革袋に

二〇二〇年四月、中央防疫対策本部は「新型コロナ発生以前の世の中には再び戻ることはない」と宣言した。[25] 現在経験している危機を少しばかり我慢すれば様々な苦労もいつかは消えていくだろうというかすかな期待だけでは、「まったく新しい世の中」という爽やかな世界を作り出すことはできないということだ。コロナ危機は、あたかも「彼ら」がいなければ「われわれ」が幸せだったあの頃、豊かだった時代、自信に満ちていたあの時に戻れるに違いないという信仰を打ち壊し、今までとはまったく異なる時空間を創造するようにと迫っている。相変わらず過去に囚われた人々、教会と社会を再び偉大なものとするためにクイアな存在を追放しなければならないと叫ぶ人々、ウイルスに立ち向かうのではなくウイルスに感染した人々と戦う人々は、命と救いの新しいぶどう酒を入れるにはあまりに古びた革袋だ。

すでに多くの災害被害者たちは、災害以降の回復はそれ以前の社会を元通りに復興することではなく災害以降の社会を再組織することだと強調し、災害を通じて明らかになった社会の問題点を解決することこそが災害後の回復を可能とすると語ってきた。[26] コロナ収束後の社会は未だ遠く感じられる。ただ、災害以降の新しい世界に備えることは一人ひとりの不安と脆弱さを包み込み、多様な姿の人々が信頼とケアの中で結び合わされ公的な空間を作ることから始まるのだと信じている。梨泰院集団感染事件が残した冷ややかな痕跡を振り返り、文化研究者エド・コーエンのものがたりを思い出している。互いを省みることが自分自身を省みるためのもう一つの方法なのだと。[27]

注

1　本稿の多くの部分は「オリュ洞クイアセミナー」での発表と「コロナ19性的少数者緊急対策本部」が展開した意義深い実践に依拠している。特にクイア政治と急進的ケアに対する洞察と解釈を示したキム・スンナム氏と、人権原則と防疫行政に対する批判的問いを投げかけたタリ氏に深く感謝する。

2　チェ・ウンギョン「人類は疾病共同体である②」『ハンギョレ21』二〇二〇年五月二九日。

3　施設化とは、支配権力が特定の個人や集団を「保護／管理」の対象と規定し、社会と分離し権利と資源を遮断することで「不能化／無力化」した存在に作り上げ、自らの生に対する統制権を制限し主体性を喪失させるすべての過程を指している。チョ・ミギョン「障害者脱施設運動から生まれた〈不具の政治〉間連帯を期待して」、ナ・ヨンジョン他、障害女性共感編『施設社会：施設化した場、抵抗する身体』（ワウン、二〇二〇年）二八五頁。

4　「梨泰院有名クラブにコロナ19陽性患者が通っていた」〈国民日報〉二〇二〇年五月七日。該当記事が性的少数者に対する偏見を引き起こすという批判が生じタイトルが変更された。

5　エディ「あの日の梨泰院、あの日のエディ」『第一二回性的少数者人権フォーラム資料集：人権を灯す、平等を灯す』性的少数者差別反対虹行動主催、二〇二〇年八月二二日。

6　差別と嫌悪を招来する代表的な記事は以下の通り。ペク・サンヒョン記者「〝やっぱり起こった〟…同性愛者が最も心配していた〝サウナ〟で陽性者発生」〈国民日報〉二〇二〇年五月九日。イ・ドンウ、キム・サムエル記者「真っ暗な部屋で怪しい声が…、五年前にとてもかけなかった違法仮眠部屋取材記」〈モーニングトゥデイ〉二〇二〇年五月一二日。チャ・チャンヒ記者「梨泰院に続き鐘路、男性性的少数者が〝集まる場〟で陽性者急増…、政府の集合禁止命令の〝穴〟」〈毎日経済〉二〇二〇年五月一三日。チョン・ヨンジュ記者「梨泰院発新型コロナ陽性者のエイズ感染疑惑でざわつく…、行政も〝確認できず〟」〈ニューシス〉二〇二〇年五月一四日。二〇二〇年六月十日、韓国新聞倫理委員会は梨泰院集団感染事件を報じた三〇余の記事が新聞倫理設置要項第一条第四項「差別と偏見の禁止」などに違反すると判断し懲戒決定を下した。

7 「中央防疫対策本部ブリーフィング」YTN、二〇二〇年五月七日。

8 反クイア運動はクイアグループに対する否定的なイメージと敵対的言説を生産しクイアコミュニティを一種の汚染された集団と描いている。シウ『クイアアプカリプス：愛と嫌悪の政治学』〈現実文化社、二〇一八年〉一八八頁。

9 「国民日報労組『性的少数者嫌悪報道混乱、立場表明せよ』」、韓国記者協会、二〇二〇年五月一二日。

10 ユン・ジュンシク「梨泰院クラブの事実と真実」〈国民日報〉二〇二〇年五月一三日。

11 Nemo Kim, "South Korea Struggles to Contain New Outbreak amid Anti-gay Backlash", The Guardian, 2020.5.11

12 ソウル市の場合、保健所の検査受付件数が六〜十倍、検査件数が八倍増加するといった具体的成果が現れた。ソウル市公共保険医療財団・ソウル市感染病監視支援団『ソウル市コロナ19対応主要消息』二〇二〇年五月一八日、五〇頁。

13 これから言及する事例は、韓国人権学会・人権法学会・ソウル大学人権センター・コロナ19人権対応ネットワークが二〇二〇年七月一〇―一一日に開催したオンライン合同学術大会「コロナ19と人権」における対策本部の活動家イ・ジュンゴルによる発表（「検診と防疫の人権ガバナンス?:を想像して」）を中心に再構成したものだ。

14「コミュニティの皆さんと分かち合いたい話」対策本部ホームページ、二〇二〇年五月一七日（五月一四日作成）。

15 Audre Lorde, a Burst of Light・Living with Cancer, A Burst of Light and Other Essays, Ixia Press, 2017, p.130.

16 Hi'ilei Julia Kawehipuaakahaopulani Hobart and Tamara Kneese, "Radical Care, Survival Strategies for Uncertain Times", Social Text 38/1, 2020, p.2.

17 以下の引用は二〇二〇年五月二一日に対策本部ホームページに掲示された「追伸：コミュニティに向けたいくつかの文章2」からのものだ。

18 キム・スンナム「ラディカルケアとクイア政治」、オリュ洞クイアセミナー発表、未公刊、二〇二〇年七月一二日。

19「ブラック」とは集中的な性的接触が起きる性的少数者の下位文化空間を指す言葉だ。該当コミュニティは二〇二〇年九月末にサービスを終了した。掲示板に関連した内容は次の記事を参照。「〝絶対に検査受けるな〟

…梨泰院陽性患者の報に揺れるゲイコミュニティ」〈トップスターニュース〉二〇二〇年五月一二日。ここで引用する内容はこの掲示板を参照している。
20 ナ・ヨンジョン研究員『韓国ＬＧＢＴコミュニティ社会的研究調査最終報告書』（韓国ゲイ人権運動団体〝ともだちの仲〟、二〇一四年）三一～三二頁。
21 Nicole Charles, "HPV Vaccination and Affective Suspicious in Barbados", Feminist Formations 30/1, 2018, p.47.
22 ibid., pp.53～54.
23 トリ「公衆保健と人権、間隙を撃つ」『ＭＥＲＳと人権。ＡＩＤＳ患者健康権保証と国立療養所設置のための対策委員会提案討論会資料集』二〇一五年、二九頁。
24 ソ・ボギョン「感染と差別：韓国ＨＩＶ政策の遺産とＣＯＶＩＤ19パンデミックという現在と未来」『韓国健康状態学会、春季学術大会資料集』二〇二〇年、三四頁。
25「中央防疫対策本部ブリーフィング」、ＹＴＮ、二〇二〇年四月一一日。
26 コロナ19人権対応ネットワーク資料集『コロナ19と人権：人間の尊厳と平等のための社会的ガイドライン』二〇二〇年、一一～一二頁。
27 Ed Cohen, "A Cure for Covid-19 Will Take More Than Personal Immunity", Scientific American 2020. 8.7.

第二部　災害となった教会

新型コロナと脱宗教社会の宗教性

パク・ジョンウィ

はじめに

教会が新型コロナの特別な標的だというわけではない。それでもこの疫病によって教会のすべてが変わったように感じている。パンデミックが宗教に与える影響はなにか新しいものを作る点にではなく今まであったものを一層明らかにする点にあるようだ。今日の教会はコロナに揺り動かされたことで深い眠りを覚まされ現実を目の当たりにさせられている。北米社会と韓国社会の事例に基づき本稿は疫病の脈絡を通して突然明らかになった教会の危機を語ろうと思う。ウイルスの世界的大流行という不安状況にいかなる希望のメッセージも提示できない宗教、その限界の神学的背景と結果として現れる宗教行為をもとに対案の糸口を見出そうというのが本稿の目的だ。

隠喩としての新型コロナ

他の伝染病と比べる時、新型コロナはいくつかの特異な点を持っている。全世界を強打するパンデミックだが、死亡が高齢者に集中し致死率が相対的に高くはない。反面、感染拡散の速度はかなり速い。感染者一人が平均的に感染させる数（基礎感染再生産数R０）が二・五から三・〇に及ぶ。ところでR０の分母があまりに広がっているので一〇〜二〇％未満のスーパースプレッダーによって感染した人々の比率が全体感染者の八〇％にもなるが、感染した人々の七〇％は他の誰かを感染させてはいない。[1] けれども誰がスーパースプレッダーになるかは予測できない。また新型コロナの最も特異な点は感染者が無症状の状態でも活発な感染が生じるという事実だ。つまり無症状患者が誰かを感染させることができるということだ。そのため、病状を示す患者に医療的処置をして他者を感染させないようにするという通常の手順が新型コロナには適用されない。これらの特性と波及効果により新型コロナは他のいかなる感染病に比べ、世界をさらなる不確実性に陥れた。

疾病が引き起こす危険と恐怖が強く、それに対する因果的説明、伝染の経路、治療の効果が不確実である時、人々は疾病ではない他の何かをこれに投射し意味を付与する。これが「疾病の隠喩」が発生する脈絡だ。結核、癌、エイズに対する隠喩の流布に関するスーザン・ソンタグの洞察は新型コロナにも適応できるだろう。疾病に対する隠喩は決して疾病だけにとどまらずその意味は疾病にかかった患者へと拡大する。エイズを神の裁きとみなす隠喩が拡散された時、エイズ患者は道徳的堕落を犯し死の審判を受けた罪人とされた。隠喩が作り出すフレームは犠牲者に対する「非難（blame）」と「恥（shame）」を刻む枠組みとなる。[2]こうした疾病の隠喩が拡散し疾病の科学が占める座は失われる。特に患者本人がこうした隠喩の強い叱責に屈服する時、正しい理解と治療が延期そして放棄され妨害される事態となる。こうした点からソンタグは疾病のみならず疾病の隠喩が人々を殺していると警告する。

新型コロナに対しては軍事主義的隠喩、すなわち総力を上げて殲滅すべき「敵」として疫病を規定して防疫戦争を繰り広げるといった大きな軸が形成された。先に述べたように、新型コロナの感染過程の不確実性ゆえに徹底した防疫と管理が必用だという意味では戦争の隠喩が短期的効果を出すこともあるだろう。けれども戦争の隠喩は常に「外部」の敵がわれわれの世界に侵入し、それによってわれわれ、われわれの一部が汚染されているという危険言説を伴っている。この過程で「疾病の社会的隠喩」は自然と「社会の疾病的隠喩」をもたらすことになる。単純にコロナウイルスが敵と表現されるのではなく、それに関連したある社会集団が病原菌のようにみなされ差別すべき敵に置き換えられるということだ。新型コロナ発生初期に人々の間で広がった「武漢ウイルス」という名称は、世界保健機構が不適切な用語だと指摘したにもかかわらず、かなりの期間そのまま使われており、アメリカの政治指導者の中にも躊躇なく「チャイナウイルス」、あるいはより露骨な人種差別的表現である「クンフル」[3]を使う人々もいた。まさにこうした表現の裏には外部の敵を指弾しようとする欲求が隠されている。これは必然的に中国人、さらにはアジア人に対する嫌悪感情を引き起こす結果となった。[4]

パンデミックを前に権力が行うこととはまったく異なる、例えば不安と孤立に陥る人々に抑圧ではなく解放的な影響を与える隠喩を宗教は提供することができるのだろうか。残念ながら歴史的にキリスト教はむしろ疾病に対する破壊的な隠喩の資料を提供してきた。病気であれ、死刑宣告のような末期症状であれ、烙印が伴う性病であれ、疾病が患者に対する神の懲罰と審判だという意味を提供したのはまさに宗教、特にキリスト教だったからだ。新型コロナの場合にも相変わらず宗教界によるけたたましい審判の隠喩が登場した。新型コロナ初期、これは宣教師弾圧に対する神の怒りだという主張がプロテスタント牧会者によって繰り広げられた。そしてこれまで保守的プロテスタントによって諸悪の根源と指弾されてきた同性愛者（ユージャルサスペクトとしての同性愛者）がコロナに関連させられた。五月はじめにソウルの梨泰院のクラブで始まったコロナ集団感染事態は同性愛者に対する嫌悪主義によって拡散された。初発の感染者とされた人物が梨泰院の「ゲイクラブ」に通っていたという一事を持って同性愛者を集中的に非難したのだ。

これは韓国だけに限ったことではない。有名な福音主義神学者ジョン・ファイファーは新型コロナの意味を解き明かしながら、人間の罪深い態度と行動に対し神は時には疾病による裁きを行うと語った。その例として彼は同性愛を叱責する聖句を引用した。新型コロナ感染が性的少数者の間で特に多く発生しているわけでもなく、彼が語る聖書の箇所が同性愛を疾病によって罰するという内容でもないにもかかわらず、彼の主張は同性愛がこのパンデミックに何らかの責任があると前提している。戦争の隠喩同様、疾病に対する恣意的な神意、審判の隠喩が持つ破壊的力は、少数者を罪人にして非難する結果をもたらすが、このことはまた常識的な健康維持と治療の努力を害することとも関連する。保守系キリスト教雑誌〈ファーストシングス First Things〉の編集者レノ（R.R.Reno）もまた新型コロナを神の介入の結果だと断言した。さらに彼はウイルスから人命を救おうとする人間の試みはセンチメンタリズムに過ぎず、苦痛と死の現実に背く誤った十字軍運動であると警告した。[5]

差別の神学

世界がパンデミックの危機に瀕しているとき、キリスト教が建設的な言説を提供できずむしろ悲観的な隠喩だけを量産する理由は何だろうか。それは教会が立つ神学的位置と関連しているのであり、政治的、歴史的脈絡がそうした神学の性格を作り上げた可能性が高い。アメリカ白人キリスト教の倫理的限界を指摘した新作でロバート・ジョーンズは、白人優越主義が白人キリスト教の神学とどの様につながっているか説得力ある議論を展開している。[6]

アメリカ独立以前、大部分の白人教会は白人が黒人を奴隷とする非人道的社会関係を当然のこととみなしていた。主日になれば奴隷所有者は（宣教の使命で？）奴隷たちを従えて教会に行き、自分は前に黒人たちは後ろに座らせていたのが普通の光景だったという。そのような礼拝堂の講壇から流れるメッセージと神学が解放、自由、平等を語ることはない。それとはまったく異なる内容、すなわち主人に対する服従、常に秩序に従順であれといった価値が強調された。こうして始まったアメリカの白人教会が固着させたものは、徹底した個人的次元の救済概念、私的な領域に限定された信仰観、そして個人レベルの道徳／敬虔主義に対する執着などだ。

アメリカの教会の伝統として今日にまで至るこのような神学的立場は、決して自然発生的とか偶然に生まれたものではなく必然により設計されたものだった。ウェリスの言葉を借りるなら、マルティン・ルーサー・キングの社会学を決定したのが彼の神学であったのとは異なり、白人教会は自らの社会学によって神学を作り上げたのだった。[7] 更に詳しく言えば、彼らは自分たちの社会的利害関係によって彼らの神学を定めたあと、その神学を通して社会関係の矛盾を維持するかのように見えるのがアメリカ白人教会だ。今も多くの白人キリスト教徒が示す人種的偏見の傾向、たとえばＢＬＭ（Black Lives Matter）運動に対する否定的態度、トランプに対する一方的支持[8]などが生じるのはやはり偶然ではない。これは数百年に渡る白人教会の伝統と神学が関係していると見るべきだろう。

人種主義のような間違った信念がアメリカの教会と初めから共存し彼らの神学に影響を与えたという事実は矛盾的であり悲劇的だが、白人優越主義に基盤を置く過激な個人中心神学の伝統が招くもう一つの問題がある。ジョーンズの指摘によれば、アメリカの白人キリスト教徒はいかなる事案に対してもめったに構造的に考えようとしないという傾向があるのだという。教会で学んだ狭小な考え方は人種主義に限られたものではない。他の社会的課題、例えば不平等、貧困、差別などに対して構造的な原因と歴史的な根を知ろうとはせず、これらはすべて個人の限界によるものだとみなしているということだ。制度的に差別を受けている人々の存在を頑なに否定する理由もここにある。結果的に多くの白人キリスト教徒はある対象に腹いせをしたり、しばしば自分も被害者になっている既存権力秩序の側に立ってしまう。このような反構造主義の傾向を教会と分離して考えることはできない。非キリスト教徒の白人、特に無宗教の人々の中には同じような傾向はほぼ現れないというジョーンズの経験的分析結果がこの点を傍証している。[9]

アメリカの白人教会の例は、たとえイエスの愛とはまったく相反するものだとしても、それが宗教の利害関係と重なる時には神学の性格までも規定する影響力があることを示している。韓国のプロテスタントは出発からアメリカ白人教会から莫大な影響を受けた。アメリカの宣教師からこのような理解を注入されされた結果、韓国の教会でも同じような教会文化と信徒の態度が強固に形成されたのだ。個人の信仰生活を強調し個人の救済を信仰の目標と設定する点に、韓国の教会とアメリカの白人教会間の神学的類似性がはっきりと現れている。さらに重要な点は、保守的神学に陥った背景が教会、教団の社会的利害関係と伝統を守り合理化しようとすることにあるという点だ。少数者に対する差別を禁じようという法案に対し多くの教会が組織的に反対し、巨大教団が今も女性牧会者の按手を許容していない現実をこの他にどう説明すればいいのだろう。現権力に対しては受容的、常に強者の側に立つ態度、差別の構造的問題に対して無関心な態度、それと同時に個別教会の利益には敏感な大多数の韓国の教会指導者と信徒の態度はアメリカの白人教会に見られる様々な問題とあまりに似通っている。

差別の神学が維持され強化されるもう一つの理由は、韓国の教会内に深く根を下ろしている権威主義と非民主的意思決定構造だろう。共同体が抱えている課題と使命に対する内容が細部まで共有され、そのための計画と議論が公開かつ透明性を持って行われるなら、そしてすべての決定過程が民主的で参与的な手続きにより行われるなら、差別を含む非道徳的な原則と実践が信仰共同体内に長年に渡って残存することはなかっただろう。

歪曲された宗教性

差別を正当化する神学を根拠とする宗教があるとすれば、そこで強調される宗教性（religiosity）はいかなるものだろう。「良い信仰」、「深い信仰」という言葉は組織宗教が規定し構成員に要求する義務的事項だ。特に韓国の教会で高い宗教性を認められることは、職分によって現れる組織内の社会的保証にもつながっている。戯曲作家で映画監督でもあるウッディー・アレンは成功の八〇％は「見せ方 showing up」にあると言ったが、この言葉がぴたりと合うのが宗教、特に韓国の教会ではないかと思う。その組織に属しているということ、そして所属の強度が強いことを「示して見せる」ことが何より重要だ。所属性の過度な強調が韓国の教会の宗教性を決定している。

ある教会で、信徒がなすべきことをしたとしてもそれが所属性に寄与する確信がないならば居心地の悪い不自然さに直面することになる。例えばある教会で難民支援の活動が提案されるとしよう。彼らは自分たちとは異なる文化的背景の中で生まれ成長した人々だ。ある信徒は彼らがいつ教会に来るのか、具体的にはいつ「我が教会」に登録するのかを当然のように尋ねることだろう。期待通りの答えが得られない場合、信徒の表情はどうだろう。「教会にも来ないのならそもそもなぜ彼らを支援しなければならないのか」と問わないだろうか。いかに素晴らしい動機による活動だとしても所属教会以外の機関や人々に寄付をするならそれは宗教的行為にはならない。世界のための人道的善行にはなるだろうが、教会内で信仰として認められる宗教性の点数を上げる行為にはならないのだ。その活動が所属感を証明することにつながらないからだ。むしろ、所属感を評価する上で高次元の一つに数えられる忠誠心に欠けた信徒と疑われかねない。信徒がなすべき信仰の働きは所属教会に関連した活動と事業に従事することに限定されている。所属と忠誠心を証明するのは礼拝への出席に限らず、各種訓練プログラム、勉強会、イベントなどに、ウッディー・アレンの言葉のように残らず姿を見せなければならない。また自分の意志とは関係なく、教会の事業がうまく回るように時間を割いて献身し物質によっても支援しなければならない。聖殿（?）建築のような組織の未来がかかった特別な課題に対しては、より確実に寄与しなければならない。こうした働きには「復興」という美しい名前がつけられた。教会の復興と成長のための献身は戦時同様に総動員の命令に従ってなされるべきであり、霊的戦争を戦うように布教に励まなければならないのだ。

組織に対する忠誠が強調される時、それは異なる意見や質問を提起しない無条件の服従と理解されやすい。指導者たちが主張する教会組織の理念、信条と法に対する服従が「良い信仰」の指標となる。[10] こうして自分の信仰が深いことを示し証明するために、信徒は日常会話の中でも服従とそれにともなう保証が散りばめられた言語を駆使する。そればかりかこうした基準で他の信徒を評価し判断する。ここでは聖なる文字と化した教理と教会法は時代の産物であるのみならずもはや理解される必用もないものとなる。

　宗教組織としての教会に仕えるということは、事実上組織の目的に従事すること以上のものではない。組織への忠誠が最高の価値と認識される時、所属する人々の思考の範囲がその組織の利害関係の枠組みを超えることは難しい。世界や歴史に対する体系的な考察やより深い価値に対する省察の機会を教会内において見出すことはほとんど不可能なことだ。地域の富裕化現象（gentrification）によって教会建物の価値が上昇することには感謝の祈りを捧げるが、それによって住いを追われる隣人たちに対する憂慮を見出すことは難しい。もとより、自ら信仰を探求し成熟を求める方法や制度も持ち合わせていないのだが、教会組織から認められた教会生活を行うためにはむしろそんな事は考えないようにしなければならない。こうして誰にとっても常識というべき寛容や配慮はキリスト教徒たちには親しみのない概念となってしまう。組織宗教の成長と復興を成し遂げようという情熱は市場勝利主義と何が違うのかという問いは教会内部では想像すらできないのだ。

脱宗教の流れ

新型コロナ事態以前すでに伝統的な宗教性は限界を迎えていた。次第に多くの人々が脱宗教へと流れ、特に若者たちの宗教離脱がはっきりと現れていたからだ。これは宗教が要求する宗教性に対する拒否を意味していると言えるだろう。多くの人々が、宗教の利害関係に従属せられ個人が断片化されることを受け入れられなくなったということであり、「良い信仰」と認められることにもはや未練がないという宣言でもある。したがって量的成長を目的として設定された宗教性は人々の離脱が進む中で自己矛盾に直面した。二〇一五年の人口住宅総調査資料［訳注：日本の国勢調査］をもとに韓国の宗教分布を見るならば、一〇年前と比べて一五歳以上の韓国人の宗教分布は無宗教がほぼ一〇％の増加を示し過半数を超えていた（五六・一％）。宗教人口は一〇年前の五二・九％から四三・九％に大きく減少したが、その中で仏教とカトリックは減少傾向を示し、プロテスタントはわずかの増加を見せ（一八・二％→一九・七％）、ほぼ二〇％に肉薄する最大宗教集団となった。[12] けれども無宗教の比率は特に若い年齢層の中で明らかに高くなっている。一五～二四歳の間では三分の二が無宗教と答えている。宗教を持つ人が過半数となるのは五五歳以上の年代に限られている。若者世代の脱宗教率は韓国宗教の暗い未来を予測させる。すでに高齢化が進む人口変化の中で宗教人口は一層急速な高齢化の勢いを見せることだろう。

次にアメリカ社会において各世代別に無宗教比率がどう変化してきたのか見てみよう。「ミレニアム」世代（一九八一～二〇〇〇年に出生）のような若い世代で無宗教率が高くその増加傾向を示している。二〇一八年現在アメリカ国内のミレニアム世代の中で三分の一が無宗教だ。しかし驚くべきことは若年層だけでなくすべての世代において無宗教率が増加していることだ。例えば、一九二五～一九四五年の間に生まれた「サイレント世代（silent generation）」[13]の場合、一九九八～二〇一八年まで、すなわち七～八〇代の老人が九〇歳以上となる時期においても無宗教の比率が五％程度高くなっている。[14]脱宗教化は特定世代に限定された現象では無い。[15]

脱宗教現象の原因についての多様な解釈がある中で識者が共通して指摘する点は、人々は宗教界が非現実的教理を強調することに疲れを感じ、その内容に対して懐疑的になったということだ。教会を離れた具体的原因として言及されているのは、教会の政治・社会的課題に対する立場が一般社会の常識と良心に及ばないことに対する挫折、期待にそぐわない宗教指導者たちの限界、時には彼らの偽善に対する失望だ。これらを包括的に言うならば、教会を離れた人々が語る脱宗教の理由とは、教会が自分たちとは関係のない価値に執着し重要ではないことに没頭しその実践方式も合理的ではないという感覚、つまり個人の生活に与える何らかの意味や関連性を宗教には見いだせないという事実にある。[16]新型コロナによる健康危機、心理的不安、経済的危険を経験する人々が見せられているのは、オンライン礼拝の正当性の議論やら、バーチャル聖餐が可能かどうかを論じる教会の姿だ。今日の教会の姿は人々をして宗教の無意味性を顕著に感じさせ、教会が自分とは違う世界に存在しているのではと疑わせるには十分なものだ。情熱を持って信仰生活をしたあげく失望し限界にぶつかった疲れ切った人々の宗教難民化は増加する他はないだろう。[17]

新型コロナがもたらした危機と対案の糸口

脱宗教の波の中、教会はコロナという台風に遭遇した。新型コロナを通じて以前からあった、それでも知られてはいなかった神学と宗教性の限界をついに目の当たりにさせられたのだった。しばらくは対面礼拝が制限される状況の中、根本的な神学的省察をするよりは技術的適応をしようと努力する教会の方が多い。けれども以前のように所属と参与を基盤とした宗教性を求めるのは難しいし、すでに始まっている脱宗教の流れはポストコロナの時代には一層加速するに違いない。

パンデミックを経験したことで教会は特別な自己省察をさせられたはずだ。新型コロナによってブレーキがかけられたのは決して教会の全領域と役割のすべてではない。けれども信徒はあらゆる宗教的なことが中止されたかのような感覚を受けた。対面礼拝が禁じられ集まることができなくなっただけなのに、これまで行ってきた他の働きもすべて力を失った。これはこれまで教会があまりに忙しく動き回っていたかのようでも、実は週に何回か建物に集まることが活動の大部分だったと自白することにほかならない。パンデミックを経た今も多くの教会が執着しているのは、これまで行ってきた主日礼拝をいかにそのまま維持するのか、どうすれば少しでも早く今まで通りの方法に戻ることができるのかということばかりだ。一般社会の各領域では変化した環境に適した役割を果たそうと新たな適応と革新的試みが現れているが、同じ程度の努力を宗教界に見出すことは難しいだろう。結局教会は組織の運営と維持という利害関係に直接関係する対面礼拝にのみ力を注ぎ続けているという有様だ。

ニコラス・クリスタキスは長い進化の時期を経てわれわれの遺伝子に備わった特性、他の種とは区別される社会を作る本能が人間には備わっているという。その特異な能力を彼はソーシャルスイート（social suite　社会性一式）と呼んでいる。[18] それは世の中で観察されるものだが、人間から出るそれらのものは個人のアイデンティティを尊重し認識する能力、家族に対する愛、社会のネットワーク、協同、集団に対する選り好み、有用な計略、社会的学習を含んでいる。すべての社会の根底にはこれらの特性が座を占めており、それらが正しく作用する時、危機の克服はもちろん正しい社会としての進歩が可能となる、という彼の主張は説得力がある。進化と社会化が示すことは、人間がより人間らしくなり社会がより社会らしくなるということだ。クリスタキスは、船舶の難破や漂流のような特殊な状況が人間の社会能力を理解する「自然の実験」の機会となることに注目する。難破あるいは漂流した人々の中には種々の葛藤を経て殺傷・殺戮の悲劇に至るケースがあるかと思えば、奇跡とも呼ぶべき生存のドラマが繰り広げられるケースもあった。数百年間の難破船の記録に対するクリスタキスの解釈は、人間が自らの本能的社会性を正しく活かしそれを守るなら難破のような危機を見事に克服できることを示している。例えば、成功的事例の中で常に見られるのは個々のメンバーに対する尊重、尊敬すべきリーダーの能力と犠牲の精神、合理的な協力と分業などだ。つまり、ソーシャルスイートが正しく機能することで人々は難破の危機を効果的に乗り越えることができたということだ。[19]

ある意味新型コロナも全世界が経験する遭難の事件ではないのか。これは人間が理解できない自然による実験のセッティングを提供している。パンデミックによる変化と適応を求められた宗教界としては、これはまさに遭難の危機に匹敵するものであり、教会の矛盾が現れた状況において実験の機会が訪れたということだ。永遠の沈没か、それとも映画『ライフ・オブ・パイ』[20]の主人公パイのように漂流の経験を霊的巡礼のものがたりとして純化させるのか。これは教会が危機の中でいかなる対処の能力と認識を持っているか、いかなる意志を持っているかにかかっている。神学者キム・グンジュは、新旧約聖書全体の要約としての黄金律は、「誰かにしてもらいたいと思うことを誰かにせよ」と「あなたの隣人を自分自身のように愛せよ」の二つにあると見ている。彼が言うところの「愛の掟」だ。これらは聖書全体が一貫して伝えている主張であり時代と文化を超越した教えだ。[21]愛の掟は特に危機状況、不確実な時代においてキリスト教が集中すべき原則ではなかろうか。そしてこれはクリスタキスが言うところの人間にとってのソーシャルスイートを提供しようとする努力と本質的に同じものなのだ。新型コロナ時代に教会が回復すべき宗教性とは、人間の愛と連帯の力を、近代化した共存性と社会性を活かす方向へと導くことでなければならない。宗教が自らの利害を守ろうとする目的とそれに従事する行いの宗教性は克服されなければならない。コロナが引き起こした危機に出会い、教会が隣人に寄り添うことは災害克服を効果的に助ける道でもあるが、さらに重要なことは、それは自分たちが失っていた宗教性と役割を見出す道でもあるという事実だ。

自己利益に執着する組織宗教から共同性のために行動する宗教への移動、建物と規則に縛られた「組織化された宗教（organized religion）」から愛の掟を社会のすべてに対して実践する運動としての「組織化する宗教（organizing religion）」へと移り住むことが必要だ。[22] これは宗教が社会に出てイエスの愛を実践することを意味しており、同時に伝統的な宗教の枠組みの外へと向かう具体的な努力を意味している。教会が先頭に立って社会の生態系保護運動を導き、疎外のない多様性と包容性によってすべての隣人を教会に招き、都心の地価高騰によって苦境に立つ低所得者層の生活基盤確保に連帯し、集団憎悪を食い止める隣人愛の教育を提供し、移民と難民の権利を広く知らしめて彼らの尊厳のために共に働き、学校が終わっても居場所のない子どもたちのための友情のコミュニティになることなど、まさに公的領域における愛と正義の実践過程、ソーシャルスイートが提供する社会の倫理性を呼び覚ます宗教運動が必用だ。教皇フランシスコが指摘しているように、キリスト教徒にとってこうした運動は単純に市民に対する責任ではなく神に与えられた戒めだ。こうした活動は自らが置かれた環境の中でいかにも小さなものに見えるようであっても、社会的洞察と暖かな情熱、繊細な創造性なくしては生じ得ないものでもある。ゆえにこうした運動に参与する民衆を教皇は「社会的詩人（social poets）」と命名する。[23] つまり、これは中大型教会が多くの資源によってたやすく取り組めるとか独占できるような働きではない。むしろ、組織宗教の感性から自由な小さな教会、小さな群れが「社会的詩人」の役割を担う可能性が大きいだろう。

カナダ・モントリオールのハシド派（Hasidic Jewish）[24]の人々は新型コロナの中でその矛盾を経験し克服するための特別な旅路を経験した。[25]ひげと頭髪を長く伸ばし十八世紀風の黒く長い衣装に身を包み帽子をかぶったハシド派の人々にも新型コロナは辛い挑戦をもたらした。絶えず集まって祈ることを厳守する彼らにソーシャルディスタンスとは。感染病の流行初期、混沌とした時期においてハシド派の人々は多くの感染者を出したし、モントリオール市における初めてのコロナによる死亡者も甥っ子の結婚式に出席して感染したハシド派のユダヤ人だった。彼らが集まって生活する地域が感染のホットスポットになったことで人々からの非難は避けられなかった。一方、苦難の歴史を経てきたユダヤ人は自分たちが差別されスケープゴートにされることは分かっていた。彼らは大きく反発し近隣住民との葛藤は頂点に達するかに見えた。

シナゴーグに集まることができないことがわかるとハシド派の人々は街頭で祈りと賛美を初めた。最低でも十人は集まらねばならないという律法と、集会を自制し接触を最小化しなければならないという社会からの圧力、これら二つに従うための唯一の礼拝方式がこれだった。コロナが強いた辛さのゆえだろうか、地域住民たちはハシド派の人々の祈りと歌（chanting）[26]に対して好奇心を持ち肯定的な反応を見せ始めた。ハシド派の人々は家々を一軒一軒たずね、自分たちが手作りし丁寧に包装したクッキーを戸口に置いた。小さなメモには、街頭で礼拝をする理由の説明とそれを許してくれる人々への感謝の言葉が綴られていた。そしてこの苦境を共に乗り越えよう、すべてのことはうまくいくと信じ共に希望を持ち共に祈ろうというメッセージも書かれていた。これこそが真に宗教的なメッセージではないだろうか。パンデミックを神の裁きだと宣言する過激なキリスト教指導者たちとは正反対の姿だ。住民たちはハシド派のユダヤ人たちの思いがけない好意に感謝し彼らの礼拝と讃歌こそが一番尊い贈り物だったと回想している。

モントリオールのハシド派のユダヤ人たちは新型コロナの中、自分たちの伝統ではこれまで行われることのなかった勇気ある新たな一歩を踏み出した。自分たちの壁を壊し隣人のコミュニティに向けて外へと出たのだ。これにより彼らの宗教性は決して傷ついたわけではなく、むしろ隣人との出会いの扉が開かれた。あるいは彼らは人々の眠っていた信仰心を目覚めさせたのかもしれない。教会が自らを低くして地域に向かう時に生じる変化は、それまで知ることのできなかった共存の姿を悟らせ社会との連帯が実現されるということを、ハシド派の人々のコロナ経験を通して学ぶことができるだろう。

結びに

本稿を通じ、われわれはコロナ事態によって生じた脱宗教社会の宗教性について考えた。コロナは社会のいたる所に前例の無い影響を与え、これからの世界がどの様に変化するか多くの関心が集まっている。特に教会は活動方式に大きな挑戦と変化を受けながら、自らの限界と可能性を共に経験している。オフライン礼拝がオンライン礼拝へと変わり、これまでの様々な活動も中断あるいは縮小しなければならない状況になった。これにより、信徒たちが教会をこのまま離れてしまうかもしれないという深刻な問題に直面した。そして教会自身が変わるべきではないのかというアイデンティティに対する問題提起も受けたのだった。

新型コロナは本質的に新しい状況を作り出すわけではない。すでにあった問題がパンデミックに際して明らかになったのであり、だから解決の糸口もすでに行われていた努力の中から示唆を受ける必要がある。健康の危機と経済の不安に陥る社会に対し癒しと希望の言葉を語ることができず、むしろ暴力的隠喩を突きつけるキリスト教の問題は、神学の限界とそれが示す偏狭な宗教性の意味と深くつながっていることを述べた。宗教の利益を基準に形成された神学は社会的テーマを素早く理解し参与することを難しくし、自分たち宗教集団の維持と成長にのみ没頭する現象の背景となってきた。

このパンデミックが宗教自らの状況を振り返るための自然による実験のセッティングを提供したとするなら、長い歳月の間に進化と社会化の結果として現れた人間の社会的特徴が宗教の役割にも必須の要素となる。それは宗教が人間のアイデンティティの尊厳を活かし、愛と友情による共同を実現させ、その過程において調和に満ちた学びがあるようにと導くための努力のことだ。そのために何よりも宗教は重たい伝統の衣を脱ぎ、人々のもとへと赴き、彼らがともに過ごす時と場とにならねばならない。これこそが新型コロナが教会に与えた最も大きな教訓だ。

新型コロナパンデミックがもたらした全世界的危機を考えれば、教会が抱える困難はごく僅かな一部分でしか無い。また、対面礼拝はできるのか、他の方法はどうかなどということは教会が感じるべき危機意識の中でごく小さな部分でしか無い。なぜなら、教会の存在理由に対する問いはただ教会の生存を案ずる問いではなく、教会が存在すべき価値とは何かという問いでなければならないからだ。すべてをなげうってでも、いかなる環境においても、世の危機によって苦しむ隣人と共に生きる愛だけが教会がよって立つところの価値であることを確認するための問いなのだ。コロナによって引き起こされた全世界的な生命の損失と健康の危機、それが引き起こす大量失業と貧困の拡大、さらに激化するであろうあらゆる領域における二極化現象、種々の集団間の偏見や憎悪、こうした世界の危機的要素に対し創意的な献身と連帯の実践によって対応することは、脱宗教時代の多くの人々が見失った宗教性の意味の再発見を助けるために教会がなすべき唯一の道だろう。

注

1 Zeynep Tufekci, "This Overlooked Variable Is the Key to the Pandemic: it's not R.", The Atlantic September 30, 2020.

2 Susan Sontag, Illness as Metaphor and AIDS and Its Metaphors, New York: Anchor Books, Doubleday,1990.

3 中国武術の「クンフー Kung Fu」とウイルスを意味する「フル flu」を合成した差別用語だ。

4 実際北米社会ではコロナ以降アジア人に対するヘイトクライムが急増したことが報告されている。こうした憎悪のアウトブレイクは在米韓国人にも押し寄せた。アメリカよりも事態が緩やかだと言われたカナダでも、最近行われたアンケート調査では、おおよそ三分の二に近い在カナダ韓国人がパンデミック期間に他人から差別を受けるか不当な対応を受けたと答えている。Loanna and Heidinger and Adam Cotter, "Perception of personal safety among population group designated as visible minorities in Canada during the COVID-19 pandemic", STATCAN COVID-19: Date to Insights for a Better Canada 2020.

5 Jonathan Merritt, "Some of the most visible Christians in America are failing the coronavirus test: In place of love, they're offering stark self-righteous judgement", The Atlantic April 24, 2020.

6 Robert P. Jones, White Too Long: The Legacy of White Supremacy in American Christianity, New York: Simon & Schuster, 2020.

7 Jim Wallis, America's Original Sin: Racism, White Privilege, and the Bridge to a New America Grand Rapids, MI: Brazos Press, 2016, P. 108.

8 〈ニューヨーク・タイムズ〉の出口調査によれば、二〇二〇年アメリカ大統領選挙において白人福音主義キリスト教徒の七六%がトランプを支持した。

9 Robert P. Jones, op. sit., pp.243~247.

10 ハービー・コックスはbeliefとfaithを区別しながら、過去一五〇〇年のキリスト教の歴史が当初の純粋な信faithを喪失し急速に宗教的教理、教会内の法と位階秩序に対する信仰と服従が要求されるドグマの時代すなわちage of beliefになったことを示した。(信条や教会法などの文字に対する)beliefは他の変数、科学の発展、世界観の変化、認識の進歩に従って消滅、神話化、あるいは変更可能な意見のようなものである反面、faith はわれわれの心に深く根ざす尊い信念、イエスを通して知らされた聖なる神が統治する平和と正義の新しい時代に対する願いであり生の方式を意味する。Harvey Cox, The Future of Faith, New York: HarperCollins, 2009.

11 文化体育部「2018年韓国の宗教現況」。

12 人口住宅調査では宗教を持っているかという問いと、持っている場合どの宗教かを問う。したがって調査で把握できる宗教人口は宗教機関に登録された人数を意味するのではない。プロテスタントと把握された人々の中には、教会には登録していない、あるいは出席はしていないが自らをプロテスタント信者だと考えるすべての人が含まれている。

13 世界大戦を直接経験したかその時期に幼年期を過ごした世代に対する表現だ。戦争と冷戦によって緊縮した時代に沈黙を強要された世代という意味を含んでいる。

14 Paul A. Djupe and Ryan P. Burge, "The decline of religion may be slowing", Religion in Public: exploring the mix of sacred and secular 2020.

15 こうした世代別脱宗教化傾向は韓国社会においても同様に現れている。世代別に人口調査結果を分析した結果、二〇〇五年から二〇一五年、十年の間に二五歳以上のすべての年齢集団において無宗教の比率が上昇した。一五~二四歳の集団が二五~三四歳となる十年間に無宗教の比率は三〇%以上増加している。二〇〇五年当時七五~八四歳だった老人が十年後に八五~九四歳になった時この集団の無宗教率は二〇%近く上昇した。

16 Pew Research Center, "Why America's 'nones' don't identify with a religion? FACTANK: NUMBER IN THE NUMBERS AUGUST 8, 2018.

17 ゆえにパッカードとホープは、多くの教会離脱者たちを単純に'none(non-affiliated)'とは呼ぶことができず、'done'と呼ぶべき教会難民だと主張する。John Packard and Ashleigh Hope, Church Refugees: Sociologists reveal why people are DONE with church but not their faith, Loveland, CO: Group Publishing, 2015.

18 Nicholas A. Christakis, Blueprint: The Evolutionary Origins of a Good Society, New York: Little, Brown Spark, 2019. ＊邦訳『ブループリント』（鬼澤忍他訳、News Picks パブリッシング、2020年）

19 ibid., p.57.

20 2012年アン・リー監督作品。原作はヤン・マーテルの Life of Pi, Toronto: Knopf Canada, 2001。

21 キム・グンジュ『自分を超える聖書の読み方』（ソウル：聖書ユニオン、2017年）。

22 Brian D. MacLaren, The Great Spiritual Migration: How the world's largest religion is seeking a better way to be Christian, New York: Convergent, 2016.

23 Pope Francis, "Pope Francis to popular movements: The universal destination of goods is not a figure of speech in the Church's social teaching", 2015.

24 律法に対する徹底的遵守を強調する伝統主義を目指すユダヤ教の一派だ。

25 関連記事は以下の通り。Joseph Rosen, "For yeas I felt rejected by my Hasidic neighbors. But CODIV-19

brought us together", The Globe and Mail May 15, 2020.

26 ヘブライ音律に乗せて歌うように唱える祈りだが、普通の祈りとは異なり言葉の意味よりも音律の宗教性に焦点が当てられている。

「アンタクト社会」の外でアンタクトを問う　新型コロナと小さな教会

キム・ジンホ

大分裂

大韓イエス教長老会統合派（以下、イエ長統合）総会が専門機関に依頼し教団所属牧会者一一三五名を対象に行なったアンケート[1]によれば、新型コロナの陽性者が大きく広がった二〇二〇年三～四月の主日礼拝平均出席率は四二・四％であり、政府がソーシャルディスタンスのレベルを引き下げた五月二四日の礼拝では六一・八％が出席した。またコロナ以降の平均減少予想比率は一九・七％とされた。

ところで韓国キリスト教牧会者協議会（以下、韓牧協）の二〇一七年調査[2]によれば、その時のプロテスタント信徒の中で礼拝に出席しない人々の比率は二三・三％だった。大統領弾劾に不服を唱える極右派による「太極旗集会」が頻繁に行われていた頃の調査だ。教会がこうした極右主義者の温床だという嫌疑が濃かったから、教会から離脱した人々の数は特に不思議ではなかった。

では二〇二〇年はどうだろう。イエ長統合総会が質問した時期は「新天地」発の大感染が起こった時期だ。プロテスタント信徒たちは新天地はキリスト教とはまったく異なる異端派だと主張するが、市民社会の多くは新天地をプロテスタントの一派だと考えていた。もちろん人口住宅総調査も新天地をプロテスタントキリスト教として調査していた。案の定、この頃プロテスタントに対する社会的イメージ調査の結果は、それ以前に比べた悪化の度合いは確認できないとしても、著しく悪い状況であることを示していた。そうであれば、礼拝欠席率二三・三%という二〇一七年の調査結果より離脱者が少ないとの予測は常識的とは言い難い。しかしイエ長統合派は二三・三%よりもさらに減少幅は少ないだろうと予測した。

こうした脈絡から見る時、韓国ヘルスコミュニケーション学会(以下、KHCA)による「コロナ19、第五次国民認識調査」の結果は、常識という言葉が面目を失うほど衝撃的だった。この調査の時期は、イエ長統合の調査で礼拝出席率四二・四%という結果が示されていたまさにその時だった。宗教的集会への参加を問う質問に対し「はい」と答えた人はおよそ六%だった。宗教者だけに対するアンケートではないが「はい」と答えた人々は当然宗教に属する人々だ。ところで、二〇一五年の人口住宅総調査では韓国の宗教人口は全人口比の五〇%以下であり、その内訳はプロテスタント、仏教、カトリックの比率が「四五対三五対一八」で、これら三宗教に属する人々は宗教人口全体の九八%を超えていたことがわかっている。二〇二〇年にプロテスタント信徒が少し減ったと仮定しその比率を仮に「四〇対四〇対二〇」とするなら、そして仏教とカトリック信徒すべては宗教集会にまったく参加していないと仮定するなら、そして他の変数を考慮することなく単純に計算した場合、プロテスタント信徒のうち一五％弱の人々だけが礼拝に出席したという推測が成り立つ。さて、同じ頃の調査でイエ長統合牧師たちが四二・四％と答えていることにあらためて注意を向けてみよう。両者の差異はあまりに明らかだ。

どの調査が事実に近いのだろう。それを判断する能力はわたしにはない。ただこれらの調査結果の差異が調査対象の違いと深い関係にあるだろうという点を考えるなら、両者の明確な差異には看過することのできない論点があるに違いない。イエ長統合の調査はその教団に属する牧会者たちに質問した結果だ。一方、韓牧協とKHCAの調査は一般信徒あるいは一般市民が答えた結果だ。そうであれば牧会者たちに対する調査結果は、教会がこれ以上大きな被害を受けてはならないという延命意識が反映したものであり、信徒は教会に対する大きな失望を自分たちの答えの中に込めたのだと考えられるのではないか。問題はこの格差があまりに大きいという点にある。それは両者間の観点の違いが解消不可能なほど明らかになっているということではないか。わたしが本章の題目を「大分裂」としたのはこのことを語るためだ。

ところでこうした大分裂はコロナ局面において初めて生じたものではない。これは一九九〇年代以降の変化の中ですでに構造化していた。それ以前、大復興の時代（一九六〇〜九〇年）に韓国のプロテスタントは集会回数と礼拝出席率をことさら重要視していた。無数の復興会［訳注：伝道集会］を通して入信を考えた人々にとって、ほぼ毎日行われる信仰集会に熱心に出席することが信仰だというメッセージが脅迫のように生じており、後日それは堅固な宗教的習慣となった。このように大復興の時代にはプロテスタント信徒の総数が急激に増加しただけでなく、教会が作り上げた宗教制度に対する忠誠心も大幅に強化された。

ところでこうした宗教性は一九九〇年代、特に二〇〇〇年代以降明らかに弱くなった。教会の世襲、不透明な教会資産の問題、牧師たちの不正・背任、教会建築中心の財政運営、性犯罪を含む反人権的行為、貧弱な公共性、そして極右主義など、多くの問題で塗り固められた宗教であることが広く知れ渡り始めていた。したがって、この時期に突然問題のある宗教になったというよりは、累積した問題点を覆い隠していたベールがこの時期に取り払われた結果と言えるだろう。いずれにせよ、こうして信仰的につまずいた信徒たちの足は教会から離れる他はなかった。わたしの言葉で言えば「失望した信徒たちの漂流性向が大幅に強化された」ということだ。

さらに一九九〇年代以降、韓国社会はオンライン世界におけるネットワーク形成速度が全世界のどの社会よりも早かった。[4] この頃海外旅行者の比率も飛躍的に増加した。[5] こうした変化は信徒たちの信仰にとって「場」[6]としての教会(church as place)」が希薄にならざるを得ない条件となった。「場所性の退潮」は集会回数と礼拝出席率という指標が顕著な低下を示さざるを得ないことを意味している。

「カナアン聖徒」[7]をキーワードとした研究が注目されているのは、このような理由による。教会と神学に対する批判的問題意識を、教会内部者たちの視線ではなく「カナアン聖徒」あるいは漂流信徒に焦点を当てて照らし出そうとしたことは大変重要な神学的発見と言える。「カナアン聖徒」を主題とする研究のすべてがそう主張しているかどうかはわからないが、少なくともいくつかの研究が信徒たちの信仰様式が宗教からの後退ではなく新たな信仰様式へと移っていることを示している点は注目に値する。

それは宗教社会学が長く用いてきた通念としての「世俗化論（secularization）」とは異なる問題意識を含んでいる。世俗化論とは、概略的に言うなら、近代以降の社会が合理化され現世化されて宗教性が次第に後退したということであり、こうして人々の宗教消費の欲求が次第に低下したということだ。

ところで「カナアン聖徒」として生きる人々の中にはごく一部宗教そのものから離れた人もいるが、少なからぬ人々はより宗教的な生を生きている。彼らはただ各宗教が構築した宗教特有の信仰様式を繰り返すことを放棄したに過ぎない。わたしなりに言えば、漂流信徒の多数はプロテスタントの境界を超えより一層宗教的に生きているということになる。彼らはプロテスタントのみならずカトリックや仏教にも参加し、ムーダン［訳注：伝統的巫俗信仰］の祭祀に好奇心半分懐疑心半分で参加したりもする。また『金剛経』や『般若心経』を耽読し、『大学』や『孟子』、『論語』を読み、『易経』や『道徳経』を精読する。また『クルアーン』や『タルムード』を読み、ヨガや座禅を行う。占いが前例のない急成長を見せる中、多くのプロテスタント信徒の中にも占いの積極的な消費者となる人々が多い。また「新天地」に帰依した人々の大多数はプロテスタント教会を離脱した人々だった。一方、多くの青少年たちは宗教を消費する代わりに「（文化的）疑似宗教行為」に熱狂する。代表的なものは芸能人やスポーツのスター選手に対するファンダム（fandom）の形成だ。[8] そして多くの人々が「ろうそく」や「太極旗」を象徴的結束のキーワードに「（理念的）疑似宗教行為」を追求した。[9] オンラインの言説空間を加熱させる多様な極右と極左のコミュニティは一種のナチズムや文化革命のような「政治宗教（Political Religion）[10]」的性格を帯びているように見える。要するに、二〇〇〇年代以降韓国社会において宗教性は後退したのではなく躍進した。多くのプロテスタント信徒もこうした比類なき変化に身を投じたことに疑いの余地はない。多くのプロテスタント信徒は失望信徒、次には漂流信徒となって様々な宗教経験を経て成熟しているということだ。ところでプロテスタントの「カナアン聖徒」言説は、わたしが見る限り、新たな宗教性の表現に注目したという点では注目すべきだが、その中の一部が退行的宗教性へと回帰する場合もあり、他の一部は「多重的宗教性の強化」、わたしの言い方としては「マルチビリーバース（multi-believers）」的信仰への成熟の過程にあるという解釈を積極的に示してはいないようだ。

わたしの見方によれば、韓国で生じているいわゆる「カナアン聖徒」現象あるいは漂流信徒現象は一九九〇年代以降に本格化したのもだ。この時期の韓国は民主主義が急速に制度化され人々の主権に対する意識が高まった時期だった。また消費社会への転換が本格化する中で消費者という自意識もいち早く強化された時期でもあった。そして何より、一九九〇年代後半そして二〇〇〇年代以降のすべての変化を下位的要素へと編入した巨大な変化が生じた。すなわち新自由主義体制への急激な移行だ。

世界のおよそすべての地域でこうした荒々しい変化が生じたが、韓国における変化は一層緊迫しており野蛮に展開された。この時重要だったのは「不確実性の強化」だ。主権意識や欲求に対する敏感さがインフレを起こすほど素早く主体を作り上げる過程において人々は消化不良の状態に陥っていたが、その変化が実際に自らを主体化するのかそれとも失望的な人間へと転落させるのか予測のつかない時代が到来した。誰しもこの変化に対して何が適切と言えるだけの対応なのか予想することは不可能だという直感が生じた。こうして人々はこの予測不可能性ゆえに苦しんだ。これは「計算」よりも「念願」を渇望する行動が際立って拡散する契機となった。すなわち宗教的渇望が大きくなったのだ。ただ、プロテスタント教会を含む既存の宗教はこうした人々に対し彼らの渇望にふさわしい答えを与えることに失敗した。

こうして人々は既存宗教の外で、あるいはその内外を行き来しながら様々な宗教的実践に対して尊敬と敬意を示しつつ真理あるいは幸福を求めている。すなわち宗教性が弱まったのではなく異なる宗教性が新たに形成されているということだ。

ところで先述のようにキリスト教の教会と神学は信徒大衆が体感しているこのような変化に関心を向けては来なかった。したがって対案を講ずることができなかった。こうした理由から多くの人々は漂流信徒となり、宗教的国境を超えながら真の宗教性を渇望する旅を始めた。ただ、多くの漂流信徒たちは教会の礼拝に積極的ではないが、様々な真理に心を開きつつも新たな信仰生活の道へと踏み出すことに対しては説明しがたい微妙な罪意識により自由になれない状態に置かれていた。

コロナと大分裂

ところで、新型コロナはこうした罪意識が働く言説志向を根底から揺り動かした。「ソーシャルディスタンス」が絶対多数の人々に「ニューノーマル」の新しい様式として根付き始めた。

本来ニューノーマルは、二〇〇八年に新自由主義的経済が第三世界のみならず西欧社会にも深刻な危機をもたらした時、対案的問題設定として浮上したものだった。（新）自由主義的経済がすべての規制の壁を崩し効率性を最大化することに集中させた。「規制の壁」は無限競争体制の不確実性を制御する制動装置でもあったのだが、それが分解すると全世界は不確実性の危機に直面し次第に共倒れの危機意識が高まった。こうして金融危機が世界に吹き荒れる二〇〇八年が始まった。この時「成長」中心的「ノーマル」に対する問題提起として浮上したのが「包括的成長」を強調点とする「ニューノーマル」だった。ところで二〇二〇年、コロナという過酷な災害に直面し世界はニューノーマルの「包括的成長」よりも緊迫した規範を必用とした。いかに成長を維持しつつも共生が可能かといった問題ではなく、感染の危機から生き延びるために成長よりもさらに緊急性をもって求められたのが「接触の最小化」だった。まさにこうした問題設定を込めた表現が「アンタクト」だ。こうして政府と企業と市民団体の各種プロジェクトから学術論文に至るまで「共生」と「アンタクト」を連携させる試みが数多く現れた。

近代以降教会は宗教的境界（boundary）を通して成長した。カトリック、長老派、メソジスト、ルター派、聖公会等々。近代的国家が国境を通して国民に対する結束と統合の能力を強化してきたようにだ。すなわち宗教の境界、教派の境界、そして教会の境界がそれを支える言説と結合しながら内的に共同体の結束力を生み出してきた。この様に近代社会の国家と宗教は国境／境界内部においては結束の言説を強化し、外部に対しては区別する力を強調する秩序を構築した。この結束の主体がまさに「国民」であり「聖徒」だ。彼らの大部分は互いを知ることなく信頼もしていないが、互いにコンタクト（contact）する関係だと考えている。そう考えるために「コンタクトの装置」、すなわち「結びつきの装置」が必要となる。キリスト教の場合、職制と教理と聖典化（canonization）の装置がそれに該当する。

そして近代の最終段階が「脱近代（post-modern）」だ。脱近代において近代的国境は拡張と収縮を繰り返すことで明確な一つの国境という概念を混乱に陥れた。宗教もそうした過程を経ている。多くの社会において宗教の境界は入り乱れている。その契機はそれぞれの社会で多様な姿を表している。

先述したように、韓国社会の場合一九九〇年代以降の「失望信徒化現象」、そして失望信徒の多数が漂流信徒となる現象が生じた。漂流信徒となる過程で多くの人々は教会が作り上げた結びつきの制度から自由となった。すなわち「コンタクトの束縛からの解放」の基礎が固められ、教職者（牧師と長老）対信徒という二分法が弱まり、聖書と教理に対する排他的信仰も弛緩した。こうして漂流信徒たちのキリスト教の伝統に対する「アンタクト」信仰が強化されたと言えるだろう。

けれども失望信徒が増え彼らの多数が漂流信徒になったと言っても、より多くの人々は相変わらず教会を離れはしなかった。彼らは仮に失望してはいても教会を守らなければならないという考えが先立っていた。教会当局者たちは死力を尽くして教会を守るべき理由を信徒たちに納得させようと努力した。新しく斬新なプログラムを開発し、他方、教会に出席しないことに対する罪意識によって信徒たちが離脱しようとする気持ちを抑えつけた。ここでは習慣も重要な要素となる。こうして離脱を抑え込もうとしたにもかかわらずそれでも離れた人々も、再定着の場を探すのに苦労していた。その中で新たな信徒の流入が停滞した一九九〇年以降においても成功した教会が現れた。そこには多くの漂流信徒が再定着したからだ。いずれにせよ、漂流性はまだ周辺的な要素となっていた。

そしてコロナが襲いかかった。アンタクトが社会的価値として浮上した。これはコンタクトを重要視する教会の規範との間に葛藤を生じさせた。牧師の多くは対面礼拝を強調し、政府の非対面化せよとの警告に抵抗した。冒頭に紹介したイエ長統合の調査で多くの牧師はオンライン礼拝だけを行う教会を公教会と呼ぶことはできないという考えに固執した（六五・三％）。こうしてコロナ時代で仕方なくオンライン礼拝を始めた教会が少なくなかったが、彼らの多くはコロナが過ぎればオンライン礼拝を廃棄する考えだと披瀝した。そして慣れ親しんだ礼拝様式を守ることが正当であると考えた。

事実、変化する時代に合わせて礼拝様式に変化を加える試みに対し、プロテスタントの主流集団は拒否感が強い。それが最近「真の礼拝言説」[11]を拡散させる理由となっている。これは「真正な」という言葉遣いに見られるように、礼拝形式の試みよりは本質に注目すべきであるという問題意識を前提としている。「本質」という概念はおおよそ新しい文化との接続よりは「過去への回帰」を強調する。こうした問題提起は現実の解釈に対してはおおよそ無関心であり、その代わりに本質とは何かを問う懐古的言説として生じる可能性が大きい。イエ長統合の調査に答えた牧師たちも、「新型コロナ事態を経て韓国の教会が最も関心を持つべきは何か」という問いに対し、「礼拝の本質に対する正しい理解」という答えが他を圧倒した（四八・三％）[12]。

もちろんこうした主張は神学的解釈の欠如を意味している。実際、聖書の古い文献の多くを編集する際に大きな役割を果たした古代ヨシュア王朝の書記官たちは、ヨシュア的祭儀改革に関するアジェンダを文献化し、神の非対面性／非接触性を強調する神学を打ち立てた。神はその像を作ってはならず、その方は至聖所の中におられ、そこで神と対面／接触できるのは大祭司ひとりだけだった。それも常時ではなく主要な季節に限ってのことだ。そしてこの至聖所の中にはいかなる灯りもなく大祭司も神と対面／接触するすべはない。こうして、古来ユダヤの伝統に基づき発展したヤハウェ信仰においては、神は聖殿にもおられないという主張が提起された。そこでは神の痕跡（kabod、神の「栄光」）だけが存在する。イスラエルの神学に反対しつつユダは神のアンタクト性を強調したのだった。

イエスをキリストと主張した初期キリスト派指導者たちは、再び神を対面／接触可能な世界へと招待する神学を発展させたが、一世紀末頃、神の昇天と霊の再臨というもう一つのアンタクト性が提起された。その過程において、神は時間と空間の制約を超えているとう福音の世界的拡張を可能とする内的論理を発展させただけでなく、その神が人間存在の内面へと入り込むことを可能とすることで神の福音の深層性をも具現する神学が登場した。キリスト教神学はこうした拡張性と深層性の言説を活用しながら信仰の制度を発展させてきた宗教だ。ヤハウェ信仰の歴史は神との対面性と非対面性の神学／信仰を交差させながら発展した。つまり、アンタクトな礼拝は真の礼拝ではないという主張は聖書の信仰とは対立するのだ。

初めに戻ろう。新型コロナによる不意打ち、その状況の中で社会は政府が提示した「ソーシャルディスタンス」に対して大々的に合意した。実際、韓国政府は全世界的にもっとも効果的にコロナに対応した国だといわれている。ところで「新天地」発の大感染と全光勲（チョン・グァンフン）発の大感染が発生し、近頃は攻撃的宣教で有名となった宣教専門団体「インターコップ」の信仰訓練機関である「列邦（ヨルバン）センター」も大感染の原因の一つと推測されている。さらに絶えず発生する中小規模の集団感染の最も一般的な原因も教会だった。政府のアンタクト要求に消極的であれ積極的であれ反対を表明する教会は社会を危機に陥れた。ゆえに多くの人々は教会を指して共生の価値を共有できない破廉恥な宗教だという烙印を押した。ところでさらに深刻なことは、多くの信徒もこうした考えに共感していたという点だ。

イエ長統合の牧師たちは新型コロナが過ぎても教会を去るのは二〇％の信徒だけだろうと答えた。しかし一九九〇年代以降大分裂の時代を経て信徒の二三％を超える人々が教籍を置いたまま事実上離脱したと答えている。それでもその頃までは信徒をして漂流宗教生活に入ることを妨げる最後の防衛線が働いていた。罪意識にためらい、習慣ゆえに離れ難かった。ところがここ一年以上、信徒の多くは教会に行かなかった。習慣という防衛戦はほぼ無力化していた。またソーシャルディスタンスが道徳的優位を占めるようになると、罪意識もこれ以上その力を発揮できずにいた。さらに、対面礼拝を主張する人々は苦しみの中にある人々に対する共感を示すどころか説得力も根拠もない陰謀論を撒き散らしているのだから、コロナ以降教会は果たしてその教勢をどれくらい維持することができるだろうか。

ニューノーマル時代の小さな教会、アンタクト社会の外で民衆と出会う

イエ長統合の調査で「二九人以下」の教会牧会者が答えたコロナ以降の信徒の予想減少数は二三・六％だった。平均（一九・七％）よりも四％ほど高い予想だ。思ったほど差異は大きくない。ところで信徒たちに問えば、必ずこれよりも遥かに多くの人々が礼拝には出席しないと答えるこ

とだろう。社会のどの部門であれコロナの影響を最も多く受けているのは脆弱な階層だ。その点はプロテスタント教会も変わりはない。小型教会が信徒減少を深刻に被るのは予測される通りだ。

おそらくその主な理由の一つは、牧会者と信徒間の大分裂の波長をより強く受けなければならないからだろう。既存教会の制度や言説は牧師の権威主義的リーダーシップを中心に形成される。特に大型教会の牧師は、自らの専門領域である礼拝司式に普段とは異なる式服を身に着け、大舞台の正面で高性能マイクを媒介に語り、超大型スクリーンに映し出されたイメージを通してのみ表情が読み取れる存在として信徒に対面する。巨大な扇型のあるいはタワーの礼拝空間において担任牧師はすべての信徒に向き合うように配置されるが、大型スクリーンに映されなければ牧師の表情はまったく読み取れない。牧師と信徒の間にはディスタンスの装置がぎっしりと詰まっている。カメラのレンズを通して撮影された牧師の視線はスクリーンを見るすべての信徒個々人と目が合うようになっている。こうした装置は、信徒が牧師を見れば牧師に自分が注視されているという効果を生み出している。注視する眼、これはすべてを見通す神の眼とオーバーラップする。こうして多くの信徒は次の日曜日の対面礼拝で自分を見つめる牧師の目を意識しながら一週間自ら規律正しく過ごしている。また大型教会のディスタンス装置が生み出す効果は牧師を非凡な存在として映し出す。すべての信徒がこのようなイメージ装置に隷属しているわけではないが、少なからぬ人々にこうした装置の効果は十分な効力を発揮している。教会を世襲しようと、学歴を詐称しようと、性的搾取を行おうと、ある牧師たちはこれらの過ちにも関わらず聖別された存在として信徒たちに守られている。[13] 失望信徒は違うだろうが多くの信徒は相変わらずこうした視線で牧師を見ている。さらにこのような牧師たちは攻撃を巧みに切り抜けるだけのこの上ない権力を手にしている。

ところで小型教会の牧師たちの事情は異なっている。慣行上礼拝は聖職者と信徒との距離をおいて行われ、小型教会の牧師たちもそれを習慣的に繰り返してはいるが、かえって逆効果となることが多い。まず小型教会では楕円形や扇型に比べて視線の集中が難しい長方形の空間で礼拝が行われる。さらに礼拝堂の正面には宗教的象徴の力が作用するにはあまりに粗野な装飾が施されている。大部分は賃貸物件を使っており、その中の多くの教会は専用の礼拝空間を持たず多用途の空間で礼拝を行うため、霊的オーラを生み出すようなセッティングが容易ではない。何より小型教会では人々の日常的な不見識が赤裸々に反映する。ゆえに小型教会は「より宗教的な場所性」というよりも「より社会的な場所性」を象徴する空間にふさわしい。

だが、すべての牧会者たちは神学生時代から専用礼拝堂のない教会を前提とした礼拝学や典礼学を学ぶ機会を持たずに来た。また、社会と密接につながった宣教論を教会でいかに具現化するか熟考する機会も持たずに来た。こうしてほぼ習慣的にすべての牧会者は社会との区別が十分に作用する「宗教的象徴に満ちた礼拝堂」を当然のものと考えている。せいぜい十字架程度のものが社会とつながるかすかな隠喩的コードを持っている。しかし十字架はすでにあまりに世俗的なものとなっているからそこに本来の意味、つまり苦痛と死の信仰的痕跡を見出すことは容易ではないだろう。

こうして小型教会牧会者の多くは式服を着て司式者特有の宗教的言行を駆使し礼拝を執行することはするのだが、ディスタンス装置が備わっていない牧会者たちの礼拝司式様式が信徒たちに霊的専門家のオーラを感じさせるのはかなり困難となる。それゆえ小型教会の牧師たちは韓国特有の体験的宗教性の装置を一層活用しようとする。病の治癒、異言のような大衆神秘主義的様式が好んで用いられることになる。

問題は、こうした状況で一九九〇年代以降「大分裂の時代」が到来し、二〇二〇年には過酷なコロナの波に飲み込まれなければならなかったということだ。先述したように、一九九〇年代以降韓国の教会は一種の時代錯誤的宗教として極端な嫌悪感の対象へと成り下がっていた。そこにまさに泣きっ面に蜂とも言うべきコロナ時代が到来し、危機は極大化した。教会は今まで受けていたものよりも一層大きな災害レベルの危機状況に置かれてしまった。そしてこのような危機を受け止めるだけの内的装置が欠如した小型教会は、一層致命的なコロナ火山の灰に埋もれている。

ではコロナ時代に「小さな教会」は生き延びることができるのだろうか。まず「小さな教会」という言葉に注目していただきたい。先にわたしは大型教会に対応する概念として小型教会という用語を使った。この時の「大型」とか「小型」という用語は規模に焦点を当てたものだ。ところで「小さな教会」という用語は韓国で小さな教会運動をリードしてきたグループの間で規模以上の含意を伴って使われている。「小さな教会ハンマダン」[14]をしばらく企画していた機構である

「生命平和マダン」は小さな教会博覧会のみならず小さな教会フォーラムも運営したが、その過程で「小さな教会」の概念を規模による機械的分類ではなく成長主義に抵抗する教会であるということに注意を喚起しつつ論じてきた。またさらに多様な小さな教会が志向する信仰的、神学的路線を統合し「脱成長、脱権威、脱性別を追求する教会」と規定している。[15]

では小さな教会はコロナ時代をどう迎えるのだろうか。先にコロナ時代の核心的キーワードとして浮上したのは「アンタクト」だと言った。つまり「つながりの最小化」だ。二〇〇八年ニューノーマルの核心が「(自分だけの) 成長から包括的成長」への転換だったと言ったが、それは成長が誰かを殺す装置となってはならないという問題意識を含んでいる。つまりニューノーマルは「共生の成長主義」だと言えるだろう。これが本当にすべてのものとの共生かという問題については議論があるが、勝者独り占めのシステムの落穂ひろい効果ではなく、共に生存してこそすべてが生きるという論旨を新自由主義の尖兵だった国際経済機構が先頭に立って提示したという点は十分励ましに満ちていた。[16] もちろんここには「すべてはつながっている」という前提があった。では「すべてがつながっている」という二〇〇八年のニューノーマルが二〇二〇年のニューノーマルとして「つながりの最小化」に転換したのだろうか。

「共生」という問題意識は両者がしばしば主張するイデオロギーだが、この表現様式は正反対のものとして現れている。いや、表面的には異なるがただ言葉を入れ替えただけなのかもしれない。二〇〇八年の「すべてがつながっている」は文字通りニューノーマル的価値だが、二〇二〇年の「つながりの最小化」は一種の行動規則だからだ。

ところで問題は二〇二〇年の「アンタクト」を呼ぶ最も一般的な名称が「ニューノーマル」であることだ。こうしてアンタクトをニューノーマルという価値によって拡散させることで生じる問題はアンタクトに逆らう行為を新たなノーマルの「外」という烙印を押してしまう点にある。事実上二〇〇八年以降の「共生の成長主義」イデオロギーも実情はこのイデオロギーに包摂された階層の外側に置かれた大衆には一層むごたらしい苦痛を意味していた。前例なく巨大化した流民と難民[17]、そして非国民化した存在は「共生の共同体」にはなれなかった。

注目すべきことは、この間にプロテスタント界に巨大な変動があったという点だ。それはウェルビーイング型大型教会が急成長しウェルビーイング信仰がほぼすべてのプロテスタント教会の標準的信仰として位置を占めるようになったということだ。中小型教会の多くもこの変化に乗じた。ここで見過ごしてはならないのは、まさにこの時期、中小型教会信徒の多くが「新天地」のような大衆神秘主義的セクトに移動したという点だ。彼らの多くはアンダークラス化した大衆だ。このことは、新貴族主義的ウェルビーイング信仰がプロテスタント教会の新しい文化として座を占めたことで、そこに馴染めない多くの人々は自分たちを慰めてくれる宗教へと移動したことを意味している[18]。

それは、この時期の小型教会の危機が二つの方向の信徒の離脱と関連していることを意味している。一つは、ウェルビーイング型大型教会への移動、もう一つは「新天地」のような大衆神秘主義セクトへの移動だ。これら二つの移動は、すべてがそうだというわけではないが、おおよそ階層の移動と相互関係にある。より競争力のある階層はウェルビーイング型大型教会へと移動し、アンダークラスは「新天地」へと移っていった。

ウェルビーイング型大型教会は一九九〇年代以降急成長した。世界の経済が包括的成長を志向した二〇〇八年以降の局面において、ウェルビーイング型大型教会の中では成長至上主義を批判し分かち合いを強調する教会が特別な注目を受けた。けれどもこうした大型教会も社会的権力ネットワークの再生産装置としての教会が働いている事に対し問題意識が皆無だった。ある側面では共生と包括による成長を言説化する言葉は、成功至上主義である社会的要求を宗教的に洗濯する装置に他ならなかった。

ところで小さな教会は一九九〇年代以降、特に二〇〇八年以降の言説の形を批判的に読み解き神学的な問題提起をすることにそれほど成功してはいなかった。共生の信仰言説の裏面を解読するよりその言説の形に吸収されることも多かった。

その延長線上に新型コロナ局面が立ちはだかった。よく知られているように、アンタクトというニューノーマルに対してプロテスタントの進歩主義陣営と小さな教会はこれといった問題意識を発信できずにいた。反対に問題を提起した人々はプロテスタント保守陣営だった。彼らの反対はもちろん多分に陰謀論的だった。世界の権力集団が「影の政府（Deep State）」を作って世界を単一体制に作り上げようとするのがコロナの隠された実体だ、というような主張だ。「ヨハネ黙示録」一三章に登場するサタンのしるしである「六六六」が現代に現れ技術の発展に従って、ある時は「貨幣」だったが、次は「クレジットカード」に、そして体内に挿入される超小型チップ（Veri Chip）とみなされ、最近のコロナ局面では遺伝子病型記号だという「ワクチン」と解釈されている。バベルの塔のような単一体制を作ろうとする反キリストの欲望は、人間外部の装置を通して人間が自発的に体制に順応させることから次第に進化して人間に挿入される装置となり、ついに遺伝子変形を通して人間存在自体を変化させ体制に順応する市民にならせようとしている、という主張だ。こうした反キリストの陰謀に抵抗する指導者はトランプだったというアメリカの極右主義者たちの論理の相当部分はプロテスタントの経綸主義（Dispensationalism）に依存している。韓国のプロテスタント保守陣営の多くはこうしたアメリカ発の陰謀論に同化した人々が少なくない。

さて、こうした陰謀論に誰が説得されるだろうか。そこには多様な人々がいるが、特に切実な社会的苦痛に呻き苦しむ人々がこうした陰謀論に陥る場合が多い点に注目すべきだろう。プロテスタント保守派、特に陰謀論を積極的に語る経綸主義的極右はこの様に苦痛を受ける大衆に対し選民主義と排他主義を強く打ち出した。こうして「より弱い人々」に攻撃的な態度を示す退行現象が増加した。

一方、小さな教会を含む大多数の進歩的プロテスタントは「ソーシャルディスタンス」を支持した。ところで支持派の大多数はその支持に無批判的に従うべきであるかのように見えた。アンタクトの秩序が作り出す新しい苦痛に対する深い洞察が欠けていた。コロナ感染による苦痛に注目してはいたが、アンタクトという政策が新たな苦痛となりうることにも注目できずにいた。一年が過ぎ、教会が対案を模索できずに戦々恐々としている中、家庭内暴力、基礎疾患者、自殺者が増加した。そしてエッセンシャルワーカーの過労死や最末端労働者の事故死も広がった。これら被害者たちすべてが民主主義体制の中で適切な名前を与えられずにいる人々だ。現在まで立証された事実はいかなる民主的体制も民衆のための国を作ることはないということだ。ソーシャルディスタンスは市民の健康のための秩序を代弁する制度として具現化されたが、名前のない人々はソーシャルディスタンスの局面において幽霊となった。われわれの一部として暮らしているが目に見えない人々、不在者となった。

苦痛の現場に最も近く寄り添ってきた小さな教会には、変化する世界の中で苦痛の様式も変化するという点を読み解く能力が不足していた。ゆえに隠蔽された苦痛を読み解くことに怠惰だった。民族だの民主主義だのといった古びた語法で考えようとし、公共性だの参与だのといった道徳的概念でそれらをとりまとめようとした。そうしている間、苦痛は目に見えない現実となり、彼らに説得力をもって近寄ったのが経綸論的陰謀論者たちだった。

今や新しい始まりとなった。新型コロナはわれわれにアンタクトという問いを投げかけた。それは対面することだけを追求してきた教会の伝統に対する「脱」に向けての取り組みを迫っている。この取り組みは、市民社会とアンタクトの精神を共有することはどこまで可能かを考え実践するものでなければならない。見えないものを読み解き名前のない人々の苦痛を探し求めなければならない。そのために小さな教会は、十分な正当性をもつかのように包装された市民社会的アンタクトをそのまま受容するのではなく、その外部に向けて問いを投げかけなければならない。先述のように、小さな教会は常にそうした問いを投げかけ続けてきた。自分の存在自体が「外」なる少数者の教会だったからだ。反対に、少数者の共同体がその外部に対する教会の無感覚さに挑戦することもあるだろう。どちらの場合も「外なる共同体」は市民社会と意味を共有しない場合が少なくない。ゆえに教会は壁を壊し、その境界線上で公論を作り上げねばならない。小さな共同体は礼拝共同体ではなく隣人と公論を作り上げる共同体だ。礼拝のための礼拝ではなくその公論が礼拝となる共同体にならねばならないだろう。

注

1 「大韓イエス教長老会総会所属牧会者対象ポストコロナ19設問調査一次報告書」『コロナ19以降の韓国の教会大討論会』、イエ長統合総会、二〇二〇年六月一五日。

2 韓国キリスト教牧会者協議会『韓国キリスト教分析リポート二〇一八韓国人の宗教生活と意識調査報告書』(URD, 2018)。

3 https://hrcopinion.co.kr 参照。

4 韓国でインターネットが登場した時期は一九九五年だった。この時から韓国はとてつもない速度で発展し、二〇〇八年以降インターネット接続数、速度別インターネット接続回線比率、インターネット加入率等において圧倒的な世界一位を維持している。

5 海外旅行自由化措置が始まった一九八九年の海外旅行者数は前年比で一六八％増加した一二一万人だった。一方、コロナ直前の二〇一九年の海外旅行者数は三〇〇〇万人程度と推定されている。一九八九年以降三十年の間に二四八倍増加したこととなる。

6 現代空間理論が語る「場 place」とは、無時間的で無体験的な一種の事物的概念としての空間 (apace) に対置される概念として、特定の時間内に置かれた特定行為者の体験を含む場を意味している。すなわち場において重要なことは行為者の具体的「体験」が含まれているということだ。

7 「カナアン聖徒」とは「教会に行かない信徒」を意味する言葉遊びだ［訳注：アンナガ（行かない）を逆に読んだもの］。この表現が広がり、ついには一つの学術用語となったことは信徒の漂流現象があまりに深刻化したことを意味している。

8 『カトリック評論』二〇二〇年に連載されたイ・ホウンの論考「ＢＴＳを神学する」は、「ファンダム」を通じて宗教と大衆文化が重なる現象を論じている。

9 文化的疑似宗教行為と理念的疑似宗教行為という用語は、チョン・ジンフン教授がジョナサン・スミス（Jonathan Z. Smith）を参照しつつ、宗教の時代から諸宗教の時代へ、そして宗教的なるもの (the religious) の時代へという変化を語るために用いたものだ。

10 哲学者エリック・フェーゲリン（Eric Voegelin）は一九三〇年代ドイツの脈絡において大衆の間で燃え盛っ

ていた憎悪の政治としてのナチズムを「政治宗教(Politische Religion)」と呼んでいる。またイタリアの歴史家エミリオ・ジェンティーレ（Emilio Gentille）は世俗宗教（Secular religion）という概念を通じて全体主義体制の宗教的性格を指摘することで政治宗教研究に重要な画期をもたらした。

11 『神が望まれる真の礼拝』、『真の礼拝に向けた熱望』、『真の礼拝生活』、『真の礼拝者の生』といった題目の書籍が二〇〇〇年代以降続けて出版されたが、これらの言説が共通して含んでいる問題意識は「公演化した礼拝」には本質に対する問いが欠如しているという点だ。

12 次に多かったのは二一・二%、三位は一一・九%、残りは一〇%未満だった。

13 サミル教会前牧師チョン・ビョンオクは多くの女性信徒を性的に搾取し、結局教会を去って近くに別の教会を開いた。その時少なからぬ信徒が彼に従った。ある研究者が、その礼拝に娘と通う中年男性にチョン牧師の醜聞に対してどう考えるのか聞くと、彼はこう答えた。「神様がさらに大きくお用いになろうとしたからではないでしょうか」。チョン・ヨンテク「彼らはなぜチョン・ビョンオクを支持するしかないのか？―成功イデオロギー、欲望の経済学、消費主義的信仰」〈ウェブジン第三時代〉二〇一二年九月六日。

14 「小さな教会ハンマダン」は二〇一三年から例年行事として開催されているが、二〇二〇年はコロナ事態により開催されなかった。［訳注：ハンマダンは集会や運動の名称などでよく使われる言葉で、一つの場、祝祭、フェスティバルなどの意味。］

15 キム・リョングン記者「なぜ小さな教会運動か？　二〇一五生命平和教会論シンポジウム開かれる」〈エキュメニアン〉二〇一五年九月二三日。

16 二〇〇九年以降、経済協力開発機構（ＯＥＣＤ）、世界銀行（ＷＢ）、さらに国際通貨機構（ＩＭＦ）などが包括的成長を強調する報告書を次々と出している。ハン・グァンドク記者「九年前から世界的波、成長―分配両翼で不平等を癒やす」〈大韓民国政策フォーラム共感コリア〉二〇一九年一月二八日。

17 イ・サンソ記者「全世界難民、朝鮮半島の人口よりも多く、史上最大規模」〈聯合ニュース〉二〇二〇年六月一九日。

18 これについては拙著『大型教会とウェルビーイング保守主義―新しい右派の誕生』（五月の春、二〇二〇年）。特に「補論三：新天地現象を読む―新天地と韓国の教会、敵対的共生」を参照のこと。

新天地現象とキリスト教、そして聖書逐語主義

オ・ジェフン

新型コロナ拡散の原因として指弾されたキリスト教会に対する大衆の非難は強い。特にコロナ初期、スーパースプレッダーとして知られる新天地の信徒と、政府の防疫指針を無視して大型対面礼拝に固執しウイルス拡散の原因となったキリスト教会に対する視線はあまりに冷たい。一部の逸脱によって全体を評価することはできない。しかし、超国家的災害状況において新天地とキリスト教会が示した無責任な行動は宗教的にも社会的にも責任を逃れることはできないものとなった。

この間多くの専門家が声明を発表し、新天地、サラン第一教会事態に始まる教会発のウイルス拡散問題を診断するなど多様な経路によって解決方法が模索された。しかし大多数の意見は、韓国のキリスト教が持つ生まれつきの偏見に基づいていたり正統と異端を区分する二分法的な判断に偏っている。したがって本稿は、こうした問題を量産する根本的な原因は何かを追求し、これを解決するための対案を論じようと思う。何よりも、キリスト教において最も重要な要素である

聖書解釈の中から、新天地と保守的キリスト教根本主義が志向する「逐語霊感主義」の限界を取り上げ、聖書の正しい理解のための「意味論」の概念について論じてみようと思う。

背景

二〇二〇年三月一二日、世界保健機構（WHO）は「パンデミック」を宣言、コロナウイルスを全地球的な流行性疾患と規定した。こうして始まった新型コロナ事態。一年余りを経た今、感染者数は一億人に肉薄し二〇〇万の命が失われた。今や変種ウイルスまでが新たに登場しその勢いはまったく衰えを知らない。

相対的に良い結果を見せているからとはいえ「幸いにも」と表現するのは不適切だと思われるが、幸いにも韓国は、政府の透明かつ一貫した政策運営を基盤として血のにじむような努力を惜しまなかった疾病管理庁と医療陣、またこれに呼応した国民の積極的な防疫指針参与のおかげで他国に比べ遥かに少ない犠牲者を出すにとどまっている。

けれども、他国に比べ統計的に数値が少ないだけで、今までに七万余命が感染し一二〇〇余名が命を失った。特に発病初期に三〇名水準を維持していたことを考えれば、その後犠牲者数が大幅に増加したことがわかる。一方、ウイルスが猛威をふるい始めた主要因を見れば、他国に比べあまりに特異な点を見出すこととなる。宗教団体と関係している点、特に新天地とサラン第一教会、そして一部の宣教団体に多数の陽性者が発生したことは世界的に異例な現象だ。

代表的な事例として、新天地と呼ばれる「イエス教あかしの幕屋聖殿」の信徒である三一番患者は公式なスーパースプレッダーとして知られている。もちろんこれには種々の反論が提起され、特定人物に対する人権侵害の議論もある。しかし、新天地を中心にコロナウイルスが急速に広がった後、大邱／京北地域では一日に数百名が感染し、一日最大九七四名の患者が発生した。当時、新天地によって感染した陽性患者は全国の七六・五％を占めており、新天地が新型コロナ感染の導火線となったという主張には説得力がある。

第二波は二〇二〇年八月、光復節を前後して火がついた。特にソウル城北区に位置する大韓イエス教長老会のサラン第一教会を中心に陽性者数が著しく増加した。サラン第一教会の担任牧師である全光勲（チョン・グァンフン）が太極旗集会と呼ばれる大規模反政府集会を主導し多数の感染者を発生させた。こうして一一六七名の感染者を発生させたキリスト教会は新型コロナ感染の元凶として指弾された。

問題は特定の団体では終わらない。大小のキリスト教関連団体が継続的に似たような行動を繰り返している。キリスト教のいくつかの教会と宣教団体が対面礼拝を強行し、団体集会を継続させながら多数の感染者を生み出した。こうした事態によりキリスト教に向けられた大衆の視線は一層厳しいものとなった。特定宗教団体あるいはキリスト教がウイルスの集団感染の発端となり感染の主な現場として作用したという現象は、全世界的にあまりに例外的な出来事に属している。一体どのような理由があるのだろうか。

新天地とキリスト教、何が問題なのか？

大衆にとって新天地は一般的な宗教団体ではなく「エセ宗教」とみなされている。一見ごく普通の宗教団体と同じ様に見えるが本質的にはそうではない、という意味の「エセ」という言葉が示すように、今まで韓国社会に存在するエセ宗教団体の反社会的犯罪行為はすでに数度に渡って赤信号を点灯させている。その代表例が新天地だ。新天地に加入後、縁を断たれた家族（子女あるいは父母）によって数多くの住民嘆願が起こされ今も続いている。のみならず、宗教儀式への強制的参加や不当な金銭要求により同団体を脱出したという証言は新天地がどのような団体かを端的に示している。

皮肉にも新天地とキリスト教の行動様式はよく似ている。サラン第一教会のように防疫原則を無視して礼拝を強行した教会や宣教団体、そしてウイルス検査を拒否した信徒たちの姿は、新天地とキリスト教会の区別を困難にした。結局、今回の新型コロナ事態によって明らかになったことの一つは、一般にエセ宗教と呼ばれた新天地とキリスト教が示した一連の行為には重なり合う点があるということだ。

保守主義

現在、政府の防疫指針を無視して反社会的行動によってウイルス感染に一役買っている新天地と一部のキリスト教会の共通点は、保守的傾向を持つ政治集団（「国民の力」は最近党名を変えた大韓民国の代表的保守政党であり、かつては「未来統合党、自由韓国党、セヌリ党」そして「ハンナラ党」などの党名を持っていた）を支持し、その集団の政治傾向をそのまま標榜する点にある。二〇一七年、新天地の幹部信徒は新天地の代表李萬熙（イ・マンヒ）とセヌリ党の癒着関係を証言しており、実際に新天地体育会長出身の前ハンナラ党副代表の活動を通して保守政権と新天地の緊密な協力関係を可能としていた。

キリスト教の場合、代表的な韓国基督教総連盟（韓基総）の全光勲率いる太極旗集会の構成員は、現文在寅（ムン・ジェイン）政権を「共産主義」あるいは「アカ政権」と見なし保守的傾向を帯びた政党を公然と支持している。実際、政治的保守主義との結託は解放以降大韓民国政府の樹立直後から今に至るまで続いている。特に維新政府から新軍部時代、武力で国民を抑圧した政治指導者たちと協力し成功神話を吹聴してきたキリスト教会の保守的傾向は今も大きな影響を持っている。このような政治権力の庇護のもと始まった政教癒着は一九六〇年代以降キリスト教、特にプロテスタントの爆発的教勢拡大の主な要因として作用した。これは単に政治的問題にのみ限られたものではない。結果的に保守的政治が教会の成長をもたらしたことで、信徒たちはこうした政治傾向を「神の働き」あるいは「聖霊の働き」と認め、保守主義に対する信頼が強くなったのだった。

問題は、こうした保守主義の致命的な欠点である極端化にある。これは過去のドイツの例を考えればわかるだろう。一九三一年にナチ政権が登場するとドイツの教会は「キリストはアドルフ・

ヒトラーを通してここにおいでになった」(「ドイツ的キリスト者の宣言文」より)と叫び、大衆を先導した。当時、パウル・アルトハウスやフリードリッヒ・ゴーガルテンのようなドイツを代表する神学の重鎮たちも政治権力に服従した。これを契機にヒトラーのナチズムは「ドイツ的キリスト者」(Deutsche Christen)という団体を組織して教会を掌握し、さらにアーリア条項を基盤にナチスとキリスト教を通してユダヤ人嫌悪を作り上げ大虐殺を強行した。

このような極端な保守主義は韓国でも似たような様相を呈し出現している。アーリア条項によってユダヤ人嫌悪を作り上げたように反共思想で武装した極右保守キリスト教は、「済州島四・三事件」では「アカ刈り」と称して良民大量虐殺の先頭に立った。極右保守政治集団が自分たちの権力を維持しようと市民を恐怖で抑えつけた「アカ刈り」は宗教と政治権力のウィンウィン戦略の一つだったが、こうした流れは現在進行系であり、今も現政権を共産主義と同定する政治的保守集団とキリスト教会が共に反政府的姿勢を示している。実際、新天地と一部の極右保守主義を標榜するキリスト教会、その代表として現政権をアカ政権と公然と非難してきた全光勳を中心に生じた光復節集会とサラン第一教会発の新型コロナの感染拡大は、政府の防疫指針を無視した逸脱行為の代表的事例と言えるだろう。

冷戦収束後共産主義は没落した。現在残っているのは共産主義を隠れ蓑とした独裁政権だけだ。それでも一部の極右キリスト教と政治集団は、朝鮮戦争以降極限の戦争を経験した国民の集団的トラウマを利用して嫌悪を生み出し、そのためのフェイクニュースを拡散している。こうした行動は宗教的問いの一つであるエセか正統かという問題を超え、彼らにとって政治的アイデンティティはすでに信仰のような位置を占めている。彼らが宗教的教理の側面においてはエセか正統かの区別は可能でも、新型コロナに対応する反社会的方式においては根本的にあまりに類似している。これは彼らが宗教団体のアイデンティティを決定する際に宗教的教理以上に政治的立場に重きを置いているということであり、したがって宗教的教理が明らかに異なるエセ教会と正統的教会がこれ以上区別できない地点にまで至っているのだ。

大多数のキリスト教会は政府の防疫指針を遵守しウイルス拡散を防ぐために努力を重ねた。韓国キリスト教教会協議会（NCCK）のような機関では声明を出し、政府の防疫指針に参加することを求め、対面礼拝の代わりにオンラインで礼拝を行うよう呼びかけるなど当局の要請に忠実に従っている。こうした点を考えると、新天地と一部キリスト教会が示した反社会的行動は、単純に宗教団体の逸脱とか異端と正統の問題にとどまらず、彼らの極端な政治的傾向が主たる原因の一つだと見ることができるだろう。

逐語主義

カナダのレジャイナ大学（University of Regina）で比較宗教学を講じていたオ・ガンナム名誉教授は、この間キリスト教が行ってきた無批判的な信仰行為を批判し、新型コロナ以降新天地とキリスト教が示した反社会的行動に対する根本的な原因として逐語主義をあげている。逐語主義とは、キリスト教の経典である聖書の文字をそのまま信じ実践しようとする理念だ。伝統的に逐語主義は、キリスト教の場合保守的傾向を帯びた教派あるいは教団において顕著に見られるが、彼らはキリスト教の教理と理念、伝統を守るために宗教的価値と聖書の権威を最優先する。こうした価値を守るため、聖書に記録された文字の一つ一つに神の啓示が示されており、したがってすべての文字は神の霊によって記録され誤りはなく、文字自体として意味を持っていると主張する。

こうした傾向は、現在社会的に疑問視されている新天地とキリスト教会においても共通に見られるものだ。新天地は聖書の韓国語翻訳の中で「改訳ハングル版」だけが神の御言葉だとし、この聖書に記録された文字の一つ一つを神の啓示だと信じている。一九八三年、李萬熙が創立した新天地は全国を十二に分け宣教活動を行ってきた。各支部が一万二千名で構成され全体で一四万四千名が集まれば新しい世界が開かれ彼らだけが救われて永遠の命に与るということが核心教理だが、これは「ヨハネ黙示録」七章四節にある「私は、刻印を押された人々の数を聞いた。それはイスラエルの子らの全部族の中から刻印を押された人々であり、十四万四千人であった」を文字通り使ったものだ。

このような聖書の読み方、聖書解釈の方法は、本質とはかけ離れた恣意的解釈の危険を含んでいる。なぜなら新天地の教理は旧約聖書に登場する古代族長社会の十二部族をもとに作られているが、こうした解釈は古代ユダヤ人の末裔と称する現在のイスラエルユダヤ人も受け継いではおらず、過去の遺物あるいは歴史的記述としてのみ受け取られているものだからだ。彼らの教理の中にある原理は、あたかも二十一世紀の韓国で新羅時代の階級制度に時代状況の考慮なくそのまま従うべきだと論じることに似ている。そこには聖書が書かれた理由や聖書が内包するメッセージに対する理解がまったく存在しない。この他にも新天地の教理の大部分は聖書の脈絡とはまったく関係の無いいくつかの単語と文字とを部分的に取捨選択することで作られている。聖書の本質的内容とは関係の無い特定の教理を正当化するため、彼らは聖書を利用している。これと同じ例がキリスト教とも関連して登場する。礼拝は必ず教会で直接行われなければならないと対面礼拝に固執することがその代表例だ。実際、聖書には主日（キリスト教では日曜日をイエスが復活した日として「主の日」、「主日」と呼ぶ）という概念は無く、毎週礼拝をしなければならないという内容も書かれていない。現在、キリスト教の典礼と関連した教理と規定は、キリスト教がローマ帝国の国教公認以降、国家宗教としての枠組みを備えるために制定された。仮に主日の遠因を見出そうとするならば、十戒の中の安息日を区別し聖なるものとせよという箇所、「ヨハネ福音書」四章の「父はこのように礼拝する者を求めておられるからだ」という箇所などがあげられるだろう。しかし、こうした聖書箇所から主日は必ずや教会に集まらねばならないという教理を裏付けるのは難しい。

なぜ逐語主義が問題なのか

逐語主義は、キリスト教初期から今に至るまで聖書解釈の主な方法の一つとして存在した。逐語主義が聖書解釈の中心となり始めたのはローマがキリスト教を公認した時期と重なっている。国家を運営するために根幹をなす政治哲学としてキリスト教を選択したローマにとって、神的権威にあふれる聖書には一点の曇りもあってはならず、そうした主張を裏付けるために聖書の文字の一つ一つは神の啓示として書かれたものでなければならなかった。こうした主張を正当化するために様々な説が利用されてきたが、その中の逐語霊感説と聖書無謬説の二つを基盤に逐語説は説得力を手に入れた。これら二説は、聖書は一つ一つの文字が神の啓示と霊感を通して記録され、したがって神の御言葉としての聖書は一つの文字も間違いはないと主張する。

こうして逐語主義は、すべての聖書の言葉と単語が同一の神的権威と価値を持っているという概念を基礎に、神の啓示としての聖書の権威を高める上で重要な役割を果たした。けれどもこれ以降古代国家の国教として制度化されたキリスト教は政治的影響のもとに置かれ、聖書は長い間制度的次元で引用された。その後、権力の掌握、富や名誉を得るために聖書は無差別的かつ恣意的に引用され、国家の制度、権力や富の所在が神の啓示であり神のみ心にかなっていることを証明するために用いられた。代表的事例が十字軍戦争と中世の階級および奴隷制度、植民地主義だ。結局、神的権威の正当性を守るために採用された逐語主義は人間の欲望が投影されることで戦争と略奪の道具へと転落した。

聖書はギリシャ語で「タ・ビブリア（ta biblia）」（the books）、「本」という意味だ。つまり人間の言語で記録された聖書は、人間が神、すなわちキリスト教が呼ぶ「神」をいかに経験するか、人間にいかなる出来事が生じるのかに対する事件を言語で表現し意味化したものだ。したがって、聖書の正しい理解のためには神の啓示に対する理解だけではなく人間に対する理解も伴わなければならない。特に聖書は現存する筆写本だけでも五八〇〇種を超えて存在し、すでに三世紀から互いに異なる写本に誤謬が存在することが指摘されている。したがってこれに対する考証は必須的な作業であり、文字の一つ一つにいかなる誤謬もないと考えるのは無理があるというのが学者たちの見解だ。

逐語主義は現在、聖書が記録された当時の歴史的背景や比喩、隠喩に対する理解を考慮しない、非言語学的、無歴史的聖書理解と評価されている。のみならず、ローマや中世ヨーロッパの歴史に照らす時、文字そのままに聖書を解釈する行為は表面的には神の啓示を大切に扱う意図が込められているように見えても、実際には必用な主題に聖書の言葉を合わせた恣意的選択に他ならないことがわかる。代表的な例として先に言及した十字軍のような侵略戦争が聖書を通して正当化され、最近も人種差別や特定の階層に対する嫌悪の根拠として聖書の言葉が引用される例が存在する。

このような逐語主義がもつ最も大きな問題は、文字そのままに信じ行動すれば正しく、そうでなければ間違いだという単純化された二分法的思考が育てられてしまう点にある。もちろん人間の歴史は断片的ではない。それはダイナミックで多様性に満ちている。単純に正しいか否か、白か黒かに分けることはできない。それぞれの時代ごとに背景が異なれば哲学や価値観も異なっているために、現在の観点で過去を断罪する現在主義もまた歴史を歪曲しかねないだろう。目の前にある聖書を文字そのままに読んで解釈することができないのはそのためだ。これについて英国オックスフォード大学のアリスター・マクグラス教授は、著書『キリスト教、その危険な思想の歴史』("Christianity's Dangerous Idea")を通して、誰でも聖書を解釈できるようになった宗教改革以降の状況に対し憂慮しながら、聖書を文字そのままに信じる千篇一律の解釈方法の危険性を警告している。

宗教改革以前、聖書を解釈することは一部の聖職者だけに許されていた。これにマルティン・ルターは「万人司祭説」を通してキリスト教信仰を持つものであれば誰でも自由に聖書を読み黙想できると主張した。もちろんこれによって聖書が個々人の解釈によって変質することもありうる。しかし聖書は紀元前一〇〇〇年から紀元後一〇〇年までという長い期間をかけて書かれ、著者も数十名に達しており、こうした歴史的、文化的多様性と複合性を単純に逐語的に解釈することはできない。

市民意識の欠如

逐語主義を元に成長した新天地と一部のキリスト教が持つ最大の弱点は「単純化」だが、こうした現象は特に個人の救いを強調する宗教にしばしば現れている。天国と地獄、あるいは救われるものとそうでないものなどの二分法的価値判断をする単純化は複雑な思考を必要とせず、それゆえに単調で強い信念を持つためには有用であり、これは排他的行動として現れる。こうして逐語主義は排他性に対する正当性を文字によって補うことで堂々巡りに陥らざるを得なくなる。

つまり逐語主義は思考の単純化と排他的行動を引き起こすのだが、これを実感させる代表的事例がまさに新型コロナ以降に登場した一連の事件だった。成熟した市民社会は他者に対する配慮と妥協、譲り合いを必用とする。けれども二分法的世界観は自分と同じ考えは正しくそうでなければ間違いだという白黒論理を基盤とする。したがって、多彩な思考と高い市民意識を要求する社会において二分法的思考を基盤とした極端な排他性は一層集団的利己主義の姿をとる他はない。これは、政府の防疫指針を無視してまでも所属集団の利益を追求しようとする行動として現れた。

防疫のための最優先原則は、政府、病院、企業でもない個人が実践すべき衛生維持だった。さらに暑い夏にもマスクをしなければならなかったので、感染症拡散防止のための防疫指針を守るためには自分よりも他者を先に考えるレベルの高い市民意識を必用とした。さらに宗教的祭儀や団体の利益より国家的災害に対応するため政府が示す安全指針を優先しなければならなかった。残念ながら新型コロナによって低い市民意識レベルの実体が現れたが、その中心には新天地とキリスト教があった。

よく知られているように、新天地信徒の相当数（約七〇％）は女性であり大多数が家庭内暴力や貧困などの社会的、経済的な困難を抱える脆弱階層だ。経済成長に照準を合わせて発展した国家政策の弱点がまさにこうした社会的弱者に対する対策だが、疎外された人々に対する制度的装置が微弱であったため、制度の死角地帯に疎外階層が追いやられる他はなかった。新天地はこれを利用した。一九八〇年代に新天地は社会的保護や関心を必用とする階層に対し集中的に伝道しその戦略は成功した。家庭と社会から捨てられ苦痛を受けた人々に真っ先に寄り添った新天地は新しい共同体として認識された。これ以降新天地は一九八〇年代後半から急速に量的成長を果たす。

問題は、新天地が疎外された社会構成員を暖かく保護し社会に再適応できるよう援助する機関ではなかったということだ。広く知られているように、新天地は李萬熙を教主、世を救うメシアと認識している。宗教的信仰を強調し、第三の信徒をつくるために戦闘的に伝道する団体の特性上、他者に対する配慮や理解を重要視していない。そのうえ新天地は団体の名称にも現れているように、新しい天と新しい地、つまり新しい場所で永遠に生きることを夢見ているため、現実への適応よりも苦痛も痛みもない新しい場所での新たな生を希望している。したがって市民社会の一員としていかに生きるべきかと考えるよりも、現実から逃避し苦しみの多い生活から抜け出すことだけを唯一の安息だと信じている。結局、成熟した市民としての社会の構成員となるよりも、疎外された集団生活を送るほかはない構造の中にとらわれることになる。

単純化された逐語主義を通した注入式の教理教育によって強い信念をもたせ、こうした信念を基礎に集団的かつ排他的な傾向が形成される。実際に逐語主義は崩れかけた自我を回復させることには助けとなる。文字による単純な価値判断ができるようになるために長時間の教育は不必要であり、新天地やキリスト教の場合「神の子」のような宗教的信念が誇りと自尊心を取り戻す役割を果たすからだ。けれどもこれによって現れる排他性は結局集団を持続的に疎外させ、社会からすでに疎外された階層であった構成員たちはより一層疎外されて社会的弱者の階層に固着化する現象が生じてしまう。代表的な団体がまさに新天地のような集団であり、新型コロナの拡散のような高い市民意識と強力な共同体精神が要求される状況においてはこうした集団の弱点が如実に現れることになる。

皮肉にも宗教的な伝統を帯びていると主張するキリスト教においてもこれと同様の現象が生じた。サラン第一教会を皮切りにインターコップ、ＩＭ宣教会など集団感染の震源地と名指しされた団体は新天地とは違うと主張する伝統的キリスト教に属する宗教団体だ。けれども新型コロナ事態を通して明らかになったのは、これらの団体もやはり社会的責任意識や公共意識があまりに不足しているということだ。特にＩＭ宣教会のマイケル・ジョン宣教師は警察の目を盗んで集会を行ったあとウイルスに感染していないとわかると、これを「神の科学的保護」と表現した。こうして大衆と社会が普遍的に同意し形成した合理性と常識の側面において最小限の基準にも満たない単純化された思考は、結局集団感染という結果を反復的に作り出している。

この様に公共領域との摩擦を生み出す団体の特性は、宗教的信仰に対する無批判な信頼による社会意識の欠如、すなわち人間の社会的機能を考慮しないという点にある。個人の救いと神の国の到来によってもたらされる宗教的メッセージは市民社会の一員としていかに生き残るべきか、あるいは大衆の合理的視線はそれをどこまで許容するのか、といった検討を不可能にする排他的で集団的な行動を可能とする。結局新型コロナの拡散によって明らかになった重要な事実があるとすれば、公共領域との深刻な摩擦を生み出した団体が組織の社会的機能を見過ごしてきたということだ。これは単純に宗教的側面から異端か正統かという区分だけで現在キリスト教が直面している状況を説明することはできないことを明らかにしている。

もちろん、教主李萬熙とともに宗教的指導者役割を行い反社会的行動を指示あるいは主導した人々に対し、社会的弱者だからと憐れみと同情の目で見るには新天地はすでに一線を越えている。しかし新型コロナを経て得られた結論は、疎外された人々が再び社会不適応者となり社会共同体から一層遠ざかる二重の疎外現象が生じるということ、こうした疎外された階層の逸脱行為を単純に正統／異端という二分法的方法で判断することはできないということ、そして宗教的目標を実現するために集まった団体であるほど成熟した市民意識を持つことが難しいということだ。

聖書をどう読むのか？　―有機的霊感説

聖書を読み解釈をするにあたって、現在韓国だけでなく全世界の多くのキリスト教においてもっとも広く受け入れられている方法は有機的霊感説だ。全体を構成する各部分が互いに密接に関連しているという意味の「有機的」という単語からわかるように、有機的霊感説は、特定の著者が神によって機械的な道具として使われ聖書を記述したのではなく、著者自身の性格、恵み、才能、そして著者が生きたその時代の文化と教育などが互いに組み合わさり聖書に反映されたという主張だ。特にこの聖書解釈方法は著者が神との密接な関係の中で生じた交わり（キリスト教が語る聖霊の感化）を通して聖書が記録されたことを強調する。

実際に聖書をよく調べてみれば、こうした主張を立証するだけの内容が多く存在する。例えば、旧約聖書の中でイスラエルの古い智者たちが書いた預言書や散文は純粋なヘブライ語で記録されており、他の部分ではアラム語的色彩を帯びたヘブライ語が登場する。これは著者たちが一方的な啓示によって書かされたのではなく著者の筆力が聖書の記録にある程度の影響を与えたということを示している。特に、聖書の中で最も多くの分量を占めているといわれるパウロの手紙を見れば、著者のはっきりとした意識のもとに書かれたことがわかる。ここには時代を反映する方言と日常的な用語が登場するが、この様に聖書は著者の文体においても個性を発揮できるようになっており、これは聖書の著者たちが受動的にではなく能動的に記録に参与したことを語っている。

また内容的にも聖書が機械的な霊感によって書かれたのではないという事実がわかる。聖書は著者が神から一文字ずつ受け取って書かれたのではなく、著者が自らの人格を押さえつけることなく各自が持ち合わせた個性をもとに記録されている。もちろんこうした主張に対する反論も存在する。なぜなら有機的霊感説によれば聖書の記録に人間が直接参与したことになるが、そうなれば聖書は神の啓示によってのみ書かれた本ではないという主張が可能となり聖書の権威が落ちる可能性があるからだ。逐語霊感説、聖書無謬説を基盤とする逐語主義はまさにこうした理由から有機的霊感説に反論を提起する。また「有機的」という単語が、人間と世界のあらゆる構成物はそれぞれ孤立した存在ではなく互いに緊密につながっているという「有機的世界観」を基盤としているため、神の絶対性を表す上で問題があるという指摘もある。

しかし、神は自ら完全なものとして存在する。人間がその権威を認めようが認めまいが関係なく存在する。それが神となるかならないかは人間の理解により決定されるものではない。逐語主義はあたかも神の啓示をもっとも重視する立場のように見えるが、聖書は教理的な権威を必用とはしていない。したがって正しい聖書読解のためには、単純な逐語的解釈を超え文字と文字が織りなす文脈、そしてその文脈の間に込められた神の啓示と神の御言葉、そして自らの生に反映されるメッセージに耳を傾けなければならないのだ。

意味論（Semantics）と文脈主義（Contextualism）

アリスター・マクグラスは著書『グレートミステリー』（"The Great Mystery・Science, God and the Human Quest for Meaning"）を通してすべての人間は意味を追求する動物だと定義した。実際、人類史に描かれた人間共通の特性は、世界に対する理解をもとに個人の重要性、すなわち自らの存在意味を追求することにある。さらに人間は有限な可能性と限界とを理解しこれを超越しうる世界を求めている。結局人間は単純な現象や事実を認知することに満足せず、そこにいかなる意図があるのか、その裏面にある意味は何かを追求し、何よりも生と死の価値を理解しようとする。この様に考える時、聖書という人間の言語で記録された神の啓示をいかして読み解き解釈すべきか理解することができるだろう。聖書は単純に人間が何をしなければならないという命令が書かれた本ではなく、人間に向けられた神の意図と特別な意味が込められた本だ。

聖書を文字そのままに読んで解釈する方法を超え、文字と文脈の意味を把握する試みは、聖書の原著者とみなされるところの神の意志と人間に向けられた神のメッセージが何であるかを理解する上で重要な方法となる。そうであれば、どうすればその意味を正確に把握することができるだろうか。先ず優先的に要請されることは、聖書が意思疎通に用いる言語によって表記されたという理解だ。言語は指し示すものを超えて意味を内包しているという点を考える時、人間が用いる言語の特性とその意味に対する理解が重要となる。逐語主義が拒否され有機的霊感説が台頭した理由もここにある。実際、聖書は各巻の著者間の時代的偏差が大きく、それぞれ異なる言語で執筆されている。したがって多様性の中の統一性が追求されることになるが、逐語主義は多様性を無視したまま神の啓示という命題に執着し、不明瞭なものまでも明瞭かつ意味あるものに還元しようとしているとの批判を受けた。

こうした脈絡から言語が持つ意味に対する考察のために、現代数理哲学と分析哲学の基礎を築いたドイツの理論哲学者ゴットロープ・フレーゲ（Gottlob Frege）が主張した意味論と文脈主義を検討する必要がある。先ず意味論とは「意味に対する理論（Theory of Meaning）」であり、言語的表現の構造と文法的形式に関する意味としての構文論（syntax）とは区分され、人間の言語が単純な文字と音声の結合として生じた語（Language）としての機能を超えた特定の意味と内容を持っていることを知らせる言語的表現の内容と意味に集中する。

フレーゲが言うところの「意味」は、人間の主観的認識行為に依存しない客観的実体だ。仮にある人が1＋1という数式を見ていると考えるなら、その人の存在要件とは関係なく1＋1の答えは2となるように、客観的実体としての意味はそれを認識する行為の存在理由とは関係なく存在する。結局「意味」は単純に言語それ自体を指すのではなく、人間が表象する主観的観念でもない。意味は単語と単語がつながった文章の中で非物質的実体として存在する。であるなら、意味するところが何であるか把握するために何をしなければならないのだろう。

フレーゲは、意味を把握する推論の妥当性は、前提と結論を構成する文章の概念的内容（conceptual content）が決定すると主張する。したがって意味を把握するために優先的に考慮されるべきもっとも基礎的な実体は、それぞれの単語ではなく文章の意味となるが、フレーゲはこれを「文脈主義」と呼んだ。つまりそれぞれ独立した単語の結合として生じた文章において単語と文章を把握するだけでなく、その前後に生じた文脈を理解することが意味を把握するという方法だ。単語の意味が文章の意味を作り上げる基本的実体なのではなく、文章の意味が単語の意味を決定する基本的実体だと考えたのだ。事実、意味を把握するために何らかの判断を下す時、人

間が持つ概念は判断という行為を通して生じるが、それは文脈（Context）の中だけで可能となる。

文章の意味は単語の意味に対する選好的な理解なく説明することができるが、単語の意味は文章の選好的理解なくして明確に把握することは困難だ。結局、単語は文章において他の単語とつながる可能性を含んでおり、こうしたつながりは意味ある文法に応じた単語の羅列と文章の論理的構造によって規定される。こうしてフレーゲは、単語はその独立的意味だけが追求されてはならず、命題となる文脈の中でのみ意味を持つことができると主張した。

文脈の中に登場する固有名詞についてもフレーゲは、意味は単純な一般名詞にのみ限定されず固有名詞にも拡張されると考えた。「神」は単純にキリスト教の信仰対象を表すのみならず、意味（connote）、すなわち何らかの意味を内包することで言語的役割を果たす。つまり「神」はある対象に付けられた名札ではなく、内包(connotation)された含蓄的意味を通じて機能する。結局、キリスト教が言うところの「神」は、客観的実体としての意味が込められた単語としてキリスト教という宗教的文脈の中において理解することが可能となる。

聖書に登場するすべての単語は、「神」という単語が保つ意味同様、単純に表現された単語の前に、単語が保つ意味に付随する概念を先に理解しなければならない。聖書を正しく理解しようとするならば文脈の中で単語を理解する必要があるが、逐語主義はその反対に単語一つ一つに集中し文脈の流れを置き去りにするために本質を歪曲することになる。聖書の中で単語を独立的に解釈することは困難であり、文脈の中に含まれた意味を把握してこそ聖書を正しく理解することが可能となる。こうした面から逐語主義は聖書の内容を理解しキリスト教的価値を実現させる上での障害となる。神の御言葉として人間の言語で記録された聖書は神の考えが深く反映されたものであり、したがって正しい理解のためには「意味」を把握することが重要となる。

むすび

英国の神学者アリスター・マクグラスは著書『異端』（"Heresy・A History of Defending the Truth"）において、初期キリスト教社会ではキリスト教がどのように宗教として発展し、迫害を受けた時期のキリスト教が各地域でいかに多様な姿で存在したかを明らかにしている。これ以降、多様性の中に統一性を見出す過程を通してキリスト教のアイデンティティが形成されていったと力説する。当時に限ってもキリスト教は明確な教理的基準はなく、互いにつながることのない状態で洞窟や地下の墓所に集まって礼拝を行っていたため、その集会ごとに多様な特性を持たざるを得なかった。初期キリスト教は歴史上もっとも純粋かつ確固たる信仰の形を持っていたとみなされている。互いに異なる背景と考えを持ちながらも、イエス・キリストに帰結する統一性を基礎に共同体としての連合を形成したこの頃のキリスト教の姿は、聖書が示す真のキリスト者の姿にもっとも近かった。ゆえに数的劣勢と厳しい迫害にも関わらず巨大帝国ローマの国教と認められることになる。大きな時代的変化を経て多くの著者によって記録された聖書は、時間的、空間的間隙を超えてひとつの統一されたメッセージを証言している。一人ひとりの個人が持つ互いに異なる人格と才能を認めつつもその中に価値を見出そうとしたキリスト教の特性は、今に至るまでその命脈を維持させるための原動力になっている。

韓国のキリスト教も同じだ。旧韓末、初期宣教師たちの活動を始めとして日帝強占期、朝鮮戦争、軍事独裁などの急激な社会的変化の中でもキリスト教が脚光を浴び続けた理由は、多様な階層の人々を差別なく吸収することができたからだった。多様性を尊重しつつもその中に一つのメッセージ、イエス・キリストの愛があったからだ。けれども残念なことに、いま韓国のキリスト教はこうした多様性における統一性を嫌い文字に集中する統一性だけを強調している。聖書の文字一つ一つに絶対的な基準を置き、それに適合しなければ「間違い」とみなす。結局、自分が正しいとみなす基準以外の異なるものは排除し嫌悪する事態が生じ、こうした排他主義はキリスト教が孤立する結果をもたらした。

二一世紀、社会が開かれ多元化し、かつてに比べ一層多様な文化的背景と価値観を持つ人々が一つの社会の中で共に暮らしている。キリスト教はこうした社会的雰囲気の中で明確なアイデンティティを作りあげなければならない。多様な人々が社会の中で平和に共存することのできる道を示さなければならない。聖書がそれぞれの章ごとに記録された時代の偏差も大きく著者もまた異なりながらも、文化的多様性の中でイエス・キリストという一つの主題のもとに一つとなったように、キリスト教の本質は「多様性」を維持しつつも「統一性」を追求することにある。

そのために優先的に解決されるべき事柄は何か。聖書を読み解釈する方法に対する認識の改善が必要だ。聖書に記録された文字の一つ一つに集中する単調さから抜け出し、文脈と文脈の間に込められたメッセージは何かを把握することに力を注ぐ必要がある。そのためには自分とは異なる考えと与件を持つ人々をありのままに認めて受け入れる姿勢が必用だ。単純な暗記式の方法から抜け出し、歴史を始めとする時代研究や視野拡大のための創意的教育によって構成員の認識の中に内在する偏見を正す努力が必用だ。そして教会内に存在する少数者に対する差別を禁じ、様々な格差問題を解決するために制度的な装置を整えなければならない。聖書の初めから最後まで貫徹するメッセージはまさに愛と配慮、そして分かち合いだ。サマリア人のたとえは単純な人助けではなく、いかなる状況においても仕え奉仕する相手が置かれた状況を理解せよとのメッセージを含んでいる。ローマ時代、男性中心の階級社会でありユダヤ人選民思想が根深く存在したにもかかわらず「ユダヤ人もギリシャ人もなく、奴隷も自由人もなく、男も女もありません。みなさんすべてがキリスト・イエスにおいて一つだからです」と語ったパウロのように、分裂と排斥を終わらせ統一したキリスト教を目指す時、初めて神の国の希望を夢見ることができるだろう。

対面／非対面（礼拝）に対する意見噴出は何を表したのか

ファン・ヨンギョン

あるマルクス主義経済学者のコラムを紹介しよう。同僚が、マルクス主義がキリスト教に勝てなかった理由を知っているかとたずねた。すぐには答えを見つけることができなかった彼にその同僚はこういったのだという。

まずは組織の問題だ。週に一度党大会を開くのがキリスト教だが、マルクス主義は何回くらいこれをやってきたかということだ。しかしそれだけではない、資金の問題もある。彼らは週に一度党費を納めさせ、しかも全収入の十分の一を出させながら、これしか出せないと懺悔の祈りをさせているのだからと。

もう一つの話を紹介しよう。『コロナで子どもたちが失ったもの』という本によれば、この本のタイトルとなった「コロナで子どもたちが失ったもの」は、簡単に回復できるであろう学力の低下や同年輩の仲間たちとの出会いや交流、遊びだけではなく、学校生活を通し同級生や先輩後輩たちと共に作ってきた祝祭とその中で生じていた継承と伝承の経験もまた「コロナで子どもたちが失ったもの」に属しているのだという。[1]

最初の話に出てきた「週に一度開かれ党費まで集める党大会」をキリスト教徒は、特にプロテスタントの人々は礼拝と呼ぶ。マルクス主義がキリスト教に勝てなかった理由だというその礼拝は、二〇二一年の韓国ではプロテスタントの社会的評判を著しく引き下げる主な要因と認識されている。それでも対面礼拝という用語があやしいニュアンスを帯びるようになり、非対面礼拝という馴染みのない単語もいつの間にか聞き慣れるようになった。

新型コロナパンデミックの状況下で防疫が重要な社会的要因となったことは当然のことであり、対面礼拝であれ何であれ防疫の妨げとなるものは一定の統制を受けなければならない。しかし重要な社会的課題であるだけに、何かが統制されなければならない状況だとすれば、それによって何か抑圧されるものがあるのではないかと深く考えるべき状況でもあった。

ここで、二つ目の話に出てくる祝祭と継承そして伝承の場という観点を取り上げるなら、礼拝はキリスト教の地平において同じ機能を果たしていることがわかる。そうであれば対面礼拝が防疫の妨害要因となる可能性を前提とする場合、それに対する批判もまたそうした機能を考慮しつつなされねばならないのではないか。

これらの事柄を前提としながら、本稿は対面礼拝と非対面礼拝に関する言説を探索しようと思う。まず対面／非対面礼拝イシューの社会的発生と展開過程を概観し、次にそうした展開過程を経た対面／非対面礼拝イシューが教会内部においてどのような方式で議論されたのか調べてみたい。そしてこれらの議論が示す韓国社会の市民性の様相に対して批評を試みたい。

対面／非対面礼拝イシューの発生と展開

現在韓国で対面／非対面礼拝に関連した言説はおおよそ対面礼拝と防疫の対立構造を前提としており、これをふまえた上で対面礼拝が非対面礼拝によって置き換えられねばならないこと、あるいは置き換えられるべき正当性を認定あるいは反駁することに焦点を置いている。つまり、対面礼拝強行あるいは非対面礼拝へと切り替える主体であるキリスト教会を説得あるいは非難する言説か、そうでなければこうした説得あるいは批判の対象となる自己防御言説である場合が大部分だということだ。これら二つの言説は相互に対立しているが、どちらの立場を選んでも同じ点はキリスト教会だけが対面／非対面礼拝と関連し何かをしたり／しなかったりする主体として認知されているということだ。

これらの言説の展開過程においてキリスト教領域と非キリスト教領域の言説傾向はほぼ接点を持ちえないと言えるような差異を示している。キリスト教領域においては対面／非対面礼拝のイシューが該当領域のアイデンティティに関する重大なイシューである反面、非キリスト教領域においてはまさに潜在的防疫妨害要因を統制するイシューであるだけで、このイシューがキリスト教領域においていかなる意味を持っているかには無関心だ。

防疫と対面礼拝の対立構造成立

新型コロナが広がり始めた頃の韓国社会の対処方法は、外国から始まった伝染の可能性をいかに遮断するかという点に焦点が当てられていた。こうして当時の重要な議論の一つは、新型コロナの震源地といわれていた中国からの入国者を遮断するかどうかということだった。中国在住の韓国人たちを急遽帰国させた後の集団隔離の場所を模索する過程でいくつかの地域で反対デモが発生し、社会的議論を引き起こしたのもこの頃のことだった。また最近少なからぬ大学が中国人留学生を招致することで生き残りをはかっている過程において、新型コロナはこれらの大学に相当大きな打撃を与えるだろうという話もささやかれた。ひとことで言えば、この時期までは新型コロナはまだ韓国社会の内部問題ではなく、危険な外部者の影響をいかに遮断するかという問題に近いものと認識されていた。そしてこの遮断戦略は一度かなりの成功を収めたかのように見えていた。

ところで二〇二〇年二月中旬、新天地大邱教会を媒介にしたと思われる陽性者の爆発的増加が起こると、先述した危険な外部者の影響を遮断するという構造がもはや成立しなくなった。今や社会内部の構成員同士の伝搬をいかにして防ぐのかという問題に転換したのだ。ここでもう一つ指摘しておくべき点は、この様な問題の変化があったにもかかわらず、政府の防疫方式は陽性者の動線を一つ一つ取り上げて動線外の伝染可能性を無くし、また関連した追加感染者を探し出すという方式を維持し続けたことだが、この点については後で論じよう。

新天地教会は既存の巨大教会ではない少セクトであり、特にプロテスタント教会によっていわゆる異端として不純集団扱いを受けていた。さらに、既存宗教に対する偽装工作すらためらわないいわゆる「謀略伝道」という秘密めいた伝道方式などにより、この教会は単純な防疫に問題を起こす集団としてだけではなく防疫に非協力的な集団、つまり堂々たる市民としての資格を持ちえないばかりか新型コロナを故意に伝播させる可能性すら排除できない反社会的集団として取り扱われるようになった。これによって、新天地教会を屈服させ防疫に協力させることが社会内防疫の核心的課題だという認識も生じた。

一方、この時期に新天地教会ではない一般のキリスト教会、特にプロテスタントの対面礼拝が防疫関連イシューとして持ち上がった。二つの教団の教理の違いに大きな関心を持たない当局や大衆にとって、新天地の集会が新型コロナの主要拡散経路であったとすれば一般キリスト教会の集会、対面礼拝や礼拝後の食事、小さな集まりなども感染拡散経路にならないはずはないと考えるのは当然だっただろう。ちょうどいくつかのプロテスタント教会で実際に相当数の陽性患者が発生したことで、教会の対面礼拝も結局防疫当局の主な統制対象となった。

インターネットによる神学教育を試みるある進歩的プロテスタントの牧師は、新天地教会が防疫の主な標的となった状況で教会の対面礼拝までもが防疫の主な統制対象となったことに対し、新天地の謀略伝道とか間違った聖書解釈が明らかとなることですべては解決するはずだと期待していたが、現実にはまったく同じ批判がそのまま教会全体に向けられ教会もまた新天地同様防疫の統制対象となった、と語った。[2] つまり新天地教会であれ一般の教会であれ防疫に敵対的な存在と認識され統制対象となったのだった。

大部分の教会は、特に社会的資源を多く持つ大型教会の大部分は、実際に対面礼拝を強行したようには見えなかった。しかし対面礼拝を強行した一部の大型教会で陽性者が激増する事態が起こり、またこれらの教会の中で以前から極右政治勢力として活動していた一部は、文在寅（ムン・ジェイン）政府に対し政治的敵対心を露骨に表現し、その敵対的表現の一環として対面礼拝と政府の防疫政策とを対立させた。こうしてプロテスタント教会全体が防疫に敵対的であるかのような認識構造が作られた。ある程度陽性患者が少なくなった頃、それを急反転させる契機となった極右キリスト教勢力を中心とした八・一五集会はこうした構造をより一層深刻化させた。またこれらの過程で、実際に対面礼拝を強行しなかった保守プロテスタント勢力の教会指導者たちも、対面礼拝それ自体が防疫の標的となったことに対する不満を表明し続け、対面礼拝と政府の防疫政策間の敵対的対立構造をかえって深刻化させることに一役買った。例えば、二〇二〇年九月に発表されたメソジストのある監督の牧会書簡は、非対面礼拝を続けるなら教会が政府の下部機関に転落するだろうと主張し、このことを根拠に掲げて対面礼拝を強行すべしと主張している。

これら一連の過程において、キリスト教／プロテスタント特有の自らの行為を神聖化する語法がこうした対立構造を一層悪化させる契機となった。プロテスタント内部ではこの神聖化された語法があたかも新型コロナに対して一種の免疫があるかのように用いられる例が現れ、そうなると非キリスト教徒大衆はこうした語法を理解できないがゆえに一層事態は悪化した。

こうして非キリスト教徒大衆は、対面礼拝と防疫の敵対的対立構造が生じたのは、教会が外部の非信徒にとって害となろうがなるまいが、彼らが防疫には神経を使わず対面礼拝に固執するために生じるものだと理解するようになった。そしてプロテスタント教会がここまでして対面礼拝にこだわるのは、教会にとっての対面礼拝はあたかも自営業者にとっての営業のようなものであり、それをやめてしまえばかなりの財政的被害を受けるからだと考えるようになった。八・一五集会によって再び教会に対する敵対心が盛り上がった後、政府と教会指導者との会談の中で一部の人々が教会を事業所のようにみなしてはならないと語ったのは、こうした視線に対する即時的な反応だったのだろう。

プロテスタント内部における対面／非対面礼拝イシュー

対面礼拝が新型コロナ防疫のための主な統制対象となりキリスト教、特にプロテスタント内部における非対面礼拝の比重が急激に増加した。この時非対面礼拝イシューは大きく二つの意味を持っていた。先述した防疫と対面礼拝の対立構造が深刻化し、これに従いプロテスタント教会に対する批判が強くなる中、この批判に対するプロテスタントの対応方式に関する価値判断が一方では行われたが、他方では非対面礼拝の効用に関する（価値判断をまったく排除することはできないが）実用的議論が進められた。プロテスタント内部における対面／非対面礼拝イシューに対する議論はこれら二つの意味を持ちながら進められる様相を呈し、おおよそプロテスタントの対面礼拝イシュー対応方式に対して批判的であるほど非対面礼拝の効用を肯定的に評価する傾向があった。

対面／非対面イシューに対する教会内分のこうした見解の違いには大きく二つの要因が作用している。一つは教会間の規模の違いからくる対面／非対面礼拝イシュー対応の温度差だが、他方は市民社会との関係を重要視する教会内部少数集団の非判的発言だ。

これら二つの要素の中で一つ目の要素を見てみよう。先述したように、これは対面礼拝を強行した教会よりも非対面礼拝へと転換した教会は遥かに多く特に社会的資源を多く持っていたのであり、彼らのように一定の非キリスト教領域からのフィードバックを受けざるを得ない大型教会も非対面礼拝への転換に積極的に参与したのではないかと思われる。こうして非対面礼拝がむしろプロテスタント教会における主な礼拝形式となる状況が生じ、新型コロナの防疫が終わらない限りこの状況は続くと思われる。

すでに二十世紀末からインターネットが活性化し、プロテスタント教会も条件さえ整えば自分たちの礼拝をインターネットに公開しており、次第にライブ中継する場合も増え始め、特にプロテスタントの信徒が一般的に礼拝の中心だと考える説教はそのような傾向になった。つまり新型コロナの前にもすでに礼拝に非対面的要素が多く含まれていたのであり、これらの要素が信徒動員に活用されていたということだ。したがってこうした非対面的要素を具体化できる資源を十分持った教会の場合、非対面礼拝への転換自体はそれほどの難関ではなかったように思われる。

しかし中小型教会の場合、非対面礼拝への転換が信徒の教会参与に対するモチベーションを決定的に毀損するだろうという憂慮を持ちつつ、泣く泣く切り替えざるを得なかった場合がほとんどだったように思われる。先述した防疫とプロテスタント教会の対立構造において、この対立を生み出した極右キリスト教徒の言行に対する同調の背景には、こうした切々たる情緒がかなり作用したのではないだろうか。もちろんこうした受動的参与すら行わずそのまま対面礼拝を強行した中小教会もかなりあったし、それらの中で集団感染が起こった教会も相当数に登っている。

こうして対面／非対面礼拝イシューは、非対面礼拝への転換のための物的資源とその資源を活用しうる人手が十分備わっているかどうか、そして非対面礼拝への転換による否定的影響がどれくらい大きく作用するかという教会間の資源不平等問題とつながっている。後述するアンケート調査で非対面礼拝は臨時の措置だという認識が示されているのだが、こうした臨時の状態が続く場合信徒数の直接的な減少や、そこまでではないにせよ今後の信徒動員がかなり低調になるだろうという憂慮を振り払うことは難しそうだ。中小型教会の場合直接的信徒減少を案ずる場合が多く大型教会の場合も信徒動員の低調化はもちろんのこと、信徒減少に対する心配もまったくないわけではないという状況だ。牧師たちが新型コロナ時代に生存の危機まで感じているという一部の調査では、危機を感じる割合が七〇〜八〇％台に達するという結果もあるが、この数値は主に中小型教会に集中しているのであり、実際七〇〜八〇％という数値は韓国のプロテスタント教会における中小型教会の比率と符合している。

一方、非対面礼拝への転換自体には難しさを感じていなくても、非対面礼拝が対面礼拝に完全に取って代わるという感覚は、礼拝の受け手である一般信徒や送り手である牧会者のどちらからも生じてはいない。プロテスタントの青年運動団体「青於藍 ARMC」が対面礼拝と非対面礼拝イシューに関して行ったアンケート調査[3]によれば、回答者の八九％は出席教会がオンライン非対面礼拝だけを行うか少数だけの出席による対面礼拝とオンライン中継を並行して行っていると回答した。アンケート調査に回答した人々のオンライン礼拝に対する満足度は、回答者の置かれた立場によりかなりの開きがある。回答者全体では二二％が十分満足、二八％が満足はするができれば対面礼拝がいいと答えた反面、満足はできないがこのような形でも礼拝に参与できることは幸せだという回答が三五％、そうは思わないが一一％となった。回答者を立場別に分ければ、牧会者の中ではまったく満足できないが一七・六％に達する程度だが、定期的に出席する教会を決めていないいわゆる「カナアン聖徒」〔訳注：キム・ジンホ『「アンタクト社会」の外でアンタクトを問う』参照〕の場合、十分満足するが五〇％に達するなど立場によってかなりの違いを見せている。

非対面オンライン礼拝の諸要素の中で対面礼拝のような感覚を与える要素は何かという問い（複数回答）では、説教八〇％、賛美三一％、祈祷二四％などで、反対にそうした感覚をもっとも与えてくれない要素は何かという問い（複数回答）には、出会いと交わり七〇％、聖餐二七％、賛美二三％となった。全体に公演的な性質を付加できる要素に対しては満足感が高いが実際的な人間的交流が必要な要素は不満足な傾向を示している。このことから推察できるようにオンライン非対面礼拝に対する肯定的回答が主に説教がいいと評価される教会を中心に出ていることも当然の反応といえるだろう。

一方、対面礼拝と比べたオンライン非対面礼拝の特徴に関する問いには、先ず長所としてもっとも多く示されたのは「安全だ」という点と「時空間の制約がない」という点であり、これら二つの回答が全体の八〇％を超えている。一方短所は「信仰生活が怠惰になり信仰的消費主義に陥りやすい」が三六％、「臨場感が足りない」が二九％、「技術的な介入物があり画面に対する集中が難しい」一九％、などとなっている。長所の中の「自分に合った場所を選択できる」や「教会間の傾斜が生じかねない」の項目がそれぞれ七～八％だったことは、先述したように対面礼拝ができないことで信徒間の出会いと交わりが大きく制限されたにも関わらず、非対面礼拝メインとなった状況においても信徒が礼拝に望む内容が大きく変わってはいないことを示している。このことは次の問い、オンライン礼拝は対面礼拝に取って代わることはあると思うかに対する解釈ともつながるが、半分以上が非対面礼拝の可能性を否定はしないものの、できれば対面礼拝に出席したいという意思を表し、一八％程度の回答者はオンライン礼拝は不十分であり長くは続かないだろうと回答した。つまり非対面礼拝はあくまでも臨時のものに過ぎず、信徒間の関係とネットワーキングは究極的には対面礼拝を通して維持されねばならないという見解が、少なくとも現時点でのプロテスタント教会の一般論を形成しているといえるだろう。このアンケートを実施した団体がプロテスタント教会内では大変進歩的な団体と評価されている点を考えれば、実際の教会内の感覚はこのアンケート結果よりもさらに対面礼拝に親和的な傾向を示すであろうことが推測される。

プロテスタント内部の対面／非対面礼拝イシュー議論に対する批評

今まで見てきたように非対面礼拝の現実的必要性を受け止めながらも政府の統制に対する反感であれ、非対面礼拝が臨時の礼拝という地位を抜け出せないという事情によるものであれ、非対面礼拝が対面礼拝に完全に取って代わることはないという意識の中で、非対面礼拝の可能性と限界をどう考えるのかという問題がプロテスタント教会内部において解明すべきイシューとなった。こうして、可能性に焦点を当てる傾向と限界に焦点を当てる傾向とに分離され、この分離は先述したようにプロテスタント内部の少数集団の批判的言説の策動意図と一定の結びつきを持っている。

非対面礼拝の可能性に焦点を当てる傾向は、礼拝の現実的必要性を認めざるを得ない状況においてその状況の正当化を図ろうという意図を持っている。こうした傾向においては非対面礼拝もやはり対面礼拝の諸々の効能を具現化することができるのであり、先のアンケートで非対面礼拝でも代替することが難しいと指摘された領域、例えば聖餐のようなものまでもある程度の代替可能性を探求しようとする。米国クレアモント大学のキム・ナムジュ教授によれば、アメリカの進歩的な教団の中ではオンライン聖餐式の可能性を積極的に認める教団が存在し、オンライン聖餐のマニュアルを作る教団もある。[4] また対面礼拝を行う空間を用意しないままオンラインを基盤とした活動を中心とするコミュニティーを形成し対面はコミュニティの小規模集会中心とし会員全体の集まりを想定しない形態で行われるオンライン教会の例もコロナ以降の対案的可能性として紹介されている。[5]

他方、主に進歩的な神学傾向を持つ人々の中には非対面礼拝への転換が強制される状況を、この間対面礼拝を中心に信徒と資源を動員してきた主流プロテスタント教会に対する批判のアフォリズムとして活用しようという傾向がある。こうした傾向の背景には次のような状況が関係している。冒頭に引用した小話が示すように、礼拝はキリスト教の重要な組織メカニズムの一つであり特に韓国のプロテスタントは様々な名目の集会に礼拝という名前をつけて信徒動員の核心的機制としてきた。このことは韓国プロテスタントの成功要因でもあるが、同時にこの成功がもたらした一種の自己陶酔感、すなわち「神の名によって教会を成功させせのだからわれわれは正しかったのであり、ゆえにわれわれが行う他のこともみな正しい」[6] を生み出す要因でもあるということが、この間進歩的神学傾向の人々が指摘してきた重要事項だった。ゆえに非対面礼拝への強制的転換は「対面礼拝を維持すること以外には何も神経を注いでこなかった教会」にとっては自らを省察する契機となった。この時非対面礼拝は対面礼拝の不完全な代替品ではなく、対面礼拝だけを聖なるものとみなしてきた教会の誤りを反省し、対面礼拝だけではなく生活のすべての要素が聖なるものであることを悟るプロテスタント教会の新しい運動様式を模索する端緒としての意味を持つこととなる。

非対面礼拝の限界を指摘する議論には先述した保守的プロテスタント教会の立場において展開される議論があり、そうした議論はおおよそ保守的教会の不快感を反映している。このような立場を除けば、非対面礼拝の限界を指摘する要素はおおよそ先のアンケート調査で指摘された非対面礼拝では充足されないと指摘された内容とつながる。指摘されたのは出会いと交わり、聖餐などだが、これは教会内部から見れば対面の出会いが難しいので組織の維持に問題が生じるとか聖餐がオンラインで行われるのはかなり困難だという技術的問題があるだけではない。教会内部から見る時、教会は常に相互交流を前提とする信徒と神の交わりが生じる空間でなければならず、礼拝は信徒間の相互交流と信徒と神との交流が生じる場であるがゆえに意味を持つのだが、出会いと交わり、聖餐などはまさに信徒間そして信徒と神との相互交流を形成する核心的要素となる。したがって非対面礼拝がこの点を充足することが困難だとすれば教会内部の視点からは根源的限界を持たざるを得ないこととなる。

一方、プロテスタント教会内に存在する多様な礼拝／集会の中で主に成人礼拝の転換に焦点が集中しているという指摘もある。成人礼拝の非対面転換に焦点が当てられ幼少年教育礼拝／集会の転換イシューは相対的におざなりにされ、中大型教会の場合は教会学校礼拝の映像を別に作るが大部分の教会がそれだけの力量を持つことができず、他の教会や教団の教育機関が作った映像を使うことで対応するか、さもなくば幼少年当事者が親とともに非対面成人礼拝に参加することで終わる場合が大部分だ。[7] 特に幼少年信徒の中で家族が信徒ではない場合には家族で非対面礼拝に参加する時空間的余裕を確保することがかなり困難になるという問題もある。

対面／非対面礼拝イシューに対するこうした批評は、先述したように技術的／実用的側面に対する批評と価値判断を行う批評が混在している。価値判断の側面、すなわち対面／非対面礼拝イシューをどのような価値を重視して検討するかによって問い直せば以下のようになるだろう。

まず、この議論で対面礼拝と防疫を対立させこの構図において対面礼拝の正当性を主張する保守的キリスト教の立場は、対面礼拝という慣れ親しんだ方式が困難に直面し非対面礼拝がその困難に対する適切な解決策とはなりにくいという点に基づいた防疫に対する反作用の側面が基本となる。しかしこれだけでは説明することは難しく、むしろ強かろうが弱かろうが盧武鉉（ノ・ムヒョン）―文在寅政府によって生じたリベラル政権に対して継続された保守派教会の反感がこの対立構造を一層強くした側面がある。いうなれば、対面礼拝イシュー自体に対する立場よりも、対面礼拝に対する政府の統制、特にかねてより面白くないと思われてきた文在寅政府による統制が対面礼拝統制に対する反感を強くし、これが対面礼拝と防疫の対立構造を一層強くしたように思える。

さらに、先述したような教会内部における神聖化した語法によってあたかも宗教的免疫作用が可能ですらあるかのように行動しつつ集団感染が発生した事件が対立構造を一層強くした。これは教会の自己陶酔感の問題でもある。これらの事件に対しては他の解釈も可能だが、宗教的な免疫作用が可能だというようなやり方が自分たちは感染しないという自己陶酔的な確信に基づいているなら、この確信は防疫の基本原則、つまり相手を感染させるかもしれないから自分も感染に警戒すべきだという原則とはまったく矛盾することになるだろう。宗教者の立場から、ともに生きるということではなく「自分はできる」と信じることにだけ焦点が当てられてもいいのか、問わざるを得ないだろう。

保守的プロテスタント教会がこうして対面礼拝と防疫の対立構造を作り出したことに対する市民社会の批判に進歩的プロテスタント人士の多くが同調している。そして自然と非対面礼拝の適切性を最大限弁護し対面礼拝に取って代わることができるという見解まで備えるようになることは先述した通りだ。ところでそうした場合、対面礼拝に関する保守的教会の執着に対する批判と非対面礼拝の適切性に対する弁護が、先に見たように保守的教会の自己陶酔感に対する全面的批判へとつながる時、礼拝自体に対する意味の捉え方が疎かになる場合がしばしばみうけられる。言い換えれば、対面礼拝への執着に対する批判として、教会にとって主日礼拝以外の異なる生の指針も礼拝の聖性同様に聖なるものとみなすことができなければならない、という言説が通用する一方、では対面であれ非対面であれ礼拝それ自体は一体どんな意味を持つべきなのかという問いや答えをまったく見いだすことができない状態になっている。進歩的プロテスタント人士の対面／非対面礼拝言説は、教会内的な言説を展開しつつも教会内の議論固有の問題に対する考慮が不十分な点がある。一方このような問題意識から考えるなら、保守的教会の言説においても対面礼拝に神聖化された語法を散りばめることで、先述したような政府に対する反感や自己陶酔感を増大させる口実としてだけ用いられているのではなかろうか、という問いを投げかけることもできる。保守的であれ進歩的であれプロテスタントの言説において実のところ礼拝の位置は失われてしまっているということだ。さらに先述した非キリスト教徒たちの無関心さを加えるなら、保守的教会の言説／進歩的教会の言説／非キリスト教的言説のどこにも、礼拝という言葉が論争の対象であったにも関わらず礼拝自体どこにも居場所がない状況だといわなければならないだろう。

先述のように、進歩的プロテスタント人士の言説において礼拝それ自体がいかなる意味を持つべきかに対する問いや答えをほとんど見ることができないとすれば、これは進歩的プロテスタント人士たちの対面／非対面礼拝言説が市民社会の対面礼拝批判をプロテスタント的言語で翻訳したものに過ぎないのではないか、という問題を提起することができるだろう。この点において対面／非対面礼拝イシューは対面礼拝批判に傾く韓国社会の市民性とつながっている。

対面／非対面礼拝言説と市民性

近代社会の成立以降宗教と市民性の間には緊張関係が成立した。一般的にこの緊張関係は宗教が市民的常識に到達できていない危険性をいかに統制するかという問題として読み解かれる場合が多い。新型コロナ事態と関連して対面／非対面礼拝イシューが提起された脈絡も、保守的プロテスタントが防疫と対面礼拝の対立を作り出したことによって、教会が新型コロナ事態を克服するための市民的常識に到達していないとする批判の脈絡といえる。もちろん宗教が市民的常識に到達していない危険性は常に生まれる問題である。実際に新型コロナ事態の局面においてプロテスタント教会から集団感染が生じた状況は市民的常識に到達していないという評価が適切なケースといえるだろう。これらは皆、そのほとんどが教会の神聖化された語法と自己陶酔感が現れるようなケースだった。

ところで、ここで宗教が到達していないといわれる市民的常識に対してこう考えるとすればどうだろう。防疫と対面礼拝の対立構造の中、保守的プロテスタントを批判する言説において、憲法三十七条二項「国民のすべての自由と権利は、国家安全保障・秩序維持また公共福利のために必要な場合に限り法律によって制限される」という条項を引用する言説が多かった。新型コロナ事態は最小の秩序維持や公共福利に該当するが、その目的によって保守的プロテスタント教会が主張した宗教の自由を制限することは正統だということだろう。ところでこの条項は、「制限する場合も自由と権利の本質的内容を侵害することはできない」という言葉で終わるのだが、この言葉まで含めて引用するケースはほとんど無かった。保守的教会が対面礼拝と防疫の対立構造を宗教の自由という用語で合理化しようとしたことは批判をけるべき問題だが、自由の制限が可能だという部分だけが引用されてその制限の本質的限界については引用されないという現象は、現在の韓国社会の市民性が「常識に外れた」対象には自由制限の限界を考慮せずともよいという思考によって成立しているということではないのか。

この地点において、新型コロナが持続する中、保守的プロテスタントの他にも、先に見た新天地教会、そして性的少数者などが集団的攻撃の対象となるか、あるいは集団的攻撃の試みの対象となったことを想起してみたい。[8]もちろん保守的教会や新天地教会は多くの間違いを犯している。しかし、ここで韓国のコロナ防疫の方法が、陽性者の動線を一つ一つ追跡してその動線外の感染可能性を無くし、動線に関連した追加感染者を探し出すという、悪影響を外部のものとして推定しその悪影響を遮断しようという方式であった点を改めて指摘しておきたい。このような方式は広範囲に蓄積／集中した情報と国家内の医療陣に対する無限の動員によって維持することが可能だ。そして市民個々人は、他者は自分を助けてはくれずかえって他者の接近は自分の害となるかもしれないという思考方式によって、自分で自分を守るために国家行政の効率的な消費者、あるいは効率を強制する消費者になることでこうした行動様式を支えていた。

であればこうした行動様式には、遮断しようとする悪影響が急激に増大する時にそのきっかけを提供した、あるいは提供したと推測される集団は、先述した自由制限の限界を念頭に置く必要のない集団とみなされるために攻撃を受ける危険が根源的に内蔵されているのではないか、と問いかけることができるだろう。新天地／性的少数者などが集団的攻撃の対象となったりその試みの対象となることはまさにこのような危険が生じる実例ではないないのか。

冒頭で、コロナによって子どもたちが失ったものの中には、同年輩の集団との出会いや交流や遊び、そして祝祭と継承と伝承の経験があることに言及した。これは、実際に子どもたちが失ったのはその年令に学ぶべきこと、ともに生きともに何かをする経験、すなわち公共性に対する経験だという意味でもある。今まで議論してきたように、対面／非対面礼拝論争において結局公共の場が防疫という公共の利益を侵害する者たちをいかにして見つけ出すかという認識にとどまり、そのことが、他者の接近が自分の害となるのだから自分の体を自分で守るために行政の効率的な消費者になろうとする市民によって作り上げられた状況だとするならば、子どもたちが公共性を失った場で大人たちも公共性を失わざるを得ないという解釈が適切だということになるだろう。

新型コロナ事態がこうして市民的常識に達していない人々の弱点だけをさらけ出すだけでなく、その市民的常識によって構成されるという市民性自体の弱点もさらけ出すなら、その弱点に対しこんな言葉を語りかけることもできるに違いない。もし二〇一六年に新型コロナ事態が起こっていたとするなら、その年の終わりに始まった朴槿恵大統領弾劾のためのローソクデモは可能だっただろうか。この問いは、新型コロナ事態が市民性の否定的側面を是正しうる社会運動の可能性も制約する方向へと韓国社会に作用していることを示すものとなるだろう。

新型コロナが見せた対面／非対面礼拝イシューによって韓国社会の市民性のこうした問題が明

らかになったとするなら、その問題に対して考えるために対面／非対面礼拝イシューが新型コロナによって突然その重要性が浮かび上がる非対面関係の社会的影響とその未来に関する問いともつながっているという点を取り上げることができるだろう。ＳＮＳを始めとするインターネット空間は人々に無限の接続可能性を開くといわれるが、その無限の接続の結果の一つとして同じ考えの人間同士が非対面関係あるいはそれと並行する対面関係を通した集団を形成し、その集団間の関係において排他性を表出する部族主義の現象として現れることはすでによく知られている通りだ。

先に言及した通り、すでに少なからぬ教会が対面／非対面礼拝を並行していた社会において、新型コロナ事態は非対面礼拝の重要性を一層強化した。こうして非対面礼拝イシューを通してこれに関連した教会間の資源不平等問題が現れ始めた。この資源不平等問題が非対面関係の部族主義と結合する場合、資源が十分ではない教会は自らの部族を形成／維持する可能性が減少する。これは中小型教会が感じ始めている教会生存の危機と相応するものといえるだろう。

また、対面／非対面礼拝イシューを通して現在韓国社会の市民性が「常識のない」存在に対しては自由の制限限界を考えなくてもかまわないという考えによって成り立っている可能性を示しているが、この可能性は非対面関係の部族主義下においてより大きく発揮されるだろう。「もっとも大きな部族」内での合意点が社会の常識だと主張される可能性が大きいからだ。

であればここで問われるべき問いは、こうした状況で「大きな部族」に入ることのできない人々にはいかなる可能性があるのか、ということになるだろう。おそらくこのような人々がいかなる可能性であれ実行するためには、自身が当面は「小さな部族」として登場していることを嫌がらないことから始めるべきだろう。そして次には、対面／非対面関係の無限な接続可能性の地平は、部族主義の基盤でもあるが、同時に自分と同じような人間をひとりでも出会うことのできる可能性の地盤でもあるという点、おそらくここから始めることができるのではなかろうか。

注

1 キム・ヒョンス『コロナで子どもたちが失ったもの』（デンストリ、二〇二〇年）九八～一〇六頁。
2 ウ・ジンソン「新型コロナ以降の教会」、イ・ヨンジェ他『新型コロナ以降の教会を想像する』（図書出版ＩＢＰ、二〇二〇年）一四四頁。
3 〈ニュース＆ジョイ〉二〇二〇年九月四日に掲載された「非対面時代のオンライン礼拝、どこまで行くのか」。
4 キム・ナムジュ「新型コロナ以降の礼拝」イ・ヒョンジェ他『新型コロナ以降の教会を想像する』、四四頁。
5 キム・スンファン「オンライン教会とデジタル信仰」『基督教思想』二〇二〇年九月号、四一～四五頁。
6 このような自己陶酔感は先に指摘したプロテスタント特有の自らの行為に対する神聖化された語法とも深く結びついている。
7 イ・ウンギョン「子ども礼拝、動詞から名詞となった礼拝」ＫＮＣＣ神学委員会ウェブジン〈事件と神学〉二〇二〇年四月号。

８　性的少数者集団に関しては本書に収録されたシウの論考を参照のこと。

第三部　教会に語る、対案について

「彼らだけの箱舟」になってしまった教会　教会と世界の「再連結」に向けて

ユ・ギブン

はじめに

病を受け入れるのが容易でも自明でもない理由は、病がわれわれを別の生き方へと導くからだ。[1]

個人の暮らしにおいて深刻な病は体の状態のみならずその人の暮らしの方向を完全に一変させてしまう。病との戦いの中でわれわれはかつてのような生き方をそのまま維持することはできない。病を治すためにわれわれは慣れ親しんだ生き方を捨てて別の方法で生きなければならない。「病がわれわれを別の生き方へと導く」ということは個人に限られたことではない。一時の流行として過ぎ去ると考えられていた伝染病は徐々に猛威をふるって全世界に拡散し、新型コロナは人間が乗り続けていた、決して止まることのないと思われていた、永遠に走り続けるかのようだった車輪を強制的に押し留めた。少なくともその速度を落とさせた。しかし一次的に速度を落とすだけでは十分ではない。新型コロナという病の全世界的流行の前で、個人あるいは社会的レベルにおいてこれまで人類が生きてきた方式を振り返らねばならない。そしてわれわれは別の生き方を考えねばならない。

新型コロナは生態系の問題だ

国際実時間統計サイトであるワールドメーターによれば、二〇二〇年一二月二七日現在、世界の新型コロナ陽性者数は八千万人を超えている。[2]死亡者数も一七六万人を超える。宇宙船を打ち上げ、人工知能を開発し実生活に利用する二十一世紀に、一つのウイルスによる伝染病によって全世界が困惑している。信じられないことのように思える。なぜ突然このような伝染病が猛威を振るうことになったのだろう。

当然、新型コロナウイルスはある日突然人間社会の只中にやってきたのではない。新型コロナパンデミック事態は人間が招いた大きな危機の一つに過ぎない。新型コロナは動物の感染症が変化し人間に感染した人獣共通伝染病（zoonosis）だ。デビッド・クアメンによれば、現在知られている感染症の六〇％強が動物と人間の間を行き来する病気だという。[3]新型コロナだけではなく、インフルエンザ、エイズ、エボラ熱などが人獣共通伝染病に属するが、こうした疾病は、人間もやはり動物の一種であり、人間の健康は他の動物の健康と密接に関連した問題であることを今更のように明らかにしている。

数多くの人獣共通伝染病の中でも新型コロナは人間が招いた生態学的危機の一つの徴だという点で中世の伝染病とは違いがある。現代社会においては、人間の利便性のために環境破壊が驚くべき速度で加速化し野生動物の生息地が急速に縮小した。それにより行き場のない野生動物と人間が接触する機会が頻繁に生じ、動物が保有していたウイルスが人間に伝播される可能性が高まった。そして全世界を動き回る現代人の生活様式により伝染病は地域と国境の人為的境界を超え全世界の人類に急速に伝播された。

実際、人間が地球全体を危機に陥れるかもしれないという問題意識は、二十世紀中盤の核実験に始まる強大国の力比べを経験する中でかなり以前から始まっていた。人間が自らの豊かさのために人間の領域を拡張することで「野生」や自然の領域を急速に縮小させ植民地化する中、こうした行為は逆にわれわれを破滅させかねないという考え、そして変化のための努力もまた半世紀前から生じていた。生態系哲学や環境運動家は人間がひとたび「発展」と「成長」の車輪を止めて自らを振り返ること、われわれ人間が生きてきた方式を省察すること、つまり別の生き方へと向かうことを要請したが、それは不可能なことのように思えた。

ところで、二十一世紀初頭に新型コロナという伝染病がとてつもない速度で全世界に拡散し、まさに人類はいったんその動きを止めた。そしてわれわれは見た。果てしなくつながっている世界を。新型コロナが野生動物からいくつかの段階を経て人間社会に驚くべき速度で大流行した根底には、人間が引き起こした生態系の危機の現実がある。目を凝らして見るならば、われわれが今まで人間中心的な視野からは目に入ることのなかった「動物」が、人間が破壊した彼らの生息地が、少しずつ見えてきた。新型コロナは運悪くどうしたことか流行してしまった撲滅可能な何か、ではない。新型コロナはより大きく広範囲な危機、生態系の危機の一つの徴に過ぎないのであり、われわれがその解決のために効果的に努力しなければ結局人類は取り返しのつかない苦痛を、破滅を目前にしているのだ。

生態系の危機と教会

一九六六年一二月二六日、米国ＵＣＬＡの歴史学者リン・ホワイト（Lynn T. White. Jr）は米国科学振興協会（ＡＡＡＳ）のワシントン集会で一編の論文を発表した。そこでホワイトは一九六〇年初頭レイチェル・カーソンの『沈黙の春』以降多くの人々の関心を呼び起こした人間による環境破壊や汚染などの各種の問題状況を「生態系の危機」と表現し、科学や技術だけではこの危機を解決することはできないとみなし、歴史学者としてこれらの危機の歴史的根を明らかにしようとした。この論文は一九六七年『サイエンス』に掲載され[4]、少なからぬ波紋を投げかけた。

ホワイトが掲げたテーマの一つは、人間の生態系に対する行為は人間と自然との関係に対する「観念」に左右されるということだった。特に人間が自然と運命とに対しいかなる信仰を持っているかが重要であり、人間と自然との関係に対する観念を形成する核心的要因としての宗教が浮かび上がった。「人間生態学はわれわれの自然と運命に対する信仰により（つまり宗教により）

その深層部において左右される」ということだ。ホワイトは、西欧が不注意にも自然界を乱用する基盤には伝統的なユダヤ―キリスト教的価値が関係していると考えた。中世西欧世界の支配的宗教であったキリスト教の経典である旧約聖書の「創世記」によれば、神は人間を自身の姿に似せて造り、人間に地球を支配することを許可した。自然はそれが人間に何を与えるかという問題を離れては価値を持たない。ゆえに人間は自然を自由に使うことができる。ホワイトによれば、西欧の主流キリスト教伝統はこの語句をあたかも神が人間に自然万物を思いのままに用い征服する権限を与えたかのように解釈してきた。そしてホワイトは中世キリスト教の影響が二十世紀の生態学的危機の根底に座を占めていると考えた。彼の論文は生態学的危機の根本的な原因を知りその根本的な解決を追求しようとする多くの人々に強い印象を与え、ホワイトの議論のもと西欧においては生態学的危機の原因としてキリスト教の人間中心的世界観、宇宙観が大きく作用したという主張が広がった。

けれども彼は「（生態学的危機の）根が主に宗教的であるがゆえにその治療もやはり本質的に宗教的であるべきだ」という言葉も残している。こうしてリン・ホワイトの論文は一種の両刃の剣となり、キリスト教外部においては危機とキリスト教を結びつける批判的視点を支え、他方生態学的危機を根本的に克服するために宗教が持つ潜在的力に注目させる役割をも果たした。

リン・ホワイトの論文から半世紀が過ぎた。彼は一九六〇年代中盤すでに当時の状況を「生態学的危機」と表現したが、その後の半世紀間に状況は急速に悪化し、むしろ当時の世界が遥かに生態学的に健全な時代だったとみなされるほどとなった。二〇二〇年現在、新型コロナの全世界的大流行により数多くの人間が死に、あるいは多くの困難に陥る中、このような災害が人間による環境破壊の結果であるという考えが次第に広がっていった。われわれが生態学的危機の渦中にあるという事実が人々に病と死という現実とともにはっきりと実感された。このように本格的な生態学的危機を実感する今日の韓国社会において、キリスト教と生態学的危機とを関連させるリン・ホワイトの論文はどんな感覚をもたらすだろう。

韓国国民の大多数は、特に新型コロナ大流行という危機状況においてプロテスタント教会に対する否定的な印象を持っているようだ。コロナが拡散していた二〇二〇年六月二三〜二六日、エンブレイントレンドモニターが全国二〇〜五九歳の男女一〇〇〇名を対象に行った国民オンライン意識調査の結果によれば、国民は仏教やカトリックに対して肯定的なイメージを持っているのに比べ、プロテスタントに対しては「距離を置きたい」三二%、「裏表がある」三〇%、「詐欺師のようだ」二九%など否定的イメージを持つことが明らかとなった。[5]またプロテスタントのメディア八社がGNCOMリサーチ社に依頼し八月一三〜二〇日に全国一〇〇〇名を対象に調査した結果によれば、国民の七四%はプロテスタント教会がコロナに間違った対応をしていると答えている。[6]

韓国の教会は今どこへ向かっているのだろうか。防疫指針に従わずに対面礼拝と集会を強行したサラン第一教会をはじめとする多くの教会がコロナ拡散の拠点として指されている。どれほど多くの、どんな教会が、なぜこれほどまでに対面礼拝固守に執着したかについては学者たちの様々な分析がある。ここではただ、多数の教会が明らかにした現実の姿が韓国の教会の暗黙の自画像を現しているという点に注目したい。この姿は社会あるいは世界の一部としての教会というよりは、自ら孤立し世界に対して壁を作る一種の「城」のような姿だ。この教会は世界から分離されたどこか異なる次元に存在するもののように見える。いや、もしかするとこの教会は自らを「箱舟」として位置付けているのではないか。滅亡の危機に陥った世界の中で唯一救いが可能な、世界の「表面」から浮遊した「箱舟」だ。世界は崩壊しつつあり、その中に乗っていればこそ救われる。「生き残りたければわれらの箱舟に乗れ！」

ところで、そうであれば、この物語の中で箱舟の外の世界はどうなるのだろう。

ある日、日曜学校のグレープ先生がクラスの子どもたちにノアの箱舟の物語を大きな声で読み聞かせた。洪水が徐々に引いていくくだりに差し掛かると、彼女は本をこちらに向けて挿絵を見せてくれた。洪水が過ぎ去ったあと、キラキラと輝く頑丈な箱舟は青々と茂る木々と色とりどりの植物に囲まれており、上空には美しい虹が弧を描いていた。

子どもたちはみな魂を奪われたように見つめていたが、わたしの前に座っていたジョエルという男の子は違っていた。

ジョエルは先生が持っていた絵をにらみつけると突然叫んだ。

「死体はみんなどこに行ったの?」

先生の表情は困惑し気色は失われていった。彼女は本を下ろしながらこういった。

「何の死体のこと?ジョエル」

「死体だよ!」彼はもう一度叫んだ。「洪水に飲み込まれて死んだ人たちと動物の死体はみんなどこに行ったの?」

エレン・オグレディ「箱舟の外は?」[7]

箱舟の外の世界のことだ。

巨大な危機が迫っていると感じる時、生き残るための避難所として「箱舟」を作ろうという反応がある。中世にもそうだった。偉大な占星術師シュテプラー[8]は一五二四年二月に三つの恒星が双魚宮に位置することから二番目の大洪水を予言し、トゥールーズの領主アリエルは「ノアの箱舟」を作ったという。[9] 生き残るためには救いの箱舟の中に入らねばならず、箱舟の外の世界については われ関せずということだ。これは中世の話だ。ところで今、二十一世紀の韓国の教会が再び箱舟的自画像をあらわにしているというのか。二十一世紀韓国の教会の箱舟物語は中世の領主アリエルの箱舟とどのくらい異なるのだろう。

われわれは新型コロナという災害、より根本的には生態学的危機状況に直面している。そしてこの危機状況と否定的なイメージによって徐々につながってきたプロテスタント教会はまた別の意味における総体的危機に陥っている。

この時代の教会も、かつてとは異なるわれわれが直面する危機に符合する適切な物語を必要としている。教会はこの時代の問いにふさわしい物語を発話する必要がある。生態学的危機状況において、生態学的という概念からもう一度考えてみよう。

生態、生命が生きていく姿

生態学 ecology という用語の歴史はそれほど長くはない。十九世紀中盤ドイツの生物学者で哲学者、画家でもあったエルンスト・ヘッケル（Ernst Haeckel, 一八三三―一九一九）が『生物体の一般形態論』（Generelle Morphologie der Organismen, 一九六六）において、「有機体と無機的環境、そしてともに生活する他の有機体の間の関係を研究する学問」という意味で「Oecologie」という造語を提案したことが始まりだ。「Oecologie」という単語のギリシャ語語源をたどれば、住居単位、居住地、イエを意味する「オイコス」に、研究を意味する「ロギア」をつなげたものだ。一八九三年の国際植物学会から今日のように「ecology」と表記されるようになった。
一方「生態」は文字通り生命が生きていく姿や状態を意味している。ヘッケルの生態学の定義につなげて考えれば「生命が生きていく姿や状態」を意味する「生態」における核心的意味は生命が周辺世界と結ぶ「関係」だということができるだろう。そして人間が招いた生態学的危機は、人間が人間よりも大きな世界と結んだ関係が健康な状態ではないという意味で理解できるだろう。生態学的危機の根元においてわれわれは関係の危機を見出すのだ。

ではこの世界において関係はいかなる原理によって作用しているのか。マルセル・モースの『贈与論』は参考にすべき作品だ。彼はマオリ族社会を研究しながら「贈り物」と「答礼」がその社会を支える主要メカニズムであることを見出した。受けては返すことを通し創造される好循環関係が一つの社会を支えているということだ。ポタワトミ族出身の植物生態学者であるウォール・キマラーもやはり社会において「贈り物」が持つ重要な役割に注目している。[10] 彼によれば、贈り物はこの世界における「進行形の関係」を作り出す。費用を出して購入する商品とは異なり、贈り物の流れを通して形成される関係は螺旋形に拡張される。そして拡張される関係の中でゆるやかな感情的つながりも形成される。贈り物の流れはそうして大きな互恵的関係の円を描きながら世界を豊かにしていく。

ところで生態系に目を移すなら、こうした贈り物の好循環の範囲はただ人間どうしの関係だけではなく人間以外の生命、さらに人間以外の自然との関係にまで拡張することができる。生態系サービス（Ecosystem Service, ES）の概念もやはり人間的なものよりも大きな世界、すなわち自然が人間に与える贈り物として理解することができる。

今までは主に人間が自然から受ける恩恵を浮かび上がらせることで生態系サービスの議論が進められてきた。けれども、人間以外の自然と人間との関係においても一方的に受け取るだけの関係は成立しない。人間は自然の回復力を念頭に置き、自然が与える贈り物を適切な水準で利用しなければならず、共存のため、どのようにであれ自然に答礼をしなければならない。もちろんここにも直接的な等価交換は不可能だが、人間の答礼、ケアと分かち合いによって人間以外の自然の贈り物はさらにどこかへと流れていく。事実人間と自然とが共存してきた多くの先住民社会において彼らと地域の生態系は長い歳月をかけて互いに影響を与え合ってきた。人間とその地域の生態系は互いに贈り物と答礼をやり取りし、互いに食いつ食われつの回路を構成してきたのだった。

互恵的交換体系、贈り物と答礼によって生じる関係の重要性を見抜いたモースの洞察は今も有効だ。マオリ族を始めとする多くの先住民社会の交換関係においてわれわれが注目すべきことは、互恵的交換関係の中では人間的なものよりもさらに大きな世界（人間以外の自然）が贈与者として、そして答礼を受領する主体として重要な位置を占めているということだ。

関係は恩返しを通して健全なものとなる。社会はもちろんのこと生態学的環境から得た贈り物を返し、そして贈り物が流れてゆくことで、関係と世界は健全なものとなる。宗教は世界の一部だ。宗教が、人間が世界の他の存在と結ぶ関係を見ることなく、健全な関係づくりのために努力をしない時、宗教はリン・ホワイトの指摘の通り生態学的危機の原因でありその「動力」として作用することだろう。今日においても宗教は人間が世界を理解する視座を形成する強力な力として、そして実際的な物理的力（信徒数、組織力など）を持つ勢力として、人類が自然と良い関係を結ぶ上での、あるいは関係を壊すよう誘導しうる強力な影響力を持っているからだ。

今、韓国の教会はこうしたフィードバック回路においてどの位置に立っているだろうか。生命が生きていく姿、受けては与える関係の中に自分の居場所を見つけているだろうか。そうではないように見える。変化が必要だ。

再び世界とつながる：二つの方向の関係づくり

わたしは教会が二つの方向で世界と結ぶ関係を考え、こじれた関係を正しく結び直して再びつながることができるように提案したい。一つ目は人間的なものよりもさらに大きな世界との関係だ。二つ目は視野から消えた人々との関係だ。

その一、人間的なものよりもさらに大きな世界との関係づくり

人間のすべての組織と制度は、人間的なものよりもさらに大きな世界の脈絡においてその存在の生態学的意味を再び問い直す必要があるだろう。教会もまた同じだ。人間だけではなくより大きな生態学的「共同体」を念頭に置き教会の存在意義を振り返る必要があるだろう。

ところで多くの現代人は人間だけの世界にあまりに慣れ親しんでいるので、人間的なものよりもさらに大きな世界に自らを閉ざしたまま生きている。現代世界においてわれわれは排他的に他の人間および自らの人工的テクノロジーにのみ関与している。人間が作ったのではない世界、人間的なものよりもさらに大きな世界はあたかも人間の諸活動の背景へと退いている。特別なこと

がなければ、われわれは人間（的なもの）以外は見えても見えず聞いても聞こえない無情な状態で日々を過ごしている。そうすることでわれわれが感覚として捉える世界は徐々に小さくなり、われわれの考えも偏狭になっている。

関係の復元のためには、先ず関係を結ぶ対象を新たに発見することから出発しなければならない。人間以外の生命体、仮に木を生命とはみなさず木材とだけみなすなら、受けては与える関係作りは永遠に不可能となる。このことについて、ノルウェーのディープエコロジストであるネス（Arne Naess）の考えを参考にしてみよう。[12] ネスは生態学的危機に直面したわれわれは深い問いを問い、深い変化を模索しなければならないとし、個人のレベルにおいてわれわれの知識が生態学（ecology）から生態哲学（ecophilosophy）、さらには生態的知恵（ecosophy）へと深まる必要があると提案した。

ここで生態学とは、この用語を初めて用いたヘッケルの定義に従い、有機体と無機的環境、そしてともに生活する他の有機体間の関係に関する科学的研究を意味している。生態哲学とは、自然における人類の位置等に関する叙述的研究を指している。しかしネスが究極的に志向するものは個人が各自の生態的知恵を発展させることにある。ここで「知恵」と翻訳した「ソフィー（-sophy）」は洞察あるいは知恵を意味する直接的な行動と関連する概念だが、それはわれわれが行動を通し自らの知恵を、あるいは知恵の欠如を現しているからだ。生態学的知恵の開発のために何よりも重要なことは一人ひとりが自然を直接経験する中で生じる感覚、感情、直感だ。

実際、キリスト教の教会では生態学的危機に直面し変化のために努力しても、その方向は「人間が被造世界を保存しなければ」、「管理しなければ」、「面倒を見なければ」などであり、主に人間が（生態系保存のためとはいえ）生態環境に対してなすべきこと、人間が生体環境に作用する影響にのみ焦点を当てる傾向がある。けれども生命が生きる姿、生態学的関係は受けては与える関係であり、生態環境もやはりわれわれに何かを与え続けている。自然がわれわれに与えているものを注意深く適切に受け取ることも重要だ。これは資源の賢い使い方のことだけではない。生態的知恵の開発と関連して言うなら、われわれを取り巻く世界は、われわれに対しわれわれの反応を誘導する刺激を与え続けていることを知る必要がある。有機体と生体環境の間に生じる相互作用の基礎は、有機体と生体環境のそうした刺激を能動的に、注意深く受け取ることにある。言い換えれば、われわれの生命世界を注意深く感じ知覚することが求められている。ネスは、われわれが「一定の存在が感知するすべてのもの」としての知覚世界（Merkwelt）を拡張するようにと提案する。現代世界において主に人工的なものに周囲を囲まれて生きるわれわれの知覚世界はあまりに縮小しており、その結果われわれは人間（的なもの）よりもさらに大きな世界をあまりにも知覚することのない動物になってしまった。知覚世界を拡張すること、人間（的なもの）よりもさらに大きな世界との出会いを意図的に広げることが求められている。五感を利用して生体環境から発生される様々な信号を一層注意深く受け取り、手で触れ、匂いをかぎ、味を確かめる中で知覚世界は拡張されるのであり、生命に対する感受性も敏感になることができる。このように注意深く世界を感じることで初めて一人ひとりの生態的知恵を開発することができる。例えば、自然の中で他の命の声に耳を傾け傾聴することでわれわれは命ある存在を新たに感じることができる。こうしたことが繰り返されるほど灰色の背景は鮮やかさを取り戻す。世界は再び活気を帯びるのだ。

人はそれぞれ経験も性格も異なるので、自分の経験を基盤とする固有の直感的洞察としての生態的知恵も人それぞれで異なっている。ネスは自分の経験を通して発展させた自らの生態的知恵を「生態的知恵T」と命名する。Tとはネスが地域住民の助けを受け海抜一五〇〇メーターの高地の山裾に建てた小屋「トゥベルガスティン（Tvergastein）」（「石山」の意味）の頭文字だ。彼はそこで年に三ヶ月以上を過ごし人間的なものよりもさらに大きな世界を感じ経験することに集中し、その経験が彼がディープエコロジーを展開する基盤となっている。

ネスの「生態的知恵T」の核心は生態学的自我（大自我）の実現だ。一九八二年四月ロスアンジェルスの禅道場（ZCLA）で行われたインタビューで、ネスはディープエコロジー運動に参与する人々の多くは、自然の中で自らのエゴよりもさらに大きな何かと「つながる感覚」を受けていると語っている。ネス自身山中で手作りの小屋トゥベルガスティンで暮らし、「わたしとわたしでは無いものとの間の対比が変化」する経験をした。大自然の中でネスは「わたしは少しだけ環境の一部となり環境は少しだけわたしの一部となる」ことを経験した。このように生体環境と自己自身の境界が変化することを経験する時、自己実現は決して凝集されたエゴに限られたものにはならない。

ネスは、人間が自らの「自我」を欲望だけに従う偏ったエゴと同一視することにとどまらず、むしろ他者との同一視を経て人間ではない個体、種、生態系、そして生態圏自体と同一視できるようになる時、言い換えれば、それらとの結びつきを感じてこそ「生態学的自我」が発達し、個人的自己実現と心理学的―情緒的成熟を獲得することができると考えた。ゆえにネスの「生態的知恵T」」において「自我」は狭いエゴから社会的な自我（self）、そして生態的自我（大自我、Self）へと拡張される何かとなる。自然の中、自分自身が命ある存在によって構成された広大な世界の一部分であると感じながら、生態学的自我、大自我の発見が始まる。ところでこのように生態学的自我が発展する過程は、個人的な喜びであるのみならず政治的な実践のための変化ともつながっている。

視野と感覚の幅が狭い人々は狭小なエゴと周辺環境の間を完全に分離する傾向がある。このような状態でわれわれは無関心となり、生態環境を単なる「灰色の背景に過ぎない何か」として経験してしまう。例えば開発論者たちが生態系をどう経験しているかがそうなのだが、彼らは生態系の保存を重視する環境運動家たちが見て経験する同じものを見たり経験することができない。彼らは現実をまったく異なるものと見ており、また経験している。ネスはある地域の開発論者たちと環境保護論者の間に現れる見解の不一致が、彼らの倫理ではなく存在論に基づくものだと考えている。例えば、開発論者が人間の利益のために活用しうる「灰色の背景」あるいはむしろ「宝物の詰まったコンテナ」とみなす場所に、環境保護主義者たちは「わたしと結びついた存在」を見出している。

昨今、「コロナブルー」という用語をしばしば耳にする。新型コロナによる憂鬱感と無気力感が個人の心理を超えた一種の社会的現象として現れていることを示す言葉だ。生動する感情は個人の生と社会を導くエネルギーであり、われわれの生命と場に対する感覚、生命世界において驚嘆と喜びを得ることができる能力を回復することは、個人のレベルだけではなく社会的レベルにおいて、さらには生態学的レベルにおいても重要な問題となる。ネスが指摘したように、世界と結ばれることで生じる感情は「事実」と「価値」を結合させる接着剤の役割を持っている。

「なぜあの人々は自然界の未来に対して他の人々よりも神経を使うのか。なぜ人々は自然と自然物に対し異なる考えを持ち、感じ、行動するのか」。人類学者のケイ・ミルトン（Kay Milton）はこれらの差異は直接的な自然経験によって作られるが、この時、感情がその中心的役割を果たしていると主張する。この感情は主に個別的有機体が環境内の対象と相互作用する際に誘発されるものだ。

生態学的に意味のある変化は倫理観や義務感よりはむしろわれわれが何を感じるかという点、感情と関連した問題であり心象だ。自然の中でその創造的力を経験し生命に対する感覚と場に対する感覚を持つような場合、変化のための動力はもっとも容易に生み出される。ゆえに生態学的危機に直面したわれわれは自然に対して異なる考えを持とうと努力することにとどまらず、自然を今までとは違い「十分に」感じるように努力する必要があるだろう。

その二、視野から消えた人々

現代社会は、いわば生態学的危険社会となり、この事実はすべての人に認められている。こうした状況で目にとまるのは、われわれの社会で生産、流通する主な物語がしばしば「喪失」、あるいは一種の「省略」を特徴とするということだ。特定の主題を見えないようにするのは現代社会の主たる価値である無限成長と経済的利潤獲得のための核心的戦略の中の一つであり、これを内面化した人々の中ではそうした忘却をごく自然なものとして受け止める現象、いわば「忘却の自然化」が起こっている。生態的危機の現象はこうした社会的喪失、忘却のメカニズムとも不可分に結びついている。このような社会的忘却の傍らには資本主義が稼働している。社会生態学(social ecology)の議論はこのようなメカニズム、システムを批判的に分析する。

歴史地理学者のジェイソン・ムーア[13]は、資本主義の歴史における価値法則の二つの局面として(一)資本の絶えざる蓄積(二)搾取関係と自由関係の絶えざる拡大をあげている。資本主義は持続して増加する生産、消費、浪費によって稼働する。資本の蓄積のために労働生産性を高めねばならず、そのために低廉な食料、労働力、エネルギー、原料を産出しなければならない。これら「三つの低廉なもの」によって価値が蓄積され、これら三つの低廉なものが悪循環のように再生産されるということだ。安い価格によって自然と労働が最大限に搾取される中、こうした低廉な自然、低廉な労働力は使い捨ての一回限りの品物のようにみなされていく。一か所で可能な限り低廉な生産を行ったあと、これ以上低廉な利用が不可能となる場合は、辺境、「フロンティア」への進出が資本主義の出口役割を担ってきた。生態社会学者デレク・ウォールが言うように、資本主義経済はひとたび自然が壊れたとしても「向こう側に渡って垣根を作ることができる新開拓地があると仮想する」がゆえに、長期的な生態系の保存が黙殺されてしまうのだ[14]。

こうして利潤の創出と資本の蓄積のために低廉な自然、低廉な労働を利用しつつ、これのつまずきになるような声を排除しその存在を隠蔽することは、資本主義世界の至るところで広範囲に起こっている。このような隠蔽と排除を市民たちが当たり前に受容している現象は、いわば「忘却の自然化」と呼ぶに値するだろう。現代社会において市民はおおよそ自分たちを消費者とみなしているのだが、これは忘却の自然化を可能とする主たる要因の一つだ。消費者であることに満足する市民の主たる関心は、自分が支払う金でより一層良い商品を見つけ出すことだ。場所であれ生命体であれ、ひとたび商品となれば、そこに「忘却」が伴うのはほぼ必然といえる。商品は悲鳴をあげない。魅力的に包装されて陳列台に並べられるだけだ。消費のための商品化の過程において生じる破壊を外部化し隠蔽する構造の中で、最小の価格でもっとも良い商品を求めることに注力する市民は、商品が満足であれば商品化の過程で生じる破壊を黙認する「賢い消費者」となる。順応する賢い消費者は商品が気に入らなければ簡単に他の商品を求めてその場を立ち去ることができる。問題は、こうした関係が現代社会においてはほぼ無限大に拡張しており、現代人にとってこのような「ねじれた関係」があらゆる関係における一種のモデルになっているということだ。順応する消費者は忘却のシステムの中で辺境、フロンティアで生じている不当な現実を見ることができずにいる。不平等と排除、疎外の暴力を当たり前のことだとみなすようになる。

視野から消された人々の声をなんとかして聞こうとする努力が必要だ。新型コロナを巡って生じた様々な状況を人類史上の大災害を引き起こした種々の伝染病、つまり中世の黒死病や一九一八年のスペイン風邪前後の状況と比較した歴史学者チャン・ムンソク教授の論文には一見の価値がある。[15] 彼は黒死病とスペイン風邪、今日の新型コロナが「世界的次元の交易と成長の結果」であると指摘する。特に注目すべきことは、過去に人類は伝染病の大流行を経て恐怖にとらわれ社会的結束と連帯を放棄したという点だ。そうした中、次第に社会の周辺部のもっとも脆弱な少数集団が最も多く伝染病の犠牲となったのみならず、様々な汚名を着せられることで社会的嫌悪の犠牲にもなった。特に資本主義社会においては、危機が深まるに連れ使い捨て人間とみなされる人々の生活の場は一層脆弱になる。ねじれた関係を正すために、われわれは視野から消された人々、排除された弱い人々と再びつながらなければならない。今日、教会はどのような場に立っているだろうか。

地球上の教会の場

資本主義の影響力は教会内にも現れているが、大多数の教会もやはり資本主義の隠蔽戦略に包摂されており、資本主義社会のねじれた関係は教会内にも存在するようだ。さらには、危機状況に直面した人々の漠然とした不安を自分たちの教会の量的成長のために活用しようとする現象が現れている。こうした現象は、自らは世の中にありながらもあたかもこの世を超越しているかのように、世の中とは無関係に存在しているかのように立っている教会の二重の場所性に起因している。教会は今ここに属していつつもその先を追求する。言い換えれば、世の中にありながらも超越を志向する。二重の場所性を自ら鋭敏に認識する場合、こうした超越志向は教会の長所となることができる。この世のがっしりと組み立てられた統治秩序、支配的体系から離れた一種の「超越的理想」を絶えず「記憶」する中で、超越的緊張を引き起こす間隙と亀裂を作り出すことができるからだ。対案社会運動に関わる人々が次第に新しい変化を生み出す宗教の力に期待を寄せているように見えるのもこうした理由による。しかしこの反面、教会がこの世に属して存在しているという厳然たる事実を否定し自分たちは聖なる世界にいて世俗からは断絶しているかのように自らを閉ざしてしまう時、教会は周囲で生じる様々な社会的問題、危険などをむしろ覆い隠し現実を見ようとさせない機能を果たしてしまう。このような教会は世俗の問題を世俗に任せ自分たちは聖なる世界のことを行うと主張するが、実は世俗の秩序と体系を暗黙的に承認し様々な問題を覆い隠す役割を果たすだけでなく、教会自体がそうした世俗の支配的秩序と統治体系の一部となってしまう。このような教会は世界が直面する問題に無関心なまま資本主義体制の内面化の先頭に立ち、自分たちの教会内部においてこれに抵抗する流れを「世俗的」だと批判する矛盾を示している。そして一部の教会は資本主義の隠蔽メカニズムを積極的に受容し現実逃避を内面化するだけでなくさらに反復的な儀礼などを活用して現実逃避を積極的に誘導する装置となりもする。しかし教会の超越志向はこの世の支配的秩序を超えた何かを絶えず記憶し振り返り追求するという意味であり、あたかも教会の場自体がこの世を超越しその上に位置するかのように振舞う一部の教会の行いは誤りに過ぎない。

前章では、互恵的交換体系、贈り物と答礼の関係が生きた生命システムにおいて占める重要性を見てきた。教会が生きた生命システムの健全な一部分になるためには、教会も生態系の互恵的交換関係において自らの役割を果たさなければならない。世界内の他の存在とつながり関係を結ぶ中で多様な姿の贈り物と答礼の流れが生じる通路とならなければならない。ところで多くの教会において贈り物と答礼の流れが開かれた世界へと流れていくというよりは、閉ざされた閉鎖系として中だけに向かって引き込んでいるかのようだ。事実、教会はこの世に位置し自然そして人々から多くのものを受け取っていることは明らかだが、韓国のプロテスタント教会の場合、受けた恵みを感謝の心で捧げる対象が教会であり、一部ではそれが教会の聖職者へと集中しているようだ。北米先住民の文化を例に取るなら、彼らの感謝の対象は自然の中にある。それゆえに自然から受けた贈り物に対するお返しとして人間が自然の面倒を見るのであり、そうすることで自然も人間の面倒を見てくれるという好循環の構造が生じる。けれども教会はどうだろうか。プロテスタント教会の一角では教会を社会の中、世界の中に位置づけ、世界の他の存在との互恵的関係を作り出そうとする努力が起こっている。しかし一般的にいって韓国の教会はこの世から分離されたどこか異なる次元に存在するものとして自らを位置付けているかのようだ。

第一線では生態的危機克服に対する教会の役割に対する失望が起こっている。わたしは生態的危険社会において「生き残る」ためには、忘却の自然化を通して狭く閉ざされた視野を広げ、不安で萎縮したわれわれの存在を拡張し開いて行こうとする意識的努力が必要だと考えている。すなわち、見えず聞こえなくなってしまった存在、忘れられた存在を発見し、見て聞いて名前を呼ぶ多様な試みが必要だと思うのだ。

教会：再びつながる

新型コロナの大流行が始まって以来、プロテスタント教会を見る一般市民の眼差しは穏やかではない。教会が世界と結ばれることよりも彼らだけの「箱舟」を形成することで市民たちからは「距離を起きたい」「詐欺師のような」どうしようもない教会だという評価を受けるようになった。まさに進退両難、切羽詰まった状態だ。こうした状態から教会が進むべき方向は「再びつながる」道だ。[17]

四世紀後半ローマの法学者セルウィウス（Maurus Servius Honoratus）は、「レリギオ religio」の語源として「再び結ぶ、再びつなぐ」を意味するラテン語「レリガーレ religare」を示している。[18] 生態学的危機の主要現象を至るところで見られる「ねじれた関係」の側面から照らし出すならば、宗教の語源から「再びつなぐ」という意味を発見することは象徴的に意味が深いだろう。[19]はたして、教会は金が神のように表現され、金が神になってしまった資本主義社会において歪んだ関係をただし再びつなぎ直すことに寄与することができるだろうか。多くの韓国の教会は資本主義に包摂された姿を見せている。けれども教会は、この世を支配するメカニズムを抜け出す超越的価値と「再び結びつく」ことを志向する固有の性格を持っているのであり、そうするための多様な資源を持っている。もし教会が世界における自らの位置を自覚し（自分たちは時間を超えた真理を持っていると主張するにもかかわらず）彼らが歴史の中に生きているという事実を認めるなら、[20]そして更に進んで教会が資本主義のメカニズムを受容し忘却の自然化に賛同することで生じる諸問題を直視するなら、教会はねじれた関係を「再びつなぐ」ことを始めるためのもう一つの場になることができる。

先にわたしは新型コロナ時代に教会の「再びつなぐ」ことが向かうべき方向を提案した。すなわち、多様な資産を活用し「人間的なものよりさらに大きな世界」と、そして「視野から失われた存在」とのつながりを再び追求することが優先されなければならない。

そのために、教会はこの世の中に根を下ろし地上における自らの場所性を確実に自覚する必要がある。ブライアン・キャンベルがいうように「環境問題は常に具体的な場に位置している。宗教も同じだ」[21]。教会は地理的に地球上の特定の場に位置している。また教会は人間社会を構成する一部分として、社会内の他の構成要素とともに影響を与えあっている。つまり、教会はこの世の中に存在する。この点を確実に自覚しなければならない。

具体的に、わたしは教会が自らが属する土地と再びつながることを望んでいる。つまり、教会が属する生物地域と再びつながる道を一つの可能性として提案したいのだ。二〇一一年、文化観光部の調査資料によれば国内のプロテスタント教会数は七八、〇〇〇余に及ぶ。また二〇一五年の人口住宅総調査によれば、全人口におけるプロテスタント信徒比率は一九・七%に達する約九、六七五、〇〇〇名となる。ほとんどの教会が物理的空間を専有しており、少なくとも教会の信徒は物質的存在として特定の場で生活を営んでいる。教会は教会が位置するそれぞれの地域、特に生物地域に根を下ろす努力をする必要がある。ムン・スンフンは、生物地域に居住するという言葉の意味を「再び見る Reenvisioning」、「暮らし直す Reinhabitation」、「居直す Restoration」という三つの概念で要約している。[22] わたしは教会と信徒が彼らが属する地域で生体環境を見直し、感じ、大地に耳を傾け、生物地域の独特な特徴と必要とを学び、自然と人々とのねじれた関係を再び回復（restoration）する過程に参与することを願っている。

また社会の弱い人々、声を失わされた人々を見つけ出し彼らとのつながりのために努力しなければならない。教会がこの世における場所性を自覚しそれぞれの地域に根を下ろす努力をするならば、関心のなかったときには見ることのできなかった多くの存在が見いだされ、彼らの声が聞こえるようになることだろう。彼らと関係を結ぶために努力しなければならない。教会の垣根を超えて、地域社会の他の人々、特に生体環境の急激な破壊によって苦しみを受けている地域の人々、そして生態環境の保存のために声を上げても公共領域から排除されてきた地域住民に対する積極的な関心と行動とが要請されている。さらに地域の人間以外の生命体、特に生体環境の破壊によって生息地が汚染され絶滅の危機にひんしている忘れられた存在に対する関心も必要とされている。

新型コロナ時代に多くの教会はマスク着用、小集会禁止、非対面礼拝などで関係の断絶、つながりが断ち切られることで今後の展望を案じている。しかし教会が直面している本質的な問題はそのことではなく、再びつながるべきなのだ。それは宗教の本質的意味であり機能でもある。何と?誰と?教会は箱舟に乗って救われた「われわれ」だけではなく、この世界の他の存在と、苦痛を受けている生命と再びつながらなければならない。そのような方向転換において、マスクなど大した問題ではないだろう。

注

1 アーサー・フランク『病んだ体を生きる』(メイ訳、春の日の本、二〇一七年)一〇頁。アーサー・フランクは旺盛な活動をしていた大学教授だった。平穏な彼の暮らしを一転させたのは心臓麻痺でありついで癌が見つかったことだった。＊原著:A.W. Frank, The Wounded Storyteller: Body, Illness, and Ethics. Chicago: The University of Chicago Press, 1995.

2 https://worldometers/coronavirus/

3 デビッド・クアメン『人獣共通すべての伝染病の鍵』（キム・ビョンチョル訳、夢見る自由、二〇二〇年）一七～一八、二〇頁。＊邦訳：『スピルオーバー』（甘糟智子訳、明石書店、二〇二一）。

4 "The Historical Roots of Our Ecological Crisis", Science, Lol. 155, No.10 ,1967, pp.1203-1207.

5 牧会データ研究所週刊レポート『ナンバーズ』六一、二〇二〇年八月二〇日。

6「国民七四％〝プロテスタントはコロナ対応間違った〟プロテスタント言論共同調査」〈京郷新聞〉二〇二〇年九月二日。

7 ロブ・ニクソン『静かな暴力と貧者の環境主義』（キム・フンオク訳、エコリブート、二〇二〇年）三三九頁。
＊原著：Rob Nixon, Slow Violence and the Environmentalism of the Poor, Harvard Univ Press, 2013.

8 Johannes Stöffler（1452-1521. ドイツの数学者で占星術家、テュービンゲン大学教授。一四九九年、彼は一五二四年二月の大洪水によって世界は壊滅すると予言した。

9 エドワード・タイラー『原始文化：神話、哲学、宗教、言語、技術、そして慣習の発達に関する研究　一巻』（ユ・ギプン訳、アキネット、二〇一八年）一八九頁。＊邦訳：『原始文化』（松村一男監修、国書刊行会、二〇一九年）。

10 ロビン・ウォール・キマラー『スイートグラスを編む』（ノ・スンヨン訳、エイドス、二〇二〇年）四七～五七頁。
＊邦訳：『植物と叡智の守り人』（三木直子訳、築地書館、二〇一八年）。

11 生態系サービスという概念は一九八〇年代初頭に初めて登場し、二〇〇五年国連主導で発表された新千年生態系評価（Millennium Ecosystem Assessment: MA）以降広く知られるようになった概念だ。MAにおいて生態系サービスとは簡単に言えば生態系が人間にサービスすることを指す用語だ。

12 以下は拙稿「北米ディープエコロジーの展開と特性：生態学と宗教／霊性の結合を中心に」『宗教文化批評』三六（二〇一九年）二章の一部を修正補完した内容だ。

13 ジェイソン・ムーア『生命の網の中の資本主義』（キム・ヨジン訳、カルムリ、二〇二〇年）四五、九一一〇〇頁。＊邦訳：『生命の網の中の資本主義』（山下範九他訳、東洋経済新報社、二〇二一年）。

14 デレク・ウォール『グリーンレフト』（チョ・ユジン訳、イハクサ、二〇一三年）三八頁。＊邦訳：『緑の政治ガイドブック』（白井和宏訳、ちくま新書、二〇一二年）。

15 チャン・ムンソク「新型コロナと歴史的視点から見た伝染病」『新型コロナ状況に対する人文学的省察（一）』（韓国研究財団、二〇二〇年）参照。

16 この段落は、拙稿「生態学的不安社会の宗教：生態公共性と宗教の場」『宗教文化批評二六』（二〇一四年）から三章「閉ざされた宗教：私的宗教の幻想」の一部を教会に関する部分を中心に修正補完したものだ。

17 以下は、拙稿「忘れられた場所の忘れられた人々：生態学的危険社会の関係構築と宗教」『平和と宗教』四巻四号（二〇一七年）の一部を脈絡にわせて補完したものだ。

18 Servius, Vergilii Aeneidos Commentarius 8, 349.

19 religion の語源に関する研究者の見解は統一されていない。例えば古代ローマの著述家キケロは「宗教」の語源を「再び読む relegere」に求めている。『神々の本性について』（カン・デジン訳、ナナム、二〇一二年）一四二頁。＊邦訳『全集哲学Ⅳ、神々の本性について、運命について』（岩波書店）。

20 David Landis Barnhill and Roger S. Gottlieb（eds.）, Deep Ecology and World Religions; New Essay on

Sacred Ground, SUNY, 2001, p.2.

21 Brian G. Campbell, "Place" in Whiney A. Bauman, Richard R. Bohannon Ⅱ, Keven J. O'Brien（eds）, Grounding Religion: A Field Guide to the Study of Religion and Ecology, N.Y.: Routledge, 2011, p. 203.

22 ムン・スンフン『生態学の言説、言説の生態学』（ソル、一九九九年）三一六～三一七頁。

裂かれ分かたれ近づくその体　新型コロナ、聖餐式と信仰共同体[1]

チョ・ミナ

災いと災害、そして宗教の関数的関係は遠いものではない。宗教は今まで災いと災害がもたらす新しい文化に適応し、あるいは適応を拒否しながら変化し成長してきた。しかし新型コロナがもたらした問題提起は過去のものとは全く様相が異なるものだ。感染症拡散とともに社会が宗教に要求したものは「集まるな」というものだった。疾病は宗教の領域ではなく医学と科学の領域であることを既に知っている社会は、これ以上何も宗教には期待しなかった。挙句の果てに感染症拡大の背後要因としてキリスト教が指弾され始めると、教会は合理性、透明性、公益性など疾病と戦うために社会が持つべき基本的徳目とは反対の価値に固執する妨害集団とみなされるようになった。防疫義務を遵守するにしてもしないにしても、この「集まるな」という要求がキリスト者たちに与えた波紋は大きい。そしてこの要求は、新型コロナの危険が過ぎ去ったとしても教会のアイデンティティと役割、存在方式について悩むべき深い省察をもたらしたのだった。

教会は信仰を共有する人々によって生じた集まり、信仰共同体だ。キリスト教において共同体の結束と志向性を表現する最も徹底した比喩は「一つの体」だ。キリスト者たちは集うことを通して信仰を堅固にし暮らしを分かち合い、さらに聖体拝領を通じてキリストの肉と血を食し飲み「一つの体」となる。カトリック信仰においてこの「一つの体」は単純な比喩ではない。キリストの体がわれわれの体に溶け込みわれわれの肉と血の一部となる、あるいはわれわれ一人ひとりの体がキリストの肉と血に結び付けられる（ヨハネ六・五六）という信仰はまさにこの物性によって信者たちの生き方に現れる信仰の神秘だ。呼吸をし、食べ、飲み、語り、歩き、走り、汗を流し、生殖をするわれわれの体にキリストがいる。こうした体と体が集いキリストの神秘体である教会となりともに生きていくのだ。

しかしわたしは最近この「一つの体」の意味を再び考えることになった。新自由主義市場経済、グローバリズムが今まで構築してきた迅速で緻密な連結網のおかげで感染症もまた同時多発的にもたらされる時代に、「一つの体」はどれほど慎重に用いなければならない単語だろうか。非対面文化が拡張し、体による出会いが縮小し制限されるならば、そして聖餐式に参与する機会すら縮小されるならば、この「一つの体」という比喩をいかに想像し考えればいいだろうか。さらに最近の韓国の社会は、「一つの体」という単語が政治的欲望や宗教的行為と結合するときいかなる破壊力を持つのか、「一つの体」であるがゆえに他の体との共生を拒否する体がいかに多いことか、その「一つの体」に属することのできない体はいかに多いことかを、あまりに歴然と示している。この「一つの体」ははたしてキリストの体なのだろうか。そうでなければ誰の体なのだろうか。

この論文は、新型コロナに触発され、教会が維持してきた既存の会合方式に対する思惟の転換が要求される今、新たな共同体文化を試みようとする信仰共同体に向けた神学的提案である。わたしは「集まるな」という要求に圧縮された、しかし実はより一層複雑な意味を持つキリスト教会の危機に対応するためには、対面の集まりを固守するとか、パンデミックが過ぎ去るのをひたすら待つとか、単純に対面での集まりを非対面に翻訳するような接近方法では混乱するだけだと考えている。対面と非対面の二分法的選択構造を抜け出し、安全な対面の条件を回復する一方で関係の深さを保つことができる非対面文化を作らねばならず、そのためにはより息の長い神学的思索が必要となる。この論文は共同体の親密感と結びつきを圧縮する表現としての「一つの体」という比喩に問いを投げかけ、さらに「キリストの体である教会」の意味をあらためて考えることで、その思索の一つの手がかりとしたい。体を閉鎖的な無機物として認識する思考に基づく「一つの体」の比喩は時代の要求に反するだけでなく聖書と教会の伝統が語っている「キリストの体」とも異なっている。既存の「体」の比喩が内包する認識の限界を認め、死んだ体ではない聖餐式の神秘に基づく体、躍動的で生きている体、割かれ分かたれついには一つの体として現れる共同体を表現する新しいメタファーが必要だ。わたしはイエスの聖餐制定が持つ意味を通じて信仰共同体の意味を再考し、これをフランスの哲学者ジャン・リュック・ナンシー（Jean-Luc Nancy）

が提案した「無為の共同体（inoperative community）」の概念に照らして検討することで新しい共同体を想像してみようと思う。

「一つの体」を再び考える

体はすべて人間を「人類」としてまとめる普遍性の土台となると同時に人類を細分化する個別性の土台でもある。西欧を中心とする二十世紀人類学的思考は体と精神を分離し、人間固有の能力を精神に与え体と自然を治め克服すべき対象とみなしてきたが、実際に体は生物学的次元を超えて政治、経済、文化的脈絡において精神を区画し統制し訓育した。性別、人種、年齢、親戚、民族、国家、階級などのような差異と境界によって個人の固有なアイデンティティが形成され、またそれが固定していると信じた近代社会は体の同質性を強調した。特性を共有する体と体が集合的範疇としてあたかも一つの体であるかのようにまとめられ、この範疇を基準に体を区分し統制する規律が生じた。体の序列と優位が決定され、性別、年齢、人種、階級に従って何を着て何を食べるのかが決定される文化的コードが作られ、行為と思考方式の諸特性が先入観と出会うことで典型として固定化された。同じ体の中で共有された文化的規定力を抜け出すとか自らの体が持つ境界を超えて異なる体と出会うことは挑発と抵抗とみなされた。

こうした体の認識においては体を物理的で独立した実態とみなす考えが前提とされている。皮膚を表面として閉ざされた、あたかも石やプラスティックと同じ無機物のような閉鎖的に集中しているある塊として体をみなすということだ。無機物は物理的接触を通してのみその存在が確認される。したがって体を無機物のように考えるならば、物質と物質としての体が触れ合っていない状態、相手の同質性と接触可能性が物理的に確認できない状態においては関係の形成が極端に制限されると信じられている。体を無機物として認識する思考は共同体を無機物として認識する思考をもたらす。体同様共同体をぴたっと閉じた、固定化された目的を持った、一貫した世界観を持った、一定した行為基準を持った、同質的な体と心によってアイデンティティを強固にする閉鎖的な塊として認識するということだ。「集まるな」という社会的要求を教会に対する挑戦として受け止める視点においては体と共同体に対するこうした認識が座を占めているのだ。

信仰共同体の存廃に対する不安と危機意識によって表現されるこうした認識は、聖餐式に直接参与することができないことから生じる懐かしさ、熱望とは異なる次元のものだ。これらを分離するならば、パンデミック拡散とともに教会の集会が規制され始めた時、常識的には聖餐式に対する聖餐的理解が強いカトリックが非対面での集会要請を受け止めがたく感じると思えたが、実際にはそれとは反対にプロテスタントの抵抗が強かった理由を説明することができる。すなわち、個教会中心であるプロテスタントは対面集会の規制を教会の存廃に関わる挑戦として解釈したが[2]、公教会中心のカトリックは相対的に危機感が薄く、悠然と適応することができた。しかし対面集会に対する規制が長期化するならば、カトリック内にも深刻な危機感が醸成されるだろうし、そうなれば抵抗も強まることだろう[3]。

同質性を基盤に体と共同体を考えることは教会内での強力な結束を確かめるためには助けとなるが、嫌悪と差別と排他性に根拠を提供することにもなる。コリント前書一二章において使徒パウロが描写したように「一つの体と多くの肢体」が互いの深い理解をもとに有機的につながった共同体は「一つの体」の共同体としの理想的な姿であろうが、韓国カトリック教会の現実はどうだろうか。現実の教会は残念ながら共同体性ではなく群衆性に基盤を置く、同一な意識と規範に縛られ変化と刺激を拒否する「集団」にとどまっている場合が多い。群衆性と結束力が優先視される「一つの体」に対する情熱は教会内部においては訓育と強制を、外部に対しては排除と合理化の要因ともなる。[4]「一つの体」のイメージを教会に適応した瞬間、われわれは教会の内と外とを区分し始め、信者の誰かが異なる考えや行動を見せるとその人を不穏な存在とみなし始め、模範と考えられている体の掟を立ててそれに倣えと強要し、露骨あるいは暗々裏にその体の境界内に立ち返る基準を立て、境界外にいる人々を追い出しにかかるのだ。一つの肢体が苦しめばすべての肢体がともに苦痛を受けるというのではなく、中心となるいくつかの肢体の安穏のために周辺の肢体が犠牲となることを強要する。考えてほしい。模範となるその体がいかなる様相を呈しているだろう。「正常」で、「標準的」で、「健康」で、「調和的」なその体はあなたの体か、あるいは誰かが強要した体なのか、黒い皮膚の中東人イエスの体、犯罪者として追われ拷問と鞭打ちの果てに十字架で処刑されたその体、傷もそのままに復活したその人の体と似ているのだろうか。「集まるな」という要求が始まると、多くの教会共同体が集まることができていた時間、体で集い「一つの体」となっていたその時間に対する切ない思いを表現した。しかし「一つの体」の中で傷つけられた人々、自らのアイデンティティと暮らしぶりを放棄し「一つの体」に属するために奮闘した人々、それにも関わらず結局「一つの体」になることができず教会を離れなければならなかった人々にも、その「一つの体」は生きてきた記憶を呼び起こすだろうか。われわれの社会にある多くの「一つの体」信仰共同体の中で、感染症によって最も大きな被害を受けた非正規職、契約労働者、脆弱な階層が自らを委託することのできる「一つの体」たち、増加する生活苦を帯びた身体的、精神的障害者たちの不平をともにする「一つの体」、封鎖措置によってさらに深刻化した家庭内暴力を経験する女性たちの目に見えない傷を自らの体に受けることのできる「一つの体」がどれほどあるだろうか。感染症拡散とともに一層激しくなった嫌悪の対象となってしまった中国人と在韓中国人たち、外国人労働者、いまだに影に隠れて暮らす性的少数者、非対面文化に適応しにくいために一層疎外されている老人たちと極貧者たちもまた、「一つの体」のどこに属すればいいのだろうか。

新型コロナの全地球的拡散はわれわれの体が個別的、閉鎖的、完結的であるという近代的認識が間違ったものであることをあらわにした。人間の体は無機物ではない。体は同質的なもの、石ころのように閉ざされたもの、完成されたものではない。それ自体が異質的なもの、分かたれたもの、変化するものだ。体はわれわれが認知できない部分によって構成されており、われわれが抗うことのできない自律神経を通じて生命をもたらしている。生きた体の基本構成単位は細胞であり、細胞が分かれ集まることで臓器となり器官となり身体を成す。また体は内にとどまらず外に開かれている。体は外部から入る異質な物、すなわち食物を通して延命し、多様な方式で外部と接触し、その接触を通して意識的あるいは無意識的に生きていることを感知する。ジュディス・バトラー（Judith Butler）が語るように、体は自分のものとして帰属するのではない。体は常に外部に開かれているからこそ他者の世界と結ばれるのであり、他者の傷跡を入れ墨のように我が身に受けているのだ。これを否定して体の個別性だけを申し立てることはわたしを構成する社会的、生態的条件を否定することになる。[5] 内部の結束だけを志向する「一つの体」共同体は生きた体ではない。廃棄された細胞たちが集まって内部へと凝り固まる死んだ体なのだ。

体を完成した塊ではなく絶えず生成する有機体の総合として考えるなら、体と体の接触は一定の空間における身体的接触の他にもはるかに微細で広範囲に発生するということを知ることができる。電話で相手の声を聞くということは相手の体の一部である声帯の振動がわたしの鼓膜を通して「接触」することだ。非対面画像によって相手の姿を見るということは百万の神経細胞の束が網膜に「接触」した相手の像を認識し視覚神経と脳神経によって受け取ることだ。ゆえに「接触する」ということはただ皮膚と皮膚とが触れる接触ではなく、見て聞くこと、匂いをかぐこと、話すこと、刺激すること、共感すること、不安にすることなど強固なわたしの個別性を揺り動かすすべての感覚、知覚行為を含むものである。こうした接触を通した外部の刺激は内部の細胞に伝達され絶えず裂かれ分かたれて成長する生成行為となり人間の生を維持している。体の基本原理はこのように接触と分裂にある。したがって非対面状況においてもわれわれは常に他者と接触し分かたれ生きているのであり、そうでなければ生きることはできないのだ。一つの空間で出会い、触れて親しむ接触だけを真の接触とみなし、そのような接触がなければ共同体内の集いと関係形成が不可能だと考えるなら、われわれは常に生じている数多くの接触の機会を、「体」の出会いと分かち合いを、ともに変化し成長することのできる関係の可能性の何かが欠乏した、真実ではない、臨時の方便とみなすことになる。

非対面文化が対面文化に取って代わることができるとかそうしなければならないというのではない。一つの空間で出会い感覚と知覚のすべてを動員し相手の全人的存在を経験する対面接触はもちろん非対面接触とは次元が異なる接触だ。わたしが問題視しているのは、対面文化と非対面文化は共存することができないという二分法的思考だ。こうした二者択一の観点から接近するならば、非対面文化をひたすら我慢しなければならない対象、あるいは克服の対象としてのみ考えるか、対面集会を非対面に単純に翻訳する技術的方式だけを検討する近視眼的立場から抜け出すことはできない。新型コロナの時代、またそれ以降の時代に宗教がただ生き残るのではなく、時代と呼吸しながら生きていくことを望むのなら、果敢なる思考の転換が必要となる。緊縮した思考によって一貫することで結局宗教は孤立と疎外を自らに招くこととなる。いや、孤立と疎外は既に始まっている。

「わたしの肉はまことの食べ物」：使徒ヨハネが理解したキリストの体

そうであれば新型コロナ時代がわれわれに投げかける問いに答えることのできる信仰共同体の体とはどのような体だろうか。わたしは体を同質的で閉鎖的な無機物として考える既存の群衆性に対する執着、すなわち教会を中心とした信仰生活に対する執着を放棄することで、かえって信仰共同体が生きた体として機能すると考えている。明確な目標のもとに集まり堂々たる「体」となった既存の群衆的生存方式を捨て、内と外の接触と分かち合いの行為を通じて（内においては固定したアイデンティティを絶えず疑い構成員間の差異を隠さず、外においては教会の空間を地域社会と共有し）積極的に他者を受け入れる方式によってだ。イエスが聖餐制定を通じてわれわれに与えた体もまた無機物のような分かたれることのない体、皮膚の中に閉ざされた閉鎖的な体ではなく、細かく砕かれ他者の体と絶えず接触し分かたれ生成する体だ。

福音書とパウロ書簡を通してわれわれに伝わるイエスの聖餐制定には「体」を表す二つのギリシャ語、「サルクス」と「ソーマ」が登場する。[6] よく知られているように「サルクス」は人間の肉体、肉の塊を意味する単語であり、「ソーマ」は人格的構成体を含む体を指し示す単語だ。より具体的に「サルクス」は有限性、軟弱さ、欲望、幼さなどに簡単に影響を受ける体であり、「ソーマ」は全人的で個別的な、分かたれることのない一つの人間存在自体を意味する包括的な概念としての体だ。[7] 共観福音書とパウロ書簡は「ソーマ」という単語によって聖餐制定当時のキリストの体を表現するのに比べ、ヨハネは「サルクス」を好んだ。ヨハネ福音書のイエスが「わたしの肉はまことの食べもの、わたしの血はまことの飲みものだからである。わたしの肉を食べ、わたしの血を飲む者は、わたしの内にとどまり、わたしもまたその人の内にとどまる」（六・五五―五六）といった時、その肉はまさに「サルクス」だった。自らの福音書の第一章からイエスが人間の脆弱な肉である「サルクス」をまとって生まれたということ、この脆弱な肉が神の体になったということを強調するヨハネの神学的立場が聖餐制定を描写する際にも一貫して維持されているのだ。[8] ヨハネはイエスが自らの血と肉を分かつというこの絵画的宣言を比喩を用いて伝えようとはしなかった。イエスの体がわれわれの体と同じ様に肉体の性質を持っているという事実が彼には何よりも重要だったことを意味している。イエスは呼吸し、食べ、眠り、汗を流す、脆弱で軟弱で、外部の影響にいつも開かれた「サルクス」であり、拷問の末に十字架にかかって死んだその「サルクス」をわれわれの「サルクス」と分かち合った。まさにその体を分かつ行為を通じて、接触し分かたれた体の性質を通じて、イエスは死んで失われることのない彼の生命もまたわれわれと分かち合ったのだった。[9]

「サルクス」を強調するヨハネの神学を受け聖餐神学の基盤を作った五世紀以前の神学者たちにとって、イエスの体が時空間を超えてわれわれの体と接触し一つとなるサクラメントの神秘を神学的言語によって表すことが何よりも重要だった。[10] そのためには体を一つの肉として、体の接触を皮膚と皮膚の接触としてのみ認識する思考を乗り越える神学的想像力が求められた。[11] 彼らはイエスが自らを「いのちのパン」と明示したことと、パンを分け合う行為を通じて自らの体を弟子たちと分かち合ったという事実に着眼した。そうして、パンが細かく裂かれわれわれの生きた体に摂取され生命を保つように、パンを分かち合う聖体拝領を通じてイエスの体が「われわれの体に入り体の一部となりわれわれの体を変化させる」という、目に見えない神秘とわれわれの体の物質的性質が結合するサクラメント神学の根拠を作り上げた。[12] ここにおいてキリストの体がわれわれの体の一部となるということは神の体がわれわれの体に還元されるという意味ではない。パンの形で砕かれ分かたれるがいまだに生きたキリストの体が、生きたわれわれの体に入り体の生成作用を通じて体全体を変化させわれわれを生かすということだ。初期の神学においてはこのような分かたれた体、生成する体に対するビジョンが生きていた。中世に入り教会の一致と単一性を強調する神学が権威を持つようになると、聖餐式の中でキリストの体を表す単語が「サルクス」ではなく完成され分かたれることのない「ソーマ」に落ち着いたということは示唆するところが多い。

ヨハネ福音書とキリスト教初期のサクラメント神学がキリストの体の実際性を通じてわれわれが学ぶことができるのは何だろう。まず聖餐式中心にキリストの生ける身体があるという信仰だ。サクラメントを通じ受け食すキリストの体は個別的、閉鎖的、完結的な無機的実体ではなくすべての人間の体と同じ様に分かたれ接触してこそ生きられる、生成し変化する有機体だ。彼の体を受け取るわれわれの体もまた分かたれ接触すべき有機体、内部の互いに異なる機能を活性化する外部からの大小の接触に開かれているべき体だ。すなわち聖体拝領を通じてイエスの生と苦痛と復活に参与すると信じるわれわれの信仰は生きた体を前提にする時、その体の生成作用を前提にする時に実在する生命の神秘となる。一つの塊としてまとまり一つの考えで動く機械ではなく、内部の多様性と外部の刺激に常に開かれているべき体だということだ。分かたれることと接触することを通じた共生は聖餐神学のみならず三位一体神学においても表現される神の存在方式と品性だ。三位の神は互いに還元あるいは融合されることなく各自が違いを維持したまま互いを愛し一致する生きた神なのである。

外に向かう教会、裂かれ砕かれてこの世を一つの体とする教会はフランシスコ教皇がたびたび強調してきた教会の姿でもある。二〇二〇年九月、パンデミックのさなかに発表した新たな回勅「すべての姉妹兄弟たち（Fratelli Tutti）」において教皇はこれを明らかにしている。「人々の生に同伴し、希望を示し、一致の徴となり、～架け橋を作り、壁を壊して和解の種をまこうと家の外に、聖堂と祭具室から抜け出し外へと向かう教会になることを願う[13]」。外に向かう教会とはキリストの体である教会の本質を失うことなく、社会的連帯を通じて社会を姉妹兄弟として結びつけること、「集団」としての外皮を脱ぎ捨て生きた共同体として生まれ変わることだ。そのために教会の躍動性と創意性を再発見する原則となるものは愛である。教皇が回勅で特別に強調したのは愛の多様な性格の中でも「カリタス（Caritas）」であり、それは特定の行為と感情を称える言葉ではなく、生の道、生きていく様式自体が愛によって変化し神の中で結ばれ神との一致を生み出し生きることを意味している。このカリタスが生のあらゆる領域において、教会のみならず個人と社会、国家間の外交政策などすべての領域における原則となるべきだということであり、教皇はそれを「社会、政治的カリタス」と表現する。言い換えれば、カリタスとは全人的ですべてに通じる生の様式の変化を要求し、そのためにはキリスト者が聖と俗との二分法に基盤を置く伝統的な宗教の領域に留まることなく、社会、政治的領域に具体的に介入して愛を示すことができなければならず、また社会の条件を変化させ新たな社会構造を作ることにも積極的に声をあげなければならないということだ。こうして新しい回勅には裂かれ散らされ、ついには一つとなる教会、聖餐的教会のビジョンが生きている。

聖餐的教会、キリストの体によって一つの体となる教会の意味を再考するなら、同質的、閉鎖的な体に基盤を置きすべての信者が教会に集まる対面集会を通じてのみ信仰共同体のアイデンティティが確かなものとなるという既存の認識は適切ではない。対面と非対面の二分法的思考を作る原因となるものもまさに既存の教会だけを中心とする信仰生活だ。かえって教会における集団的な対面に執着するよりも安全な対面条件を通じて生まれる小さく持続的で日常化された接触、構成員一人ひとりが共同体内部と外部をつなげることのできる分かち合いを通じた接触が聖餐神学の原理により近い。そのために構成員が互いに還元されるとか融合されることのない「距離」は共同体の生において必須となる。聖餐的教会のビジョンはさらにヤン・グォンソクの提案、新型コロナによるこの危機状況を「互いに緊密に関係し助け合う社会性の側面と、物理的、空間的、肉体的に距離を置くという外観上異なるように見える二つの課題の結合を試みる機会」として積極的に捉える端緒を提供している。[14]

無為（inoperative）の共同体としての教会

では、聖餐神学が描くキリストの体はパンデミック状況が引き起こした教会における集会の危機に対し具体的にどのような提案ができるだろう。教会の未来に対する悲観的で懐疑的な味方が教会内外にみうけられるが、わたしは相変わらず教会が果たすべき役割があり、なすべき課題があると考えている。ただ教会の改革と変化がこれ以上遅れることのできない地点に至っているという事実を今や深刻に受け止めなければならない。教会はこれを契機に同質的で閉鎖的な「一つの体」、その死んだ皮膚の下で膿んでいる傷を隠すことなく内と外にある生命をあらわにして共生をもたらす共同体として進まなければならない。形式と手続きにとらわれこの世の向こう側に天国を定めて信者たちを集める死んだ体の信仰から抜け出さねばならない。イエスが死を経た後にわれわれのもとへと帰ってきた時、われわれが捕まえてすがりつくことができるような体を残しはしなかった。復活した彼がマグダラのマリアに語った言葉は「すがりつくな」だった。彼は個別化した体によって存在していた自身の体を裂いて命のパンとなりわれわれの暮らしに、生きているわれわれの体に帰ってきた。「すがりつくな」というイエスの声は「集まるな」という社会の要請とともに教会の役割とアイデンティティに対する根本的な省察を呼びかけている。

集団性に執着する教会は構成員が一つとなる単一なアイデンティティを原則とする。一糸乱れず行動する軍隊のように葛藤も異見もなく、油のよく回った機械のように機能する教会組織は司牧者のロマンだ。違った考えを表明するとか異なる暮らしの方式を追求するいわゆる「跳ね上がり」の構成員を司牧者が共同体分裂の原因とみなし、ついには信仰的、道徳的批判を加えることも珍しくはない。単一な共同体は司牧者だけに都合がいいのではない。信者たちもまたこうした面倒な存在を疎外あるいは説得の対象と定め、切り離してアイロンをかけてすべすべで緊張のない「本来」の状態に戻したいと願っている。このような共同体において追求される理想は外部と内部の変化に容易に揺れ動くことのない「純粋な」状態に留まっている。この「純粋な」状態は全くその内容が問われもしないまま共同体のノスタルジーとして残り構成員たちの意識と無意識を支配し、この理想に到達するための自己検閲と訓育の仕組みとなる。

単一のアイデンティティに固執する司牧者と信者たちの欲求はおおよそ教会の「目標」と「プログラム」として表現される。一定の目標を立てきちきちにプログラムを回してそれを成し遂げる過程を通じて共同体は一つとなることを確認し、共同体が追求するものであればいかなる個人の犠牲もいとわないようにとそそのかす。異なる意見があるとしても共同体の目標とプログラムに同調すべきだという心理的な圧迫を受けることとなり、内容が非合理的であっても「一つとなる」理想を実現すること自体を大きな喜びとみなすこのような教会は組織の効率性が高いので良い成果を出すこともあるが、成功の経験が積み上がることで一つの心一つの体として動けば何でもできるという信仰が強化され、集団主義的、全体主義的性格が強固になる。構成員はこの組織の一員となることで亀裂もなく外からの挑戦もない安全を求め、組織を通じた同一性と固有性の保証を願うようになり、さらには自分のアイデンティティも組織の中で具現化しようとする。このような集団主義は教会内外の他者に対し容易に拒否感をもたらしてしまうだろう。

聖餐式が示す教会のビジョンはこのような単一のアイデンティティとノスタルジーに寄りかかって延命をはかる教会ではない。生けるキリストの体によってつながる教会はその体の中心であるイエスがそうであったように、裂かれ分かたれ他者と接触し混じり合って生成する教会だ。この教会は守るべき一つのアイデンティティに執着しないので内部と外部の異質性を拒否することなく絶えず自らの体自体を変化させ他者を受け入れる。このような教会は目に見える目標とプログラムと成果を通じて存在意味を持つのではなく、構成員の多くは小さな接触を可能とする緩やかな枠組みが可能となることで、ただ「共にある」ことによって意味を持つ。ある論理、基準、理念、同一性を前提とせずとも共に存在しうる共同の生を追求する。聖餐的共同体はこの様に手放すこと、空になることを通じて初めてこの世とともに呼吸する、キリストの体である教会だ。生きた細胞である構成員の目でこの世を見、彼らの耳でこの世のため息を聞き、彼らの手と足でこの世とつながり、彼らの口で福音を告げる教会、自ら城郭を崩してこの世へと、暮らしの中へと入っていく教会だ。

フランスの哲学者ジャン・リュック・ナンシーの「無為の共同体」概念が聖餐的教会を想像する上で助けとなるだろう。[15] 前世紀、教条主義的マルクス主義の敗北と東欧圏の没落によって明らかとなった集団主義の問題を自身の重要研究課題とするナンシーは、失敗の歴史にも関わらず個人主義を超えた共同体、共に存在する方式に対する研究は相変わらず有効であると見ている。ナンシーが批判するのは共同体を社会、集団と一致させようとする全体主義的試みだ。社会と集団が同一性の基準に従って閉ざされた構造を作り上げ内と外とを切り分けるなら破局は既に予定されている。一方彼が注目しているのは集団と社会内へと還元されない人と人との間の関係だ。その関係は価値と成果と概念によって評価される既存の共同体の構図に従属されない平等と疎通の場であり、人間の基本的な熱望である。[16]

ナンシーが主張する「無為」の共同体の「無為」とは何もしないということではなく、共同体が同一性を強要しないという意味だ。企画とプログラムの完遂のために存在しないという意味だ。無為の共同体は「共にある」ことが目的だ。理想を掲げ全体主義的方式を通じてある目的を成就するのではなく、固着しない関係それ自体を目的とする開かれた共同体が無為の共同体だ。ナンシーの言葉を借りればこのような共同体は「課題に先立ち、課題の向こう側に存在するものであり、課題から脱皮するもの」だ。したがって無為の共同体は拡張と完成に邁進するのではなく、「中断、破片、猶予」など構成員すべてが経験する生の脆弱さを共同体の自然な要素として受け入れる。[17]指導者の理想と計画に左右されず構成員たちの生、彼らの関係、またその限界を通じて動く。合一と一致ではなく不一致をもたらす疎通によって、分かち合いと分有によって成長する。外部外部との接触は共同体の生において必須だ。境界を乗り越える他者によって内部の違いと不一致が浮かび上がり、その不一致を省察し識別する過程を通じて構成員が共感能力を育てることができるからだ。同一のアイデンティティや果たすべき目標が無いために互いの差異を毀損する理由も無く、むしろその違いが共同体に活力をもたらす。[18] つまり退く中で現れる、退かなければ現れることのない未完と未知の存在を受け止めることで共同体自体が意味を持つのだ。[19] 無為の共同体は効用という意味ではいかなる目標も持たないが例外的に一つの目標を持つ。それは他者に対する倫理的責任だ。全員が普遍的に不安定で脆弱であり、それ故に互いに接触し頼らざるを得ないという事実が共同体の存在根拠であり構成員が共に担うべき責任となる。また共同体の構成員だけでなく外部からやってくる未知の存在もまた人間としての脆弱な体を持っているということ、その脆弱な体によってこそ互いの境界を超え人間という広い大地において結びつきを形成するということが共同体の唯一の課題となる。それ以外のすべての企画は二次的なものだ。

このような共同体が教会の未来だとすればどうだろう。わたしとあなたの脆弱さを通じて共に存在する、そうすることでわたしの生が他者とつながっており彼らに依存する他はないことを認めるこのような無為の共同体がわれわれが作るべき聖餐的教会の姿だとすればどうだろう。もちろんこうした教会は「不可能性」という形を取ることだろう。ナンシー自身も無為の共同体は未完の論理によるものであるゆえに完成されず、その実体もないと語っている。[20] 資本とテクノクラート的統制、合理的計算と無関心が支配する世界においてこの無為の共同体は到底受け止められない存在方式だ。目に見える成果を指標と定め体を使いお金をはたいてこそ、他人を押しのけてこそ生きていけると信じる資本主義の論理を踏襲した教会。中産層と、貴族化し同じ生活水準を持つ人々同士が集まって教養と品位を維持する教会。貧しさという実在の苦痛を抽象的で霊的な問題へと還元し祈りを通して記憶し口にする霊性が慣習となってしまった教会。熱心な信仰生活を送りふさわしい資格を持つ人々にだけ開かれた教会。そのふさわしさを持ち得ない多くの人々、離婚した人々、堕胎経験のある女性たち、性的少数者たちを直接間接的に排除する教会において無為の共同体ははかない夢想に過ぎないだろう。

しかし不可能だということがこの共同体にたどり着こうとする想像力をも不可能にすることはない[21]。言い換えればこのような共同体は完成に意味があるのではなく、想像することに意味がある。新型コロナ以降の時代に備え信仰共同体を新たに構想すべき今、最も必要なのはこのような想像力だ。固くかたまり化石化した「一つの体」としての教会に対する記憶ではなく、新たに生成される体と血の共同体を通じて生けるキリストの体としての教会を作っていこうという想像力のことだ。このような想像力に根を張るならば、ただ人間だという理由で尊重されるべき共通の根拠を作り上げるこの無為の共同体が新しい思惟の一つの典拠となるのではないか。

こうした想像力に基づき、われわれはあまりに長い間後回しにしてきた変化の動きを教会内部に作り上げることができるはずだ。教会が変化するためには、聖職者、修道者、信徒が共に識別し、共に決定し、共に責任を負って省察し反省する共同合議制が必須となる。そのためには教会の全般的な生活様式から互いに尊重し傾聴し理解する疎通と歓待の文化へと変わらなければならない。教会の肢体が有機的につながり共に働くのでなければ地域社会との有機的つながりも不可能であり、さらには社会的カリタス、政治的カリタスの実現も遥か彼方のものとなるだろう。同質性と群衆性に対する執着を捨てる代わりに、構成員一人ひとりの生に集中し非対面状態においても深い関係を結ぶことが可能な方式を司牧者と信徒が共に考え、対面と非対面の死角地帯においてて疎外されている人々を受けとめ支えることのできる対面による出会いの諸条件を作り出す小さな試みから始めねばならない。こうした小さな試みが集まり、われわれはいつの日か教会がすべての人が生きていくための場、自律的、自発的、日常的接触が自然にできる疎通の場、広い日常にも共に開かれた場へと変わる明日を共に夢見ることができるだろう。鈍くみすぼらしく非効率ではあろうが、こうした教会が教会の未来になるべく覚醒した場に、生きた体、キリストの体と一つとなる人々がいるからだ。企画とプログラムではなく頭を突き合わせて悩み、足を合わせて、歩みの遅い人々に歩調を合わせようと待つ人々がいるからだ。互いに寄りかからなければ、関係を結ばなければ生き残ることができない人々がいるからだ。そしてわたしはこのような人々の道が教会の最優先選択肢になるべきであり、そこに新型コロナがわれわれに問いかけている教会のアイデンティティと存在理由があると信じている。

注

1　この論文は民主平和統一諮問会議の『統一時代』（二〇二〇・一一）に掲載された「『一つの体』の意味を再

び考える：新型コロナと宗教」を大幅に拡張したものであり、主題と表現が重なる部分がある。

2 この抵抗の裏面には対面集会が規制された場合教会の財政に直接的な打撃が強くなるという実質的理由があったのだろう。牧会者の憂慮が信者の不安感と出会い抵抗が増幅された。

3 現時点では、教会史的に聖体拝領の回数と方式そして神学的動機がいかに論議されたのかを調べることが助けになるだろう。ミサ中の聖体拝領が定式化したのは教会の長い歴史から見れば最近とも言える二十世紀だった。毎日ミサが行われなかった初期キリスト教においては聖体拝領の回数に対する規定はなく、時には信者たちが聖体を自宅に持ち帰り別の日に拝領したので、ミサの回数よりも聖体拝領の回数が多い場合もあった。キリストの神性を否定した四世紀のアリウス主義に対抗しようとキリストの神性が強調されると聖餐式はサクラメントから離れることになる。畏れと崇敬の対象となった聖体を直接拝領するよりも遠くから賛美し崇敬し観想する聖体顕示を強調するようになったのだ。最小限一年に一度は聖体拝領するようにという「復活日の聖体拝領」がラテラノ公会議（一二一五）において規定されたが、中世教会で聖餐式は少数だけが参与し共同体はただ崇敬をするのが一般的だった。その中で、聖体に接触し直接手にすることができる司祭たちの特権が神聖視され、崇敬を願う信者たちに聖体を掲げる聖体降福式は厳粛さと華麗さをおびるほどに盛況になった。二十世紀になってミサの中での聖体拝領が日常化すると、一日に一度以上ミサに参与する信者たちの聖体拝領問題が提起され、一九八三年に教会法は一日に二度まで聖体拝領できると規定した（教会法九一七条）。聖体拝領の歴史については Miri Rubin, Corpus Christi: The Eucharist in Late Medieval Culture, NY: Cambridge University Press, 2008. 参照。

4 ウリ神学研究所オンライン画像セミナー「裂かれ分かたれ近づくその体、新型コロナ聖体拝領と信仰共同体」（二〇二〇年一二月）におけるワン・テオン神父（議政府教区）の発言参照。

5 ジュディス・バトラー『不確実な生』（ヤン・ヒョシル訳、二〇〇八年）五三〜六一頁。＊邦訳：『生のあやうさ―哀悼と暴力の政治学』（本橋哲也訳、以文社、二〇〇七年）。

6 聖餐式教理の基礎となる新約聖書箇所の中で、ヨハネ福音書六章に登場するイエスの「体」はサルクス、マタイ福音書、ルカ福音書、コリント前書の「体」はソーマによって表現される。

7 ソーマに対する解釈はブルトマンのパウロ神学による。Bultmann, Theology, 192. H. コンツェルマン『新約聖書神学』、キム・ガンス「パウロ神学に基づくローマ書八章一〇節の翻訳と解釈」『聖書本文研究』（Journal of Biblical Text Research, JBTR）四七（二〇二〇）参照。

8 David Grumett, Material Eucharist, UK: Oxford University Press, 2016, P.165.

9 共観福音書とパウロ書簡に登場するソーマは別に分析が必要だが本稿においては扱わないことにする。ただ、パウロはソーマという単語を好んだがサルクスとの関連性を否定はしないということを明らかにしておく。霊（プネウマ）と肉（サルクス）との間にある人間の中立性を強調するためにソーマという単語を選んだようにみうけられる。実際パウロのソーマは修飾語とともに用いられ死の体、死んだ体、肉の体、弱い体などサルクスの特性を持つものとして表現される。上掲キム・ガンス論文参照。

10 アンティオキアのイグナシウス、アレクサンドリアのキュリル、ニュッサのグレゴリオスなどを含む。

11 Cyril of Alexandoria, On the Unity of Christ, trans. Jhon Anthony McGuckin, Crestwood, NY: St. Vladimir's

seminary Press, 1995, p.131.

12 Gregory of Nyssa, Address on Religious Instruction, in E.R. Hardy（ed）, Christology of Late Fathers, Louisville, KY: Westminster John Knox, 1954.

13 「すべての姉妹兄弟たち（Fratelli Tutti）」二七六項。＊邦訳：『回勅　兄弟の皆さん』（西村桃子訳、カトリック中央協議会、二〇二一年）

14 ヤン・グォンソク「コロナ以降の世界と教会」（クリスチャンアカデミー、ＮＣＣＫ共同企画による連続討論会の第一回フォーラム、二〇二〇年九月一四日）参照。

15 ジャン・リュック・ナンシー『無為の共同体』（パク・ジュンサン訳、インガンサラン、二〇一〇年）、二三頁。
＊邦訳：『無為の共同体―バタイユの恍惚から』（西谷修訳、朝日出版社、一九八五年）

16 Jean-Luc Nancy, The inoperative Community, Minneapolis, MN: The University Of Minnesota Press, 1991. p.3.；パク・ジュンサン「無為の共同体のいくつかの概念について」『哲学と現象学』四六（二〇一〇）参照。

17 ナンシー、三一頁。

18 ホ・ジョン「有限性と脆弱性という共通性－ジャン・リュック・ナンシーとジュディス・バトラーの共同体論」『多文化コンテンツ研究』一四、二〇一三年四月、四一〇～四一四頁。

19 ホ・ジュン、四二九頁。

20 ナンシー、四〇～四一頁。

21 イ・ジンギョン「コミューン主義における共同性と特異性」『脱境界人文学』三／二、二〇一〇年六月、二九頁。

新型コロナ危機の中の教会の変化と隣人となる姿勢

キム・ジュイン

新型コロナ危機の中の教会と社会

始まりも分からなければ終わりも分からない新型コロナ時代だ。チョン・ウンギョン疾病管理庁長官は二〇二〇年九月、すでにわれわれが「コロナウイルスとともに長期間共存しなければならないウィズコロナ時代」を生きていると診断している（二〇二〇年九月一一日定例ブリーフィング）。ワクチン接種が本格化したが、新たに拡散している変異株は新型コロナパンデミックを新たな局面へと導いている。

市民たちは二〇二〇年の新型コロナ発生初期、集団感染の震源地となった「イエス教あかしの幕屋聖殿（新天地）」の非常識な対応と信徒名簿提出拒否などを見て彼らが社会に危害を与える存在であることを認識した。教会は新天地との積極的な線引きに立ち上がり差別性を浮かび上がらせることに成功したかのようだった。しかしソーシャルディスタンス緩和に伴う対面礼拝許容以降、教会が原因となる集団感染が生じ、市民たちはプロテスタント教会の危害性を認識し始めた。しかも教会は政府の対面礼拝不可方針に対し積極的な反対の声を上げていたのだからなおさらだ。加えて全光勲（チョン・グァンフン）事態が起こった八・一五光復節集会は教会に対する無関心を超えて嫌悪をもたらした。追跡されないよう携帯の電源を切らせていたなどの事実が明らかとなり、集会に参加していた陽性者が地域の防疫担当者から逃げる映像が広がり、プロテスタント教会は到底相手にできない、非常識で社会に害悪となる集団だという世論が拡散した。

二〇二〇年一月中旬以降、韓国社会のすべての構成員が新型コロナの拡散を防ぐために高い犠牲を払っていた。「苦痛の時間短期克服」という共通の目標下に室内外を問わないマスク着用、手洗いとソーシャルディスタンスは幼児も含めて例外なく従う社会共通の規範となった。そうしてふたたび日常へと戻る日が近いと思われていた時だっただけに、社会的感受性、危機意識と自己犠牲など見る影もない様な教会、プロテスタント信徒の姿に市民は怒り、嘲笑と蔑みを送り始めた。[1]

反面、教会発の感染が大げさに認識されているという指摘もある。二〇二一年一月二一日中央防疫対策本部の発表によれば集団発症主要施設別比率において宗教施設の比率は一七%、累積感染者数の約八・八%ほどだった。[2] これに比べ国民の大部分は教会発の陽性者比率を実際よりも高く感じている。[3] しかし、その他の集団感染発生施設と比べて教会が大部分だと推測される宗教施設の比重が大きすぎるという指摘はもっともだ。さらに教会発の集団感染によって地域社会が麻痺し、陽性者数増加は日常生活上の不安材料となったことは営業を行う人々にとって絶望的な知らせであったに違いない。国家的災害水準の危機において教会が率先して犠牲になれないのならせめて社会に従うべきだという世論の叱責は、公共性を軽視してきた教会に対する痛烈な指摘だった。

新型コロナに触発された社会・経済的危機はワクチンと治療薬の広がりによって脱出口を見つけるだろうが、教会が見せた有様に対する大衆のトラウマを克服する道は果てしなく遠いだろう。次は、コロナ危機の中で韓国の教会はいかなる軌跡を描いているのか、教会の目立った変化の姿について見てみようと思う。その中でも教会の社会的孤立、牧会者二重職［訳注：教会外の仕事で収入を得ること、兼職］の拡散と教会の浮上に注目するが、こうした変化が作り出す可能性とその含意を取り上げてみたい。そうすることで新たに展開される教会の変化の中で今日の社会において教会が守るべき隣人となることの二つの姿勢を提案しようと思う。

教会の社会的孤立

新型コロナ状況において深まった教会に対する否定的認識は教会の社会的孤立を生じさせる可能性が高いだろう。これは社会の認識とは距離のあるプロテスタント教会の言行に起因する点が大きい。端的な例が全光勲牧師の異端嫌疑に始まる二〇二〇年各教団の総会だった。八・一五光復節集会を契機にその深刻さが社会的に公論化したほどに全光勲牧師に対する問題提起は以前からあった。しかし彼の政治的影響力と教会全般の保守的傾向が考慮され全光勲牧師に対する異端規定は進まなかった。韓国プロテスタントの主流が社会に対する立場を全光勳と同じくしていることが明らかとなった瞬間だった。極右的な集会において見られる十字架、星条旗やイスラエルの国旗、そして教会団体のネット掲示板にあげられる「親北・左派による政権掌握」や「国家共産化」に対する攻撃的メッセージを見れば総会代議員たちの認識が実際に多数の信徒たちの立場と同じ脈絡にあることがわかる。

根本主義信仰に基づく、進化論・共産主義・同性愛・イスラムに対する教会の嫌悪的、反知性的態度はすでに市民社会領域からの指摘を受けていた。これに対し、国家の構成員すべてが犠牲を払って従っている政府の防疫指針に対して、これは教会弾圧だ教会閉鎖法だという自己中心的で独断的な主張は非キリスト教徒たちの教会に対する視線をさらに冷たいものにした。[4] 教会のこの様な姿勢は市民たちに、韓国の教会が政治的には太極旗集会を主導する極右勢力の主要な柱として、社会的には新天地と何ら変わることのない宗教として理解させたのだった。すなわち、公共の倫理よりも上位に立とうとする韓国の教会の認識、理性と科学を無視する教会の態度が社会に背を向けさせたのだった。

教会に対する認識の推移を検討すれば、新型コロナ事態以前から教会の社会的立場を教会自らが縮小させてきたといえるだろう。七〜八〇年代の軍事独裁政権下に政教分離を全面に掲げることで驚くべき成長を遂げた保守派の教会は、金泳三（キム・ヨンサム）長老の大統領当選に乗じて社会的、政治的影響力を本格的に拡張し始めた。「韓国キリスト教総連合会」（韓キ総）は教会が持つ組織力・動員力・資金力の象徴だった。しかし韓キ総は二〇一一年以降金権選挙、異端・エセ団体の会員加入など混乱の中、主要団体が脱退しその影響力を喪失していく。プロテスタント界は「韓国教会総連合会」という新しい超教派教会連合体を構成したが、その影響力や代表性は以前のものとは違っていた。政府はプロテスタント関係者と数度に渡って対話を行って協力を要請したが、教会発の小規模集団感染の事例が続けて発生することに見られるように、教団や教派の連合体を通じた個教会および宣教団体に対する統制は困難だった。公共的常識とは別に教会中心の論理が先立つ構造的限界が教会発集団感染という形態で現れたといえるだろう。

社会の成熟した認識について行くことができずに生じた社会との乖離、これによる教会に対する市民の無視と不信が教会の社会的孤立を深める悪循環を生み出している。既存の社会構造における政治的・社会的影響力を行使するプロテスタント教会の孤立、言い換えれば、彼らの存在に対する社会と大衆の不承認は韓国プロテスタント教会の主流をなす勢力に対する社会的不信と解釈できるだろう。新天地が社会的指弾の対象となったことは彼らの教理ゆえにではなく、一般常識から納得が困難な彼らの行いゆえだった。市民が持つ認識の地平からは、新型コロナ危機の中でも対面礼拝を強行し集団感染のクラスターとなったプロテスタントは新天地と同一線上に置かれるだろう。感染者全体の比率からは小さな数字だったかもしれないが、社会的費用を出させ地域社会と国家を不安にした教会の行いは、教会がイエスの仕える姿と自己犠牲の生に従う集団ではなく自分たちの生存論理だけを全面に押し出す利己的宗教集団と認識させるものだった。社会の他の構成員が教会を共存の難しい集団、警戒すべき集団として認識させたのだった。

教会と社会の関係が変化した状況の中、これからの十年が重要となるだろう。現在の教会指導者がベビーブーム世代（一九五五～六三年出身）だという点を考えれば、[5] 彼らが現役（六五歳）から退けば教会に対する財政的寄与の程度が低下し、教会の意思決定を主導する職分（牧師、長老）から引退（定年七〇歳）する時期となるからだ。しかし、この時期を単純な物理的世代交代の時期として、あるいは教会の外形的変化の時期として注目するだけで終わるべきではない。教会内外の地形変化はそれによって現れる新しい牧会者二重職の拡散とオンライン教会の浮上などと共に本格的に進行するだろうが、この様な変化が本格的に始まる前に、教会の存在と方向性に対する神学的取り組みが先行しなければならない。

牧会者二重職の拡散

教会の社会的孤立が加速化する状況において、牧会者二重職の拡散とオンライン教会の浮上は変化する時代に対する応答となると同時に、既存秩序に固執するプロテスタント教会に新たな端緒を開く役割を果たすに違いない。

教会の外でも仕事をする牧会者の増加は、信徒が減少し牧師が増えるプロテスタント教会が持つ歪んだ構造を反映している。毎年大量に輩出される神学生の大部分は零細で劣悪な教会環境に向き合わなければならない。[6] さらに新型コロナによる強力なソーシャルディスタンス防疫指針は、教会の空間を基盤として平日にも行われる礼拝と交わり中心の韓国の教会には致命的だった。非対面の基調が続く中で信徒たちの礼拝参与率と献金が減ることで、教役者数を減らすか教会の門を閉めなければならない状況が生まれており、二重職を選択する牧会者は今後とも増えていくことになるだろう。

プロテスタント各教団は相変わらず牧会者二重職の合法化に対して足踏みしているが、すでに牧会現場においては当面する現実に対する対案として受け止められている。教会の維持と牧会者の生存に起因する牧会者二重職は次第に当たり前の現象となることが予測されるが、現在、二重職の概念は教会からの財政的独立のみならず職場を宣教地と捉えて働く宣教的モデルとして発展している。宣教的姿勢で新しい職場で働く牧師たちにとって、そこで出会うすべての人々が隣人となり職場はまさに宣教の現場となるということだ。二重職を行っている牧師たちによれば、牧師が職場で示す信仰的価値と暮らしの姿は周囲の人々の信頼と期待として返ってくるという。[7] 信徒にとっても、牧師が講壇から叫ぶ信仰的成功神話の代わりに、牧師の熾烈な生活それ自体が自分たち信徒の同僚また隣人として寄り添う姿となっていることがわかる。

教会の社会的孤立が教会既得権勢力の解体をもたらすなら、牧会者二重職の拡散は教会内権威構造の解体をもたらす。言い換えれば、牧会者の二重職は牧師中心の垂直的構造が平坦化する具体的な契機として作用することだろう。牧会者が教会の外で働かねばならないということは教会の規模が小さいことに起因しているが、これは既存の教会システムを適用することができないことをも意味している。つまり早天祈祷会、水曜礼拝、金曜徹夜祈祷会、小グループ集会、聖書勉強会などを教役者中心に維持することは難しいということだ。平日に仕事を持つ牧会者がすべてを担うことのできない教会活動、教役者の役割は自然と分散され当然その権限も移譲されることだろう。同時に牧師が教会から経済的に自立し平日に一般の信徒と同じ労働者として暮らすことで牧師は一つの職分のようにみなされることだろう。牧会的次元においては牧師が教会の規模や信徒の献金に執着しなくてもよくなり、教会の次元においては一般信徒の主導的役割が広がり教会の事情に合わせた方式で教会が運営されざるを得ないため、牧会者が二重職をしている教会は自然と脱権威、脱成長のより開かれた共同体を目指すことになるだろう。

オンライン教会の浮上

二重職牧会者が認められないことと同様にオンライン教会も既存の教会では十全な教会とはみなされない。オンライン礼拝は可能でも教会の存在基盤がオンラインになることに対しては相変わらず否定的な認識が強い。新型コロナ以前から大型教会ではケーブルチャンネルを通じて、あるいは教会のホームページで礼拝と説教の映像を流してきたが、オンラインだけで行われる礼拝に対しては懐疑的な雰囲気があった。しかしコロナ以降対面礼拝が禁じられてから、録画の放送であれ中継であれ非対面で行われるオンライン礼拝は現状における主な礼拝方式の一つなっている。また教会のオンライン空間に対する取り組みは、オフライン教会がオンラインコンテンツを提供する水準を超えてオンラインを基盤とする共同体の形成という新しい流れを生み出している。[8]

オンライン教会の姿はオンライン礼拝から類推できる。非対面礼拝初期、多くの教会は既存のシステムのまま録画された映像をオンライン配信する方式からライブ中継へと転換した。子どもも礼拝とともにチャットもできる空間を用意する教会も増えている。一方通行の礼拝が双方向を超え多方向のやり取りが可能な方式へと変化している。礼拝出席者たちは説教をする牧師、教会の重鎮、求道者を問わず同じサイズの画面を割り当てられ、時には礼拝中でもチャットで自分の意見や感想を表現し礼拝に参加する他の人々と意見交換することができる。講壇に立つ牧師に視線を固定したまま沈黙していなければならなかったオフライン礼拝では想像もできない出来事がオンラインでは当然かつ自然なこととして生じている。

オンライン礼拝の変化は、単純な礼拝形式の変化にとどまるものではなく、これまで教会で行われていた大部分の集まりと行事にも影響を及ぼす。こうした変化はデジタル文化に慣れ親しんだ若い世代[9]を主軸に、既存の教会に失望し教会を離れた人々、既存の教会体系から排除された人々が活動可能な空間を開く。教会の空間は、上から下へと向かう一方通行の権威が主導する空間の中で生み出されてきた解釈に対し自由な接近と問いが提起され意見が取り交わされる新しい空間へと再編されるだろう。それだけでなくオンライン空間で積極的に活動する人々はオン・オフラインを超えた教会空間を拡張させるだろう。彼らは社会の現況に対しても積極的に自らの意見を表出し、必要に従って財政的後援などの具体的な活動と実践も行う傾向を示しているからだ。共通の関心と問題意識があれば誰とでもつながることができ自分のアイデンティティを明確に表現して良い影響力を与える、これがオンライン教会を構成するであろう人々の特徴だ。

したがってオンライン教会は、伝統的な教会が持っていた垂直的で一方通行的な位階秩序と権力を解体し、双方向的で平等な関係のネットワークとして構成されることになるだろう。そしてオンライン教会は牧師の権威を中心とした既存教会の姿を脱ぎ捨て、多様なジャンルの多様な構成員のオンラインの集まりとして現れる可能性が高い。こうして作られる教会の新しい様式は社会から孤立していく既存教会に対する対案として浮上するだろうと予想している。

無条件の歓待の志向

新型コロナによって生じた社会全般におよぶ危機は、韓国の教会の問題を示すと同時に未来への変化を一段と早めている。この様な変化は既存の権力構造を揺るがし今まで後回しにされていた試みを本格的に浮上させている。問題は、新たに開かれたこの場が社会に嫌われ排除された「彼らだけのリーグ」としてゲットー化される危険に瀕しているということだ。韓国の教会は社会の叱責に対して「あれはごく一部だけの問題だ、われわれの社会貢献もわかってくれ、残念だ」などと主張するのではなく、いま教会が社会に示している態度、教会の外の社会構成員との関係を点検しなければならない。

イエスの教えと行動はこれに対する基準のみならず非信仰的言語として教会と社会すべてに適用可能な諸概念を提示している。これは韓国の教会に向けられた種々の要求は信仰の観点から解釈可能だという意味でもある。以下では、教会が志向すべき隣人となる姿勢として聖書に基づいた「条件のない歓待」と「隣人との相互承認」を提案し、これらの概念が非信仰的言語とどのように共鳴するか、教会の現場における実践はどのように現れるのかについて考えてみたい。

歓待は教会やキリスト者にとって慣れ親しんだ概念だ。ところがこの歓待は誰かを教会に勧誘するという「目的が先立つ歓待」ではなかったのか振り返る必要がある。今日教会の歓待は、結局は信徒登録という究極の目標のための手段として利用されてきた側面が少なくない。バザーのような教会主催の行事であれ地域社会とともに行う行事であれ、教会の名によって教会が主導権を持つことが重要だ。教会の接近方式に従えば、教会の外にいる誰かが教会の隣人となるということは、教会が作っておいた箱舟の中に入り、教会の文化と言語を受容して同一化することで初めて可能となることだった。ともに礼拝を捧げるにふさわしい人物か望ましくない異邦人か、潜在的敵対者が区分され教会の敷居をまたいでもよさそうな人々が教会に招待された。「あの人とは一緒に礼拝ができない」「あの人を教会の隣人にすることはできない」という区別が教会の歓待には内蔵されていたということだ。真理（を知る）という権威を携え救い（の道となる）という恵みを与える能力を持つ招待者と、その恵みを受けて招待されたものという位階秩序の中で、教会は隣人との関係を結んで来たのだった。

「カスタマイズ伝道」という言葉に慣れ親しんだ韓国の教会にとって、飢えた人、渇いた人、旅人、着るもののない人、病気の人、獄に囚われている人などは面倒な相手となることだろう。しかしイエスは彼らを歓待することがまさにこの地を踏みしめて暮らしながら神に向き合う信仰の秘密であり救いの道だと宣言した(マタイ二五・三一〜四六)。神はこうして無一文の他者としてわれわれを訪ねてくるという。聖書は旧新約に渡って孤児と寡婦、旅人に代表される人々の声に耳を傾け彼らの求めに応じることが神のみ心であると力説する。良いサマリア人が、何の関係もない強盗に襲われ倒れている人の呻きに対し世話をし仕えることで応えたようにだ(ルカ一〇・二九〜三七)。イエスはそのユダヤ人が後日どんな恩返しをしたかということよりも、名も知らない人物に対し最後まで責任を果たしたサマリア人の行いに注目した。突然向き合った他者の存在に対しサマリア人は先を急ぐ自らの歩みを即刻放棄した。そして躊躇することなく他者が置かれた状況に対し最善の応答をした。そこでは自らが目標としてきた方向と速度に対する大幅な変更が生じたことになる。

この様な聖書の教えはジャック・デリダの「無条件の歓待」の概念と符合する。[10] デリダによれば、自分が誰かを招待しその相手を受け入れることは自分の優越性に基づく条件付きの歓待にほかならないという。無条件の歓待とは予期せぬ誰かの訪問に対し、その訪問者に自分の規範と文化を強要することなく自分のものを差し出すことだ。デリダは他者に対する主導権を放棄し自分の空間をすべて開く無条件の歓待に社会の希望を見出している。こうした脈絡においてイエスの良きサマリア人のたとえは、無条件の歓待の概念とイエスの教えが相通じていることを示している。

韓国の教会にも強盗に襲われた人の世話をしたサマリア人のような目的の転換と速度の変化が必要だ。この人が後日教会に出席するか、教会の役に立つかといった条件付きの歓待ではなく、無条件の歓待への転換だ。教会の清らかさと優越性で他者を招待し受け入れるのではなく、ただ彼らが教会の隣りにいるがゆえに教会は当然のこととして彼らの存在に応答しなければならない。これは、他者に対する歓待が教会が望むような実を結ぶだろうという期待すらも脇に置くべきことを意味している。他者の反応、歓待の結果を予測せず、あるいは教会の歓待が社会全体の共感を得られなくても、ひたすら与えられた歓待の使命を果たすことが神に呼び出された教会の姿だ。

こうした面において、ドイツ福音主義教会（Evangelishen Kirche in Deutschland, ＥＫＤ）は、今日教会が向かうべき無条件の歓待の姿は何かに対する良い事例を示している。新型コロナの拡散でドイツ政府によるロックダウン政策が始まる前、すでに対面礼拝を中止していたドイツの教会だった。彼らは新型コロナによって苦痛を受けている人々のケアーに力を集中するのと同時に、コロナ危機によって忘れられかけていた難民に対する働きを継続させた。二〇一九年、難民を巡る混乱と憂慮が払拭されていなかったにもかかわらず、ＥＫＤは地中海に漂流する難民のための救助船購入などの難民救助活動についてシーウォッチ（Sea Watch、国際難民救護ＮＧＯ）との協力を決議した。ドイツ国内では極右勢力が力を伸ばしていた頃であり教会のこの様な決定は教会内外から批判と反発を招きもした。しかし彼らは政治的、外交的難関を乗り越え二〇二〇年八月初頭に最初の救助船を地中海に送り、一一月からは二番目の船のための募金運動を開始した。船の購入には一隻一三〇万ユーロを要するプロジェクトだが、彼らは教会ではなく個人の自発的後援により基金を充当している。こうしてドイツの教会は自分たちに向けられた苦しみの声を聞き逃すことなく、彼らが誰でどんな恩返しをしてくれるのかと問うことなく、先ず教会が彼らの隣人になるという行動により彼らを歓待した。

韓国の教会が先立って行っているのは嫌悪だろうか、歓待だろうか。資本の論理に忠実な略奪的な社会構造[11]は、競争から追い出された人々を「われわれ」という境界線の外へと追い出し続けている。いま教会が置かれている位置において、声を上げても無視される人々、声を上げることすらできない人々は誰か、あらためて目を向け彼らを迎える準備をしなければならない。もちろんそのすべてを引き受けることのできない教会の現実がある。歓待は具体的な状況の中で行われるゆえにそれ自体が条件に左右されるという限界を持っている。デリダも無条件な歓待の不可能生を前提としている。[12]しかしこのことが教会の条件付き歓待を合理化する根拠となってはならない。限られた環境の中で行われる歓待であるとしても無条件の歓待、何も問わずに歓待しようと教会の門を大きく広げることでキリストに倣う歓待の正当性を持つことができるからだ。

ともに生きる人々との相互承認

教会は、この世を旅人として、見慣れぬ存在として、よそ者として暮らす人々が身を寄せ歓待を受ける場であるだけでなく、彼らが社会の一つの主体として立ち認められるようにと、彼らとともにある共同体でなければならない。教会のこの様なアイデンティティは、教会に集う人もやはりすべてが旅人であり、神の敵であったという事実から出発する。自分は罪人であるという自覚、そのことに対する痛烈な告白は、自分が神の国における異邦人でありよそ者であることの根拠となる。しかし、イエス・キリストの自己卑下と歓待がわれわれを神の子へ、福音を生きる主体へと変化させた。イエスは誰が歓待を受けるにふさわしいかを問うことはしない。彼はそれを求める人々に「来て、見なさい」（ヨハネ一・三五―四二、三・一―五）といい、自らの空間を開き、奇跡と悟りを経験させ、自らを裏切った弟子たちを訪ねて暖かい焚き火と夕食でもてなした（ヨハネ二一・一―一四）。自分を裏切った弟子たちに対し、イエスはそのいきさつを尋ねたり反省を求めたりはしなかった。むしろ、すでに食事が準備されているにも関わらず、弟子としての道を放棄して漁師に戻った彼らがつかまえた魚で食卓を整えようとした。彼らが生きてきた暮らしそれ自体を受け入れることで、彼らを自身の友として、神の国の同僚として認めたのだった（ヨハネ一五・一五）。イエスの弟子たちに対する承認は、あなたはわたしのすべてを知っているというペトロの告白により、互いの認め合いとなり応答となる（ヨハネ二一・一五―一七）。これが、教会が受け取った福音であり教会が隣人とともに経験すべき福音だ。

イエスと弟子たちのこのような関係はアクセル・ホネット（Axel Honneth）の「承認」の概念とも呼べるだろう。ホネットは、互いの固有性を失わずに存在それ自体として歓待され承認される相互承認を通じ、自分と他者は各自のアイデンティティを発展させ自己意識を向上させることができると考えている。[13]他者に対する承認は他者を自分に合わせようと強要することを放棄し、他者のアイデンティティを肯定的に受容する積極的行為だ。これは他者に対する自分の一方通行的な行為にとどまらず自分と他者の相互承認へと進む。自分は他者にとっての他者であるのだから自分も同様に他者による承認を通じて自らのアイデンティティを再発見し発展することになるからだ。したがって相互承認は、自分は相手を規定することはできないという自己の限界性の告白であると同時に、自分も相手がいなければ正しく把握されることのない存在だという謙遜な告白でもある。

イエスにおいても、異邦人ではあるが他者として承認されることでその共同体に受け入れられ互いのアイデンティティを新たにした経験がある。サマリアのシカルという村で生じた事件（ヨハネ四章）は、イエスの突然の訪問とそれを歓待した女性との間に生じた相互承認、そして彼らの相互承認が村の共同体へと拡張していく過程を示している。イエスは他者であった彼らに他者として近づき彼らに承認される経験をした。無名のサマリア女性は他者を承認することで自らのアイデンティティを確認することとなり、強者の論理によって排除され歪曲された他者としてではなく堂々たる主体としての姿で村人たちに近づいている。同様に村人たちもイエスを村の中に受け入れ承認する過程を通して彼らのアイデンティティを新たに形成している。イエスとサマリア女性の相互承認がユダヤ人とサマリア人の敵対関係を超えた共存の場を新たに開いたのだった。

英国ブリストルでは毎年一月から三月まで超教派の地域教会とキリスト教徒が連帯しホームレスのための夜間シェルターを運営する。[14] 従来は教会の空間を利用してマットレス一二枚を置いたが、新型コロナによるロックダウン以降二〇二一年には小規模の宿泊施設を借り上げた。収容可能人数は九名のみ、運営に必要な予算は約三万ポンドだった。支援団体を通じて出会ったホームレスたちは、宗教も人種も国籍も関係なく自分の意思に従ってシェルターが運営される期間自由に宿所に寝泊まりすることができた。本人が願えばいつでもそこを離れることができ、何かの指導を受けるとかルールを強制されることもなかった。ただ、ひとりの存在としてその空間で生活を営むことができるようにするのがシェルター運営の目的だった。

シェルターはホームレスとボランティアという関係を超えて、与え手と受け手という区分もなく互いが主体となり交わる場となった。食事は七〇名ほどのボランティアが二〜三名ずつ当番を決めて担当した。ボランティアたちの喜びは、シェルターを訪ねる人々が少しでも多く食堂に集まり会話を交わすことだった。ある人がたとえわずか数ヶ月でも安全な住まいをもとに仕事を見つけることができたという知らせをともに喜び、ある人が一言もなくいなくなってしまったという知らせに落胆し待ち続ける気持ちでともに過ごした。三ヶ月の間、少ないときはわずか三名、不特定のホームレスのためにかなりの物的、人的資源が投入されたが、そこでは誰も主人づらすることはなかった。ただ同僚である人間としてともに座り互いに助けるだけだ。シェルターに身を寄せる人々も、数日のうちには萎縮したり居心地が悪いといった様子が自然と消えていった。その場にいる誰もがその空間を構成する多様な存在の一人として承認され、彼らの話に他の人々が耳を傾けた。誰も変化を強要しなかったが、その瞬間その場にいる彼らのアイデンティティは新たに構成され広がっていた。

サマリアのシカル、英国ブリストルのホームレスシェルターで生じた相互承認が、変化する韓国の教会にも必要だ。コロナウイルスがもたらした社会の変化は教会共同体の多様化、小規模化を加速させるだろう。オンライン教会と仕事を持つ牧会者の拡散の中で教会の既存権力構造は解体され、多様な自発的集まり、牧師中心から脱皮した共同体が教会というアイデンティティを携えて登場することだろう。これらの主たる構成員は、かつて既存の主流キリスト教に受け入れられずに周辺に追い出されていた人々になる可能性が高い。このとき既存の教会は、彼らと同じようにキリストの愛の光で照らされたものとして、イエスの道に従う信仰の同僚として彼らを尊重して品位を保ち、彼らを新しい教会共同体と認めて関係を結ぶ努力をしなければならない。既存主流教会の枠から抜け出した彼らを積極的に受容し肯定的に承認する姿勢が必要だ。こうした土壌が生まれるとき、多様な共同体の発現と彼らを受け入れる教会という空間は、サマリアのシカル村のようにイエを媒介に互いを承認し互いを発見する可能性ある空間、共存の空間になることだろう。

相互承認は教会と社会との関係にも適用される。つまり相互承認は教会も他者によって承認を受けるべき対象であるという視点の転換を要求するのであり、社会における他者として新たに発見される教会の姿を自ら振り返る必要がある。真理の所有者として自らを絶対化してきた教会が他者の他者として相互承認の関係において容認され受け入れられてこそ、教会は教会としての健全なアイデンティティを持つことができるからだ。他者の視線を通じて再発見される教会の姿とそれによって見いだされる教会の使命に対するチャレンジは、歪曲された自画像を強要し存在自体を無視するような抑圧的で不正義な社会的構造に抵抗してきたイエスの姿にわずかばかりでも近づかせるものとなるだろう。

隣人に歓迎される教会

二〇二〇年三月、英国で全国的なロックダウン令が出されると教会も門を閉ざさなければならなかった。動きを止めたかのような都市の中で固く閉ざされた礼拝堂だったが、彼らの礼拝は仕えることによる礼拝（worship through service）として行われていた。ロンドンのイーストハムでは五つの小規模地域教会が超教派で力を合わせ、疎外された人々と社会の必須労働者（key workers）をための食事の提供を始めた。予算も人員も広報もなく突然始められたこの活動だが、彼らが何もない状況を地域に知らせると、地域住民の寄付が集まりクラウドファンディングだけでも一一、七〇〇ポンドが集められた。これらの教会は二〇二〇年五月以降弁当を作り物品を提供するハブへと変身しボランティアとともに地域社会に仕えている。これといって誇るべきものを持たない小さな教会が、目の前の人々の叫びに応えようとためらうことなく閉ざされた門を開いて分かち合いを始めると、教会と彼らが属している地域社会全体に変化が生じた。世俗社会において周辺に置かれていた教会が地域社会の積極的な助けと承認の中で自らのアイデンティティを確かめ、同時に教会と地域社会が互いを歓待し共存する場を新たに作り出したのだった。[15]

地域社会から歓迎される英国の教会の姿から、地域社会の嫌われものとなった韓国の教会を眺めてみよう。コロナ危機の中、さらに転落の一途をたどる教会への信頼度は教会の変化を求める声だ。そしてその変化は外部からであれ内部からであれ、すでに始まっている。成長と繁栄を福音とみなしてきた教会は次第に社会から孤立するだろうし、教会の外で仕事を持つ牧会者たち、オンライン教会を始めとする教会の新たな体系とその構成員たちは教会の変化を本格的に示すものといえるだろう。

大変革の時期、韓国の教会は存亡の帰路に立った自らの存在と方向性に対する積極的な解釈と実践を必要としている。教会から教会を見ようとする内部の視線を破って外に出て、イエスが教え世界が必要とする教会の教会らしさ、そして教会が隣人となることを具現しなければならない。無条件の歓待と、ともに生きる人々との相互承認は、そのための神学的概念であり実践的基礎となるものを提供することだろう。もちろん教会の外の人々を無条件に歓待し相互承認しようという主張は多少おかしく聞こえるかもしれない。しかし教会に向けられたイエスの要求がそうなのであり、社会の要求もこれと変わりはない。これに対する完全なモデルはないものの、ドイツや英国の教会の例に見られるようにイエスに従う道に立つ人々はこの要求に答えて歩みを進めて行かなければならない。

三〜四〇年前だっただろうか。夏の聖書学校ともなれば村のあちこちで大きな鐘を打ち鳴らして子どもたちを集めて教会に集まった時期があった。誰が来ていいか誰はだめかという基準はなかった。家々を回りながら、玄関先で鳴らす鐘の音を聞いて誰であれ来てほしいと願っていた。今は鐘を鳴らして回る路地も、路地で遊ぶ子どもたちも、都市のビルやマンションからは消えてしまったようだ。もし仮に教会が鐘を鳴らして回ったとしても人々は耳をふさいで頭を振ることだろう。しかしあのときのように社会の境界線の外に立つ人々、社会の視線の外にいる人々がいる。教会の歓待を、教会の応答を待つ人々がいる。この時代、教会が鳴らすべき鐘の音はなんだろうか。教会の空間はすべての人のための空間だと知らせる鐘の音、互いの存在を認め応援する鐘の音が韓国の教会に、その教会が立つ地域社会に鳴り響くことを期待する。

注

1 エンブレイントレンドモニター、「宗教（者）および宗教者に関する認識調査」（二〇二〇年七月一七日）によれば、非宗教者が信じたいと思う宗教（複数回答）として、カトリック七四・三％、仏教七四・三％

に対しプロテスタント教会は一九%に過ぎなかった。プロテスタント信徒に対するイメージは「距離を起きたい」三二・二%、「表裏がある」三〇・三%、「詐欺師のようだ」二九・一%などの否定的イメージが上位を占めた。この調査は八・一五集会以前に行われたものだ。

2 集団発症関連主要施設別発症現況をみれば、宗教施設が一七%で一位、新天地が一六%で二位だった。この他に八・一五集会関連感染が二%で、これらがキリスト教と関連するものといえるだろう。他の施設の場合、高齢者施設一三%、職場一一%、家族や知人の集まり一〇%、医療機関八%、体育・余暇施設、教育施設、矯正施設が四%、一般飲食店・カフェ、訪問販売、遊興施設などが二%、銭湯・サウナ、軍隊関連が一%だった。韓国の教会総連合会がGNCOMリサーチに委託した「新型コロナ政府防疫措置に対する一般国民評価調査報告書」によれば、キリスト教徒は新型コロナ陽性者全体の中で教会発陽性者の比率を平均二七%、非キリスト教徒は四八%と推測した。非キリスト教徒の一五・九%は教会発の陽性者比率を七一%以上とみなした。

4 キリスト教倫理実践運動の「韓国の教会社会的信頼度言論調査」の結果によれば、二〇〇八年の調査開始以来最近の二〇二〇年度まで韓国のプロテスタント教会に対する信頼度は確実に低下していた。そして新型コロナ危機の中で教会に対する信頼度は一層下落したことが明らかとなった。牧会データ研究所の「新型コロナ政府防疫処置に対する一般国民評価調査」(二〇二一年一月二九日)によれば、非プロテスタント信徒中で教会を信頼すると答えた人は全体の九%に過ぎなかった。

5 イエス教長老会統合教団の統計によれば、牧師と長老によって構成される総会代議員の平均年齢は六二・六歳、六〇台代議員が七五・三%を占めている。代議員の平均年齢と六〇台の比重が五年の間にさらに上昇拡大する。

6 二〇一九年統計庁の「二〇一七全国事業体調査」によれば、韓国のキリスト教団体は五五、一〇四、従事者は一〇七、六七六名だった。教会数はコンビニやチキン店より多くカフェと同水準だった。しかしその多くは牧師の謝儀を負担することもままならない場合が多い。プロテスタントの主要教団の一つである大韓イエス教長老会統合教団の二〇一九年発表によれば、全体信徒数が三〇名以下の教会が三三・八%、三一~五〇名の教会が一六・五%で五〇名以下の教会が全体の半分を超えている。さらに過去一〇年の間に信徒数三〇名以下の教会比率は二〇一〇年の二三・八%から二〇一九年の三三・八%へと増加した。

韓国キリスト教牧会者協議会の二〇一七年調査は、この様な変化が牧師の生活にいかなる影響を与えるか具体的に示している。これによれば、一五〇万ウォン以下の謝儀を受ける牧師は四六・五%、一五一万~二五〇万ウォンは三〇・四%で、牧師の平均収入は一七六万ウォンだった。二〇一七年の二人世帯最低生計費一六九万ウォン(三人世帯二一八万ウォン、四人世帯二六八万ウォン)を基準に考えれば、牧師の家庭が教会の謝儀だけに依存する場合少なく見積もってもその半分が貧困層に該当する。

7 イ・ヨンピル「三〇四〇牧会者物語」〈ニュース&ジョイ〉連載。

8 「青於藍」が実施した調査では、回答者の二三%がオンライン礼拝だけでも十分礼拝が可能であり、このままオンライン礼拝に参加する意志があると答えている部分は注目すべき点だ。回答者の七〇%がもっとも残念な部分として指摘した出会いと交わりの不足が非対面の限界を示してはいる。これらの部分が補完されるなら、オンライン礼拝を超えてオンライン教会を実質的に試みるだけの認識と環境が整ったといえるだろう。

9 彼らは最近注目される「MZ世代」とも呼ばれている。MZ世代は一九八〇年代から一九九〇年台中盤に生まれた「ミレニアム世代」と一九九〇年代中盤から二〇〇〇年代中盤に生まれた「Z世代」を合わせた表現だ。彼らは自分たちの影響力をオンライン上で発揮することを知っており自由な思考によって対案を自ら作り発信している。

10 ジャック・デリダ『歓待について』(ナム・スイン訳、ドンムンソ、二〇〇四年)参照　＊邦訳：『歓待について』(廣瀬浩司訳、ちくま学芸文庫、二〇一八年)。

11 デヴィッド・ハーヴェイ(David Harvey)は現在地球的に進行している新自由主義化の過程を資本主義的帝国主義の概念によって捉えている。その重要な特徴の一つが「略奪による蓄積(accumulation by dispossession)」だ。それは上位階級の自由と権利に変容された民営化と商品化、金融と金の要素として生じるが、これによる富の再分配は社会経済的両極化を深める重要な要因となる。略奪による蓄積の様相の一つとして、資本主導の都市空間再編は富の傾斜を加速させ、それによる都市空間における疎外と排除が一層深化する。『新帝国主義』(チェ・ビョンドゥ訳、ハヌル、二〇〇五年)、『新自由主義』(同訳、ハヌル、二〇〇七年)参照。＊邦訳：『ニュー・インペリアリズム』(本橋哲也訳、青木書店、二〇〇五年)、『新自由主義』(渡辺治監修、作品社、二〇〇七年)

12 デリダは「無条件の歓待(unconditional hospitality)」は現実においては生じ得ない不可能なものだと認めそ

れを理想として掲げるのではなく不可能なことの可能性への挑戦を求めている。

13 アクセル・ホネット『承認闘争』（イ・ヒョンジェ他訳、コヤン、二〇一一年）参照。＊邦訳：『承認をめぐる闘争』（山本啓他訳、法政大学出版局、二〇〇三年）。

14 筆者は二〇二一年二月から三月にかけてボランティアとして参加した。

15 クリトファー・ベイカーとアダム・ディンハムは英国政府のロックダウン政策の渦中だった二〇二〇年七～八月、パンデミックの間、地域の諸機関と宗教団体間の協力事業を主題に一九四地域の機関を対象としたアンケート調査と五五のインタビュー（深層面接法）を行った。英国の公共政策では暗黙的に宗教の衰退が既成事実とみなされている。しかし彼らの報告書によれば、コロナによるロックダウンの中、宗教関連団体の役割が浮上し彼らが地域社会のための重要な資源とみなされる変化が生じていた。パンデミック以降、地域諸機関は宗教団体との連携事業を行ったが、これらの共同事業に対しては応答機関の六一％が大変肯定的、三〇％が全般的に肯定的だった。否定的評価は〇％だった。Baker and Dinham, "Keeping the Faith", All-party parliamentary group, 2010. 参照。

百貨店教会の終末と新しい教会

キム・スンファン

新型コロナがもたらした韓国の教会のもっとも大きな変化は礼拝方式と集会形態に関するものだ。日曜日、定められた空間にともに集い礼拝し交流してきたコロナ前とは異なり、非対面（untact）社会となることで礼拝はオンラインと映像へと変わり礼拝の場所も教会現場から家庭へと移っている。二〇二〇年三月にC.S.I.BRIDGEが実施したアンケート調査によれば、回答者の八四%がオンライン礼拝を行った経験があり、七〇%程度が信仰教育プログラムをオンラインで受けていると答えている。[1] 諸外国も同様だ。米国の調査機関バナーグループが二〇二〇年八月に行った調査の結果によれば、回答者の三五%は所属教会で礼拝を行うが三二%は教会に出席しないと答えた。また定期的に礼拝に出席していた人々の三四%は他の教会のオンライン礼拝に参加した経験があり、一八%は様々な教会のオンライン礼拝を渡り歩きながら礼拝に参加していることが明らかになった。[2] 夏が過ぎて秋となり、状況はさらに悪化した。八・一五光化門集会以降コロナが全国的に再拡散することで、さらに強力になったソーシャルディスタンスにより教会現場での礼拝が中止され、多くの教会がオンラインと映像による礼拝へと転換し、秋の第三波の期間には大多数の教会が非対面礼拝に転換した。もちろん相変わらず対面礼拝に固執する教会も存在する。公的教会として社会的責任を果たそうという立場と、主日厳守という信仰の核心を傷つけることはできないという立場とが激しくぶつかり合う状況だ。

新型コロナが完全に収まらない限り、教会現場での礼拝とオンライン礼拝は並行せざるを得ないだろう。われわれの日常はポストコロナではなくコロナとともに生きる日常、アミッドコロナ amid-corona だと捉えるなら、既存の礼拝形式とは異なる参加方式と日常生活の方式について検討すべきだろう。教会の組織と運営も建物中心から人格的関係中心へ、礼拝生活も主日に皆が集まることから平日あるいは日常の礼拝と暮らしの中の礼拝への転換を考える必要がある。そして信仰教育と教えを聖職者中心ではなくすべて信徒を中心とし、自律性と主導性とに基づくプロセス、そして信徒中心のパラダイムへと転換するなら、コロナが触発した脱空間的信仰行為は現代版宗教改革の出発点となるのかもしれない。

新しい教会論が必要だという場合、そこには大きく二つの方向性が考えられるだろう。それはオンライン教会と家庭教会だ。オンライン礼拝は単に礼拝形式だけの変化ではなく新たな時代に従った教会論の立ち上げを要請している。仮想空間で展開される礼拝への参加と信仰の行為は不慣れなものだが、欧米におけるいくつかの事例はそれが可能であることを示している。また既存教会とは別に交わりと小グループ中心によって出発した家庭教会は、出会いを最小化しながらも教会の本質を維持し得るまたもう一つのモデルになり得るだろう。

本稿は、建物中心の限界を指摘し、脱空間的信仰の可能性に対する考察を試みるものだ。空間を離れた出会いと礼拝がコロナ状況によって新たな場所へと移っていく再空間化が進行している。オンライン教会の登場はこれまで建物中心に集まっていた信仰パターンに対しかなりの脅威となり得るものだが、反対に教会の本質は何かと考えるなら、これまで見過ごしにしてきた関係性と超越的霊性を発見する契機となるかもしれない。新型コロナがわれわれに与えた贈り物は宗教的建物空間でなくても礼拝を捧げることができるという教えだった。これは、あまりに簡単にそしてたやすく礼拝を捧げることを当然視してきたわれわれの信仰的習慣からの脱皮と、まったく異なる教会類型と信仰生活との登場を予告している。デジタル革命は教会においても例外なく現実となっている。それは大型教会を追求してきた信仰の限界を認め新しい教会論に向けた真摯な取り組みを開始させている。この考察を通じ、韓国の教会が抱えている建物中心の限界を批判し、ポストコロナにおいても持続可能な新しい教会の姿を提案してみようと思う。

集まれ、金出せ、家建てよう

韓国の教会の成長はキリスト教の歴史上類例のない爆発的なものだった。もちろん統計ごとの違いはあるものの、キリスト教到来から百年で一千万の信徒と七万の教会を生み出した。特に二〇〇〇人以上が集う大型教会が約九〇〇に達している。教会成長研究所が二〇〇四年と二〇〇五年に調査した結果によれば、国内の大型教会比率は一・七％であり、米国の〇・〇〇〇五〜〇・〇〇〇七％との比較では三〇〇倍の数値となる。[3] ク・ミジョンは韓国の大型教会を地域別に「カンナム型」または社会的階層によって「中産層」と「混合層」に区分する。特に一九九〇年代中盤から成長したカンナム型―中産層大型教会は、後発大型教会である「愛の教会」と「オンヌリ教会」に代表される。韓国の大型教会は新都市のような都市開発と中産層の成長とが合わさった結果だ。キム・ジンホは『大型教会とウェルビーイング保守主義』の中で、「弟子訓練」と「貴族的霊性」で武装した彼らの教会は宗教消費市場の勝利者となったと批判している。信徒の水平移動によって集まった人々に対応するため、後発大型教会は大規模礼拝堂の建築プロジェクトを進めた。数百、数千億ウォンの建築費を要する目に見える神の国として、教会建築は教会の成功と霊的祝福の象徴となった。

大規模建築には莫大な費用を投ずる必要がある。手腕に優れた牧会者たちはいち早く都心に土地を購入し、マンション群に隣接した教会用地獲得に成功した。教会の成長と拡張が牧会的な要因とは別に周辺立地とインフラに依存するという奇形な教会が生み出された。教会建築は通常の建築よりも多くの費用を必要とする。特に、高くそびえる尖塔を伴う工法が必要であり、施設のいたる所を最高の材質で設えることで宗教的超越性を空間的に経験させるように作られている。大規模教会の建築を行うことは、牧会者のカリスマ的リーダーシップをもとに、信徒に巨大建築を通して宗教的情熱を可視化し聖殿（？）完成により祝福を約束することを意味している。信徒は教会の大きさで牧会の成功の度合いを判断するだけでなく、彼らが仕える神も同じくそう考えているかのようだ。

韓国社会で教会の存廃を可視的に確認できるのは当然その建物ということになる。教会はあたかも中世の巨大な建物のように宗教的権威と力とを誇示する。建物はそれ自体が特定のメッセージを伝えている。巨大な建築規模は市場原理に従い正しく美しいものとして受け止められ、その場に集う人々は選ばれ救われしものとなる。大きな建物を維持するために熱心に伝道し、人々が集まればあれこれと献金を要求する。時には無理な教会建築によって返済不能となり破産することもある。建物を維持するために教会は多様な信仰的プログラムを行わねばならず、信徒の信仰的成熟に関心を向けることより、自分を良い教会の信徒と認識させるように仕向けてきた。こうして韓国の教会を説明する三つの呼びかけができたのではないだろうか。集まれ、金出せ、家建てよう。

ハービー・コックスは『神となった市場』の中で、大型教会は資本主義論理に従う消費主義の市場精神が宗教へと拡大したものだと批判した。特に韓国の教会の大型化に驚きを示している。彼は汝矣島純福音教会を訪問した経験に触れながら、企業化する姿に憂慮を示している。

超大型教会が企業ともっともよく似ている特徴は、ある学者が言ったように「残酷なまでに成長を強調する」点にある。~他の批評家が成長主義と呼ぶ現象の信奉者である超大型教会は、信徒数を伸ばしより多くの献金を集める努力に集中する。こうした活動が大部分露骨な物質主義であり、そこに真の霊的意味はまったくないという事実などあずかり知るところではない[4]。

教会建物の規模と運営は徹底的に市場論理に従っている。投資した費用を回収するために書店とカフェが入り、さらには学校や児童施設を併設する。教会の空間が空いていることは教会運営の失敗を意味するため、様々なマーケティング手法を動員して人々集めようとする。資本主義システムに従順な教会は、一般企業のようにより多くの予算を立て忠実な宗教消費者を集めようと様々なアイディアを出す。中でも教会建築はその頂点に立っている。「聖殿建築」は教会が行う最高のミッションだ。この地に神の教会を建てることほど聖にして栄光あふれる働きはないことだろう。「聖殿建築」のために無理な献金をした信徒が神の祝福を受けたというような話は様々な証言を通して美化され、限られた信徒の獲得競争が繰り広げられる宗教市場において絶対的優位を得ようと、さらに無理な建築が行われる。信仰的必要のために備えられた空間がいつしか信仰の目的となり、組織と共同体を維持拡張するためにより多くの予算とエネルギーを消費する自分たちだけの王国が作り上げられる。キリストの体である教会ではなく、堂々たるコンクリート造の教会がわれわれの信仰を保証するという間違った信仰はもはや定説となってしまった。

教会なのか百貨店なのか

場所、空間は人間のアイデンティティと認識の形成に大きな影響を与えている。その場が持つ集団的記憶とナラティブはその空間を使う人々に投射され、いつしか自分の一部として受け取られていく。われわれの記憶がどのように構成されるか詳細に調べるなら、過去の追憶は場所から場所へとつながっており、その空間で経験した出来事と諸関係が自分を連想させる上で決定的な役割を果たしていることがわかる。場所としての教会も同じだ。教会の建物は信徒の信仰的アイデンティティと特徴に深くつながっている。教会空間は神の国の模型として認識され空間の規模と様式を通じてその国を具体的に想像する。巨大な礼拝堂を駆け回っていた日曜学校生徒の神様と賃貸ビルの地下で礼拝をしていた子どもたちの神様の姿はどう違うだろう。

教会の設計と建築には明らかな意図と方向がある。使用者たちの内的価値とビジョンを外的な建物によって形象化するのであるから、空間はそれ自体によって霊的、審美的メッセージを持っている。教会の建物はそれぞれの時代ごとに追求する信仰像と信徒の内的欲求が何であるかを示している。修道院のような建物では素朴さと単純さが追求され、中世ヨーロッパの聖堂では華麗さと雄壮さが求められもする。最近は資本主義的な効率性と実用性を追求する傾向が強い。空間は一つの物語を持つのみならず、もう一つの物語を生み出すものでもある。空間の中に佇む人々は空間が発する絶え間のないメッセージに説得されいつの間にか空間の一部と化す。百貨店教会のような空間のアイデンティティは欲望に照らされたバベルの塔のような市場論理に従うもう一つの欲望とビジョンを生じさせ、現実の暮らしに相当の影響を与える。同じ欲望を携えた人々が集う礼拝堂の中で生じる多様な関係と信仰的経験は絶え間ない宗教的欲望と世俗的欲望を刺激しわれわれに語りかける。[5] 空間の経験は内面の深いところで信仰を形成させる。空間は明らかに政治的であると同時に信仰的でもある。

　教会の建物は時代の姿を代表しながら文化ごとに志向する信仰の価値と理想が何であるかを象徴的に表現している。聖書時代から今に至るまで礼拝の場が持つ霊的、政治的意味は何か。モーセの「会見の幕屋（臨在の幕屋）」はカナンへと向かう過程でいつでも移動可能かつ素朴な素材で構成され、旅の暮らしをするヘブライ人の神イメージをよく現している。一か所にとどまって根を下ろすのではなくいつでもそこを離れることを前提にすべての場所で神を礼拝できることを悟らせてくれる。ヘブライ人の神は弱者を理解して助け救済する存在であり、新しい社会へと導く存在だ。けれどもソロモンの神殿が与えるメッセージはモーセの天幕とは明らかな違いがある。華麗な装飾と大規模な姿は当時のイスラエルの国力と経済力を示しているだけでなく民の神ではない強力な国の統治者として神の全能を誇示している。ソロモンの神は成功と勝利の神であり、富と祝福を司るカナンの神々とこれといった違いは無かった。けれどもソロモンの神はエルサレム神殿にとどまる民族の神として縮小されてしまった。神殿の中にとどまる神は世俗の成功に陶酔し無力で寂しく太った神になってしまった。結局ソロモンの神殿は倒れてしまう。

　三一三年キリスト教がローマによって公認され様々な形態の教会が登場する。帝国の管理のもと、教会建築がローマの神殿の形を模倣し始めることで再び帝国的神、世俗的神へと変身してしまう。四世紀末にローマに建てられたサンタ・プデンツィアーナ聖堂内の聖画はこのことを雄弁に語る。モザイクの壁画のイエスは金の衣をまとい紫のストールを下げているが、これは帝国の権威と威厳を象徴している。[6] ギリシャ・ローマ様式で礼拝堂が建てられ、教会は帝国の宗教となった。それは彼らの戦争を支持し祝福する神であり、人々は国家の拡張と繁栄を神の国に還元し理解する。こうして国家と神、皇帝と教皇は同義語となった。ローマ時代の信仰は教会建築に見られるように世俗的であり欲望的だった。

中世ゴシック様式の高い尖塔は天にまで昇りつめようとする宗教の無限の欲望を示している。あるいは人間自身が神の座へと到達しようという欲望なのかもしれない。宗教権力がこの世を掌握していた時代、聖職者は神の位へと昇り、彼らは救いを金で売買する商売人となった。巨大な聖堂を守るため民の膏血を絞らねばならず神の名によって正当化された建築はこの地に建てられたもう一つのバビロンとなった。

今日の韓国の教会もこうした流れを踏襲している。資本主義社会における教会はショッピングモールとあまりに類似した戦略を備えている。特定の教会をブランド化し教会が提供する信仰的プログラムを貴族化し、あたかも他のキリスト者とは差別化された霊的権威を獲得したかのように錯覚させる。ショッピングモールが新しい商品を陳列し、セールを実施し、各種マーケティングとイベントで人々を集めるように、教会も多様な信仰的プログラムを提供し、霊的レベルをアップグレードさせながら差別化された信仰の経験が可能であるかのように誘惑する。消費文化が作り上げた帝国においてショッピングモールはあたかも神殿であるかのようだ。消費帝国の民にとってショッピングモールは聖なる空間であり、良い暮らしを送れるというメッセージを受け取る場所でもある。教会もショッピングモールと変わりはしない。自分たちが提供する宗教的プログラムが新たな種類の信者へと生まれ変わらせるかのように信徒を幻惑する。窓も時計もないショッピングモールがその中で日常の生と断絶した仮想的ユートピアを具現しているように、教会建築もこの世と断絶した自分たちだけの神の国を建てようと必死にもがいている。信仰の内容よりそれが象徴する記号とブランドで装わせ、自らを良いキリスト者と思わせるようにする。

ミロスラフ・ヴォルフはカウフマンを引用しながら「一人ひとりが、自分が望むものは何でも買うことができる巨大な商店のような文化の中で、宗教も一つの商品となり、どこの誰が使っても使わなくてもいい一つの社会的可能性となってしまった」と主張している。[7] 商品は人間の欲望を刺激する。教会とショッピングモールはどちらも欲望を刺激するという共通点を持つ。教会が霊的欲望を満たしてくれるとすればショッピングモールは肉的欲望に関心を持っている。人間は欲望に従って生きるが、実はその欲望も構成され学習された結果だ。ジャン・ボードリヤールは欲求の体系を生産の体系の産物として理解した。人間の欲求は内面から自然と生まれるのではなく社会化の過程を通じて生産される産物だということだ。[8] 欲求は事物自体を対象とするのではなく事物の持つ象徴的価値とメッセージを対象とする。消費者の無意識的で自動的な選択はある社会の生活様式を反映している。したがってそれはもはや選択ではない。

教会が霊的欲望をショッピングモールが快楽的欲望を刺激するように、人間は何かを欲望する存在なのかもしれない。ジェームス・スミスは人間は欲望することを礼拝する「典礼的動物(liturgical animal)」と定義した。人間は自分が愛する物を欲望し、欲望する物自体を礼拝する。霊的対象であれ物質的対象であれ、自分の欲求を満たしてくれる何かを崇拝し渇望する。人間の心はわれわれが何を愛するかに従ってその方向が決定され、その欲望は習慣を形成する実践としてわれわれを導いていく。ショッピングモールと市場で行われる典礼はわれわれの世俗的欲望に従った結果であり、教会で行われる典礼は神に向けられた欲望に従った結果だ。けれどもショッピングモールと教会が混合してしまった百貨店式礼拝堂の中でわれわれは何を礼拝しているのだろう。ジェームス・スミスは『神の国を欲望せよ』において、ショッピングモールを宗教的建築として比喩的にとらえこう語っている。

宗教の普遍性により、どのショッピングモールにおいても完全に同一形態の福音が宣べ伝えられている。わたしはショッピングモールを宗教的空間として描くことは単純な比喩や類比ではないと断固として主張したい。~ショッピングモールは典礼的機関であるがゆえに宗教機関であり、形成的空間であるがゆえに教育機関であるということをまさしく理解することができるのだ。[9]

ショッピングモールは人間の欲望を訓育し消費へと飼いならそうと試みる。ブランドと商品を崇拝させ、それを所有する喜びと感激を宣伝すると同時にそれによって救いを得られる社会の一員となるようにと宣べ伝える。それは一つの宗教的方法をとっている。宗教が世俗化すると購買と消費が聖なるものであることを経験する媒体となった。人々の心の中にある無限の渇望は、もっとも新しく、もっとも良く、もっとも安価で、常に品質が向上する商品に投影される。ショッピングモールは消費の大聖堂だ。永遠（Eternity）はカルバン・クラインの香水瓶の中に、無限（Infinity）は日本車の中にある。人間の心はもはや超越的で人格的な存在としての神の玉座ではなく、もはや三位一体を模範として誰かを愛そうとはしない。[10] われわれの礼拝対象は結局われわれの欲望でありわれわれの神はわれわれの欲望を満たしてくれる存在に過ぎないのだ。

今日、教会建築は徹底的に欲望的で資本化されたもう一つのマンモンだ。百貨店が売る商品のように教会は信仰で包装された宗教商品を提供し霊的カタルシスを経験させる。日常の生が与える満足と幸福感とは異なる宗教性と超越性に陶酔させ、この世と分離させ建物の中に閉じ込めようとする。けれども終わりは近い。コロナによって建物中心の信仰は少しずつ亀裂を見せ始め新たな教会論が台頭し始めているからだ。

分解した建物信仰

新型コロナにより、建物を離れどこにおいても自由に礼拝できるという考えが脱場所的視点をもたらした。神は特定の建物に住んでいるのだろうか。華麗な教会建築を神は喜ぶのだろうか。聖書を通して考えるならば、神は建物の中に閉じこもる存在などではまったくない。エゼキエルが見た幻は神の霊が神殿を離れる場面だった。エルサレム神殿には偶像が溢れ、異教の神々を礼拝する民のゆえに、神はもはやそこで栄光を受けることはできなかった。神は捕虜として引き立てられるイエスラエルとともにあった。神は人々とともにおられる方だ。神は場所に留まる存在ではない。自らに礼拝を捧げ求め続ける人々とともにある。ヨハネ福音書に記されたイエスとサマリア女性の対話は、礼拝が場所中心ではないことを明確に示している。女性はユダヤ人の聖所、ゲリジム山とエルサレムで礼拝すべきではないかと問いイエスは霊と真実とで礼拝すべきだと答えた。女性の関心は場所にあったがイエスの答えには礼拝者の状態と行為に一層の強調点が置かれていた。ヨハネ福音書ではイエスが自らを神殿として示す場面が多く登場する。

イエスは神の実体をこの世の只中にもたらすのみならず礼拝が行われる聖なる場所そのものとなった[11]。

使徒言行録八章に記されたステファノの祈りを見よ。神は神殿の中だけに降臨するのではなく、その方を礼拝するすべての場所にともにおられると証言したではないか。建物による信仰が自由を宣言する時、われわれは真の教会は何かを問うことになる。人間中心、関係中心、さらには神中心の信仰とは何かを問わなければならない。新型コロナは場所中心的教会の終末を予告している。宗教建築から離れた宗教的経験の可能性が確認され、建物中心の信仰は倒れた。建物とその規模が与える安心感と所属感ではなく、教会は関係であることを再び確認させた。信仰のアイデンティティは建物を通して形成されるのではなく、神的経験と関係的出会いによる真実を通して形成されることに目を開かせたのだ。

神的空間は場所の問題ではない。神の場所性は三位一体の存在と関係の中にある。すべての場所とすべての人々の中におられるという相互浸透は特定の場所から神を解放する。キリストの中で神殿は蘇り、キリストを通してすべての聖なる場所がその聖性を完成させる。キリストの名によって集まるその場所でわれわれはキリストの現存を経験し、われわれがすなわち教会となる。教会はどこかの場所で地域的に集まる会衆によって存在するのではなく、地域的会衆により、会衆とともに、会衆のもとに存在する。会衆はキリストの内にともに集い具体的な場所に位置するキリストの体だ[12]。

旧約のシナイ山やエルサレム神殿のような場所の聖性の追求は、土地に対する熱望へと自然と結びつく。民族の求心点としての場所と神殿は民のアイデンティティと未来への期待を導く。人々は民族の繁栄と祝福を土地の拡張と獲得によって受け止めた。地の産物と居住民の獲物を神による祝福とみなすことで、彼らは神を地の神とみなしたのかもしれない。けれども新約は地の聖性ではなく存在の聖性、すなわちイエス・キリストを通してすべての空間の聖性と救いを追求する信仰がわれわれを脱場所的関係の再構築へと導く。神殿を始めとする土地に対する執着を捨て、キリストの体としてすべての場所の聖性と人間同士の関係性とに集中するなら、土地と建物に対する執着、すなわち不動産神学の非信仰性を悟ることができるだろう。土地は単なる土地であり、建物はただ建物であるだけだ。

ピート・ワードは「流体教会 Liquid Church」の概念を提案し、近代の固定的な姿ではなく新たな状況に従って有機的に変化することのできる教会論を主張している[13]。教会とは固定された実体ではない。キリストの体としての教会、二人または三人がともに集まる信徒の交わりとしての教会共同体概念は常に有機的だ。聖礼典を中心にイエス・キリストのナラティブを通して構成された共同体は、情緒的・人格的・関係的連帯が可能なあらゆる空間を通して具体化される。教会が聖礼典と信仰の伝統を形成するのではなく、むしろそれは逆だ。ヴォルフはラッティンガーの教会論の核心を「交わり」と理解しているが、それは三位一体神の神的交わりに従う教会の交わりとしての聖礼典を中心に据えている。聖餐式と洗礼を通して教会はキリストとつながり、信徒が一つとなった共同体を通して普遍的教会を形成する。ジジウラスも聖餐式が教会を構成しキリストの体となる場でありキリストの人格的共同体を確認する場であると主張した[14]。教会は建物ではないという事実を認めるなら、韓国の教会の歪んだ教会論は有機的共同体、関係的共同体、聖霊中心の人格的教会論へと転換が要求されている。新型コロナがもたらした脱場所的信仰はネットワーク中心のデジタル信仰と家庭を中心とした日常の典礼を生み出している。そしてオンライン教会という新たな形態の教会に関心が集まっている。

デジタル宗教改革（digital reformation）とオンライン教会（online church）

新しい教会が到来している。新型コロナによって経験したオンライ礼拝はオンライン教会[15]の誕生を予告している。一九九〇年代を前後し、テレビで礼拝を中継するテレエヴァンジェリズム（tele-evangelism）のようにインターネットを基盤とするE-vangelismが登場する。アメリカでは一九九四年、長老教会牧会者のチャールズ・ヘンダースンがオンライ教会を設立し、それ以降一九九八年にはメソジストでアルファ教会（Alpha Church）が誕生した。英国ではChurch of Foolsと一九九九年にWeb-churchが設立された。Church of Foolsは二〇〇六年にI-churchへと変わった。ティム・ハッチングスは著書『Creating Church Online』[16]で五つのオンライン教会を分析し彼らの信仰生活の類型と礼拝方式、教会運営などを研究している。小さな規模のオンライン教会はリーダーシップの不在とメンバー間の不和により様々な困難を抱えてはいるものの、デジタル時代に求められる新たな教会類型の可能性を伝えている。牧会者中心、あるいは制度中心の教会から抜け出し、会衆中心、仮想関係中心で教会が維持できることを証明した。まさに新たな宗教改革が始まったのだ。

ドゥワイト・フリーセンは神の国のヴィジョンがもっとも理想的に具現される場がオンラインであるとし、それぞれ独立した存在が一つの関係網を構築する類似した方式を示していると説明する。フリーセンによれば「ネットワークとしての神の国」はわれわれに教会とその外の共同体が互いにどのようにつながっているか描き出してくれるものであり、それが単純なネットワークではなく愛と正義、慈悲という特徴を具現すべく場を提供する。[17] 宗教が持つ上昇の欲望と水平的拡張はオンラインとオフラインでともに表出する。ネットワーク化した宗教（networked religion）は常に共同体を形成し、伝統を通して現れる一つの単一な思考と儀礼を通して形成されるものがたり化したアイデンティティを持ち、各宗教ごとにその共同体へと入会する関門としての改心の儀礼が存在する。また特定の宗教的権威に従い多様な地域で互いにつながる特徴がある。[18] それはオンライン空間でも相変わらず作用する。

ハイディ・キャンベルは、媒体技術が共同体の生と信念を強化する方式として作用し、新しい時代状況に応答しつつ伝統と価値を守ろうとするだろうと語る。彼女は宗教の媒体作用において必要な四つの基準を提示する。第一は歴史と伝統との関係、第二は核心的信念と形式、第三は協議過程（negotiation process）、最後に共同体形成の議論だ。[19] デジタルメディアを使う場合も教会は真空状態ではない。過去から伝えられた教会の伝統と歴史、福音のナラティブをオンライン空間へと移すのであり、オンラインの文法に合わせて変化させそれにふさわしく答えようと試みるのだ。仮想空間とデジタル技術の進歩が人間の思考と行動を機械的に形成するのではなく、人間の限界を超えて拡張した経験と参与を可能としながら既存教会に十分肯定的影響を与えることができると分析する。

オンライン宗教は技術自体を追求するのではなく、人々の生と実践、その裏面にある価値と意味を仮想空間において具体化する場を提供する。建物中心の信仰と関係性を脱皮して拡張した空間としてのオンライン空間は、神の国を関係的に理解するようにと助ける一方、その国の多様な形式としてどのようなつながりが可能かを想像させる。コロナ状況においてわれわれは信仰と経験を、顔を合わせた出会いではなくとも、オンラインを通しても共有することが可能であることを経験している。仮想空間において、自分とつながっていない他者の考えと経験をもいかにして共有することが可能かを学んでいる。空間という制約を超えた信仰の経験は聖職者と特定の共同体に依存する信仰ではなく、自らが追求する真正なものへの渇望が可能な方向へと導いている。

ネットワーク社会において人間は誰かとつながることで自らの存在を確認する。関係的存在としての人間は、仮想空間においても自らの本能に従い誰かとつながろうと試み続ける。こうした所属感に対する欲求は、ネットワーク社会におけるオンライン礼拝共同体の可能性を浮かび上がらせる。オンラインの最大の特徴はまさに脱場所性と相互のつながりにあるからだ。固定された一つの空間と機械的な位階構造を抜け出し、自由に想像し変化する匿名の共同体を形成する。匿名を前提とする空間において、デジタルメディアを通じ多様な人々が自由に意見を共有し関係を結ぼうと試みる。宗教の脱場所性は伝統的な権威構造を脱皮し相互参与的な、言い換えれば水平的な構造を強化することだろう。建物を脱皮した宗教は本来の目的により一層集中することだろう。聖性とはなにかを問い、信仰の核心を探求し、真の儀礼を研究させることだろう。皮相な関係構築を抜け出しどんな関係が優先されるべきかを問う。ネットワーク化された宗教は儀礼の現場性が弱くそこに困難があるが、物理的限界を超えて多様な参与と出会いを可能とすることで信仰の多様な解釈と可能性に開かれるのだ。

もちろんオンライン教会の出現が提起するいくつかの問題もある。信徒の交わりがなくなり「所属感のない信仰」つまり「カナアン聖徒」が急増するのではないかという憂慮だ。共同体を失った信徒があちこちの教会ホームページを渡り歩くデジタルノマド信徒に転落する可能性は十分にある。また、宗教の伝統と権威に従うのではない水平的な権威体系を主張する、脱ジェンダー化、脱権威化、脱教理化した個人的関心に集中する利己的信徒を量産することだろう。けれどもそこに新たな信仰類型が誕生するかもしれない。「カナアン聖徒」として教会を離れた人々、種々の理由で（患者、移民、医師など）教会現場での礼拝が不可能な人々には新たな機会となるだろう。

デジタル環境で生じるデジタル信仰はどの様な特徴を持つだろう。それは主に相互性、匿名性、創造性だ。[20] デジタル社会は「我つながる。ゆえに我あり」をスローガンに、多くのユーザーが多様なメディアを通して互いに影響を与え合う新しく多様な共同体を形成し、それを用い、混成的でありつつも創造的な巨大なネットワークを生み出している。匿名性と個人性が極大化するように思えても、その中では誰かとつながり所属感を得ようという人間の基本的欲望は弱まることなく、かえって強化される。宗教の意味と実践が一つの中心において形成されるのではなく、各自の状況に従って再解釈、再構成（remix）されながら新たな類型のデジタル宗教として発展することだろう。

デジタル宗教改革が始まった。中世の宗教改革が教皇体制と聖職制度を壊し聖職者の独占的聖書解釈から抜け出したとするなら、今日のデジタル宗教改革は建物と聖職中心の信仰体制を壊し、多様な参与と実践が可能な信仰の解放をもたらした。これまで宗教的権威は典礼と聖書という二つの柱によって構成されたが、新たな宗教は一方的なメッセージの伝達と参与の方式を抜け出し相互性を前提とする。キャンベルはオンライン環境における権威は多様な層（multiple layers）を生み出すと主張する。それが単純に伝統的権威に挑戦するというよりは、その中で作用する権威の構造と権威の形成に関する深い議論が必要となる。キャンベルは宗教の職制、構造、思想、経典において権威が発生する際、それがオンラインにおいてどのように大衆と関係を結んでいるかを見なければならないと主張する。[21] オンライン共同体の権威はまさに関係性に起因する。権威が外部によって与えられるのではなく、内部において認定される方式だ。オンライン教会における権威は御言葉の宣布者にではなくそれを聞く人々との関係構築において作り上げられる。言い換えれば、信徒といかにつながっているか、それを一貫していかに維持するかにかかっている。

オンライン礼拝を現場の礼拝と完全に置き換えることはできないだろう。キリスト教の礼拝伝統を考慮すれば、同じ時空間の中で行われる礼拝は神と信徒の人格的出会いと相互作用を前提とするものであるから、主日厳守と公的礼拝という韓国プロテスタント教会の礼拝伝統をオンラインに置き換えることはできないだろう。けれども最近の状況を考慮するなら、オンライン礼拝は萎縮する韓国の教会にとって新たな機会となるだろう。特にインターネットに慣れ親しんだ青少年のために現場の礼拝とともに並行して行われる必要がある。一〇代二〇代の急激な信徒減少はオンライン礼拝という新たな接近に肯定的な影響を与えることができるからだ。「カナアン聖徒」に向けた教会の誕生が予告されるだけでなく、多様な規模と特徴を持つオンライン教会が登場することだろう。

オンライン教会は特殊な共同体をまとめるための良い方式でもある。例えば海外に居住する韓国人のためのオンラインコミュニティのように、人種、文化、言語を中心にそれぞれのアイデンティティを維持し発展させる共同体のためにそれはふさわしい場となるだろう。不特定多数に向けられた巨大な関係網を構築する教会を目指すより、小規模のオンライン共同体を構築しながら年に数回オフライン集会を持つことで、それが新たな教会の集まりとして発展する可能性もある。新型コロナがもたらした信仰の想像力は、危機をもう一つの新たな出発点へと転換し新たな教会の誕生という贈り物をもたらしてくれた。変化はすでに始まった。

注

1 チェ・ウンスク「社会的状況認識、教会オンライン礼拝に積極賛同」〈韓国基督公報〉(二〇二〇年三月一二日)。

2 ピョ・ホンモ「オンライン礼拝三四%は他教会の映像で、アンケート結果に」〈韓国基督公報〉(二〇二〇

年八月七日）

3 キム・ジンホ『大型教会とウェルビーイング保守主義』（五月の春、二〇二〇年）一四～一五頁。

4 ハービー・コックス『神となった市場』（ユ・ガンウン訳、文芸出版社、二〇一八年）一四四頁。

＊原著：The Market as God, Harvard University Press, 2016.

5 Murray A. Rae, Architecture and Theology: The art of Place, Baylor University Press, 2017. p.4.

6 ibid.

7 ミロスラス・ヴォルフ『三位一体の教会』（ファン・ウンヨン訳、セムルギョルプラス、二〇一二年）四一頁。

＊原著：Miroslav Volf , After Our Likeness, Wm. B. Eerdmans Publishing Co, 1997.

8 ジャン・ボードリヤール『消費の社会』（イ・サンリュル訳、文芸出版社、一九九二年）一〇五頁。

＊邦訳：『消費社会の神話と構造（今村仁司・塚原史訳、紀伊國屋書店、一九七九年）。

9 ジェームス・スミス『神の国を欲望せよ』（パク・セヒョク訳、ＩＶＰ、二〇一六年）三二～三三頁。

＊原著：James K. A. Smith, Desiring the Kingdom, Baker Academic, 2009.

10 ジョン・カヴァナウ『消費社会を生きるキリスト者』（パク・セヒョク訳、ＩＶＰ、二〇一一年）六〇頁。

＊原著：John F. Kavanaugh, Following Christ in a Consumer Society, Orbis Books, 1991.）

11 ゲリー・バージ『イエスと地の神学』（イ・ソンスク訳、セムルギョルプレス、二〇二〇年）一一九頁。

＊原著：Gary M. Burge, Jesus and the Land, Baker Academic, 2010.）

12 ヴォルフ前掲書、二三七頁。

13 PeteWand, Liquid Ecceleiology, Brill, 2017.

14 ヴォルフ前掲書、一七七頁。

15 オンライン教会（online church）と教会オンライン（church online）を区分する必要がある。前者は場所としての教会が中心ではなく仮想空間内で礼拝を含む一切の信仰生活と所属感を生じさせる教会であり、後者は既存の教会がオンラインを通じて礼拝を始めとする信仰的プログラムを配信し信徒の信仰生活を助けることを意味している。

16 Tim Hutchings, Creating Church Online: Ritual, Community and New Media, London & New York: Routledge, 2017.

17 キム・スンファン「オンライン教会とデジタル信仰」『基督教思想』二〇二〇年九月、四六～四七頁。

18 Heidi Campbell, Stephen Garner, Networked Theology: Negotiating faith in digital culture（Baker Academic, 2016）, p.65.

19 Heidi Campbell, Wen Religion Meets New Media, Routledge, 2010. pp.60-61.

20 キム・スンファン、前傾論文、四六～四七頁。

21 Heidi Campbell, "Who's Got the Power? Religious Authority and the Internet?", Journal of Computer-Mediated Communication 12, 2007, p.1045.

訳者あとがき

本書は、二〇二一年八月に韓国で出版された『ウイルスにかかった教会』（図書出版サミン）の全訳である。編集のいきさつについては発刊の辞で触れられているが、現代韓国のキリスト教が抱える問題に鋭く切り込むシリーズの三作目となる。本書の魅力の一つは執筆者の多様性にある。それぞれの専門領域、キャリア、教派的背景の違いだけではなく、現状に対する評価の違いもあって興味深い。活動の場も韓国に限られていないから豊富な情報と多様な切り口が提供されている。準備のために繰り返された研究会も、統一した見解を作り上げる作業ではなかったようだ。

本書でも度々指摘される点だが、新型コロナウイルス感染症は世界の不平等と社会の歪を顕にした。それがウイルスによる感染症というある意味「平等」な力の作用であるにもかかわらず、結果として人々が直面する苦しみの不平等さは、社会の構造に原因がある。ユ・ギプムさんが指摘するように、これはまさに環境問題である。新約聖書は「悪人にも善人にも太陽を昇らせ、正しい者にも正しくない者にも雨を降らせてくださる」神を語るが、ウイルスも人間の善悪を問わないし、地球温暖化の影響もおそらく「平等」に生態系を破壊しているに違いない。にもかかわらず、人間社会において環境破壊の犠牲に格差が生じているように、新型コロナウイルスに起因する被害も決して平等ではない。今や感染拡大は人災となり弱い立場に置かれた人々の暮らしをさらなる苦境へと追い込んでいる。

こうした課題に対し神学的に取り組むのが本書である。食膳共同体としてのキリスト教は、コロナ渦において「食卓の交わり」を禁じられた。宗教だけではない。いわゆる三密の禁止は人々を孤立させ「ともに生きる、絆、寄り添う」といった美風に冷水を浴びせた。集まり交わることを禁じられた経験はキリスト教のあり方、そして共同体の姿を根底から揺るがすものであった。社会における教会の影響力が大きい韓国では、神学者一人ひとりが責任を持ってこれらの課題を掘り下げる必要に迫られたに違いない。教会による自己弁護的な声が上がる中では本書のような立場は批判的市民との連帯の表明とも受け止められるだろう。

超大型教会を中心とした韓国のキリスト教急成長は様々な歪みを生んでいた。だから市民社会の教会批判は今に始まったことではないが、新型コロナ感染拡大の元凶として教会が名指しされるとマスコミの教会批判は加熱した。テレビの討論番組では、防疫指針に対する教会の対応が取り上げられ、本書の著者の一人でもあるキム・ジンホさんが批判的立場の論客として登壇していたが、教会の礼拝や集会の持ち方が社会全体の関心となるあたりは日本では想像できない韓国の教会事情といえるだろう。たしかに日本と韓国で事情は大きく異なっている。けれども、このパンデミックに対し神学的な応答を試みる必要があるという点において、神学者は共通の責任を担っているのではないか。そして何より、本書が教会の問題として論じる諸課題は、宗教の問題を離れて社会のどの領域にも当てはまる点があるように思えてならない。

この間、われわれが直面してきた感染予防に関する個人の努力と国家の防疫対策との関係は、公共性の名のもとに行われる私権の制限に関する一つの論題を提供している。公共性を欠いた個人の自由は遠からず国家権力の介入を招く。権力に依存しない市民たちの公共的意識の成熟、隣人愛の精神が弱ければ弱いほど、権力は人々の健康を口実にして過剰な力を行使するようになる。いつの日かその口実が「安全、自由、平和」となって国家が市民の権利を制限する事態が生じてはならないはずだ。

多くの読者はここに紹介された韓国の事例は極端であり日本の教会はもう少しまともだと感じることだろう。もちろん訳者は、アジアのキリスト教大国韓国への羨望を揶揄したり、あるいは嫌韓派に都合の良いエピソードを紹介するために本書を紹介したかったのではない。もちろん惨禍は過ぎ去る。しかし、感染症状が軽症化し教会もニューノーマルに順応して日常を取り戻すだろうと楽観的に考えるには、この間人類社会全体が払った代償はあまりに大きい。大切なことは、コロナ渦の中でしばしば言われたようにこの危機の正体を知って「正しく怖がる」ことであり、学知はそのために貢献することを本書の著者たちは示している。危機から学び新たに生まれ変わることが必要なのはどの社会にも必要な営みである。対処療法ではない本質的な問いの中から日本におけるキリスト教の新しい希望が生まれるはずだ。「緊急事態」と言われ礼拝に集えなかった信徒は、聖餐を祝うことも牧会訪問もできなかった教役者は、この期間をどう過ごしたのだろう。苦しみながら得られた果実を今後多くの仲間と分かち合っていただきたいと願っている。本書に収められた十二人の真剣な声はそうした果実の一つであり、苦難の中から立ち上がろうとする日本の読者にも耳を傾けてほしいと思い、急いで訳出したのが本書である。

出版直後、企画者の一人で執筆者でもあるキム・ジンホさんから本書が届き、一読してすぐに翻訳を始めた。『市民K、教会を出る』の邦訳は原著から三年を経てしまったが、本書は一刻を争う気がした。急ぐあまり原著の質を損なってはならないことだけを心がけた。気がつけば感染拡大は第六波の様相を呈し、オミクロンという聞き慣れないギリシャ語がすっかり日常語のようになっている。発見以来新型と呼ばれてきたコロナウイルスは、自らの生き残りのためにこれからも絶えざる自己変革を遂げることだろう。社会は、そしてキリスト教はどうだろう。生き残るためにではなく、絶えず新たにされることが生きた教会の証だと信じ歩んでいて欲しい。コロナ渦で出版事情が厳しさを増している中、それでもオンデマンドという新しい出版形態で本書をお引き受けいただいた「かんよう出版」の松山献社長の英断に対し心から感謝を申し上げる。日本での出版を喜び当然の対価を放棄してくださった原著者、出版社にも心から御礼を申し上げる。

二〇二二年一月

香山洋人

著者紹介（執筆順）

権知成（クォン・ジソン）
ダラム大学で博士号を取得、チューリヒ大学とローザンヌ大学で研究に携わり、現在はソウルにある神学教育機関「キリスト研究院ネヘミヤ」を中心に活動をしている。"Scribal Culture and Intertextuality: Literary and Historical Relationships between Job and Deutero-Isaiah" の他、第二神殿期の知恵文学、トーラーなどを中心に多くの論文がある。

梁権鵲（ヤン・グォンソク）
聖公会司祭。バーミンガム大学で博士号取得、聖公会大学教授、総長などを歴任、現在は聖公会大学神学大学院長、「第三時代キリスト教研究所」所長。専門は聖書解釈学、宣教学。「宗教改革をどう読むか」、「コロナ以降の世界と教会」、「コロナ以降の韓国社会と教会」など多くの論文があり、いくつかの論文の邦訳がある。

程京日（チョン・ギョンイル）

ユニオン神学校で博士号を取得、聖公会大学などで非常勤講師として教える他、「韓国民衆神学会」総務、「セギルキリスト社会文化院」院長、「平和と神学フォーラム」総務、「差別と嫌悪のない平等社会を願うキリスト者ネットワーク」共同実行委員長などとして活動している。専門は組織神学、宗教間対話。"The Bodhi Tree and the Cross: A Buddhist-Christian Theology of Liberation"、「慈悲の事件、我らは互いに救い合う」などの論文がある。

Keun-joo Christine Pae（ペ・グンジュ）

聖公会司祭。イエール大学でM.Div、ユニオン神学校で博士号を取得、現在はオハイオ州のデニスン大学で教えている。専門はキリスト教社会倫理、女性神学。"Introducing Asian Transpacific American Feminist Theology"、"Soldiering and Militarized Prostitution: Making A Christian Feminist Ethic of Peace through the Lens of Proletarianized Sexuality"、"The Empathetic Power of Suffering: The Memories of Killing and Feminist Interfaith Spiritual Activism" などの論文がある。

時雨（シウ）

延世大学大学院で学び、現在は「ジェンダー文化研究所」研究員として活動している。専門は文化研究、クイア研究。『クイア・アポカリプス』の他、「クイアは人間になれるのか」などの論文がある。

朴正為（パク・ジョンウィ）
ブラウン大学で社会学と人口学を学び、現在はカナダ連邦政府統計庁社会統計分析官として健康、移民、労働、宗教分野を研究、オタワ大学で人口学、社会統計、健康社会学、少数集団論などを教える他、難民受け入れなどの活動も行っている。"Korean Immigrants in Canada: Perspectives on Migration, Integration, and the Family"（共著）、"Healthy professional workers: A gendered analysis of mental health and workplace stressors"の他、多くの著作がある。

金鎮虎（キム・ジンホ）
民衆神学、聖書学、韓国プロテスタント研究者。漢白教会牧師、「第三時代キリスト教研究所」研究室長、「当代批評」主管などを経て現在はフリーランスの著作家として活動している。著書には、『リブーティングパウロ』、『権力と教会』、『大型教会とウェルビーイング保守主義』などがあり、『市民K、教会を出る』（香山洋人訳、新教出版社）の他、いくつかの論文の邦訳がある。

呉帝弘（オ・ジェフン）

アバディーン大学の博士課程を経て、カディフの聖マルコ教会スタッフとして活動している。専門は組織神学。「韓国の教会に語る、偽りの中でいかに真理を見出すのか」などの論文がある他、『性暴力、聖書、韓国の教会』、『嫌悪と韓国の教会』にも寄稿している。

黄庸淵（ファン・ヨンヨン）

バークレー神学大学院連合（GTU）で博士号を取得。「韓国キリスト学生会総連盟」大学部長などを経て「第三時代キリスト教研究所」企画委員長として活動している。専門は民衆神学、脱植民地主義神学。「民衆神学における民衆用語の作用に対する研究」、「そこにお前はいたのか：慰安婦・関連論争に対する断想」などの論文がある。

ユ・ギプム

ソウル大学で博士号を取得、韓神大学や監理教神学大学などで教え、「韓国宗教文化研究院」でも活動した。専門は宗教学、生態学。『生態学的視線で出会う宗教』など多くの著書と訳書がある。

趙珉娥（チョ・ミナ）

米国エモリー大学で博士号を取得、「韓国挺身隊問題対策協議会」幹事などを経て米国ジョージタウン大学准教授、「ウリ神学研究所」研究員として活動している。専門は構成主義神学、霊性神学。「母の死と母の復活、セウォル号嫌悪情緒とキリスト教の自己嫌悪、そして非体／卑体」、“Becoming Wisdom Woman and Strange Woman: Asian and Asian-American Women's Leadership in Coping with Stereotypes”などの論文がある。

金周仁（キム・ジュイン）
英国ロンドン大学ゴールドスミス・カレッジ博士課程に在籍、ブリストル韓人教会協力牧師として活動している。専門は都市社会学、都市神学。

金勝換（キム・スンファン）
長老会神学大学で博士号取得の後、同大学招聘教授の他、「エラスムス研究院」、「キリスト研究院ネヘミヤ」などで活動している。専門はキリスト教倫理、公共神学。「後期世俗社会における都市神学に関する研究」、「都市をいかに救うのか」、「公共性と共同体性」等の論文がある。

訳者紹介

香山洋人（かやま・ひろと）

日本聖公会退職司祭。東海大学、聖公会神学院で学び、聖公会大学神学大学院で博士号取得。専門は民衆神学、朝鮮キリスト教史。日本聖公会東京教区司祭、立教大学チャプレン、明治学院大学非常勤講師などを経て依願退職。「民衆神学の教会理解」、「民衆神学における民族」、「パラダイム転換としての民衆神学」、「主体化の神学、救済論の民衆神学的再解釈」などの論文がある。

かんよう選書 005
ウイルスにかかった教会

2022 年 3 月 10 日　発行

編　者　クォン・ジソン
訳　者　香山洋人
発行者　松山献
発行所　合同会社かんよう出版
〒 530-0012 大阪市北区芝田 2-8-11 共栄ビル 3 階
電話 06-6567-9539　FAX 06-7632-3039
http://kanyoushuppan.com　info@kanyoushuppan.com
装　幀　堀木一男
印刷製本　NextPublishing Authors Press

ISBN 978-4-910004-29-7　C0016　Printed in Japan